KB151803

경영학의 진리체계

윤 석 철

經 文 社

서 문

음(音)의 진동수에 따라 피아노 건반이 순차적으로 배열되듯이 학문도 그 성격에 따른 배열이 가능하다. 수학, 물리학 등 순수학문(pure sciences)에서부터 인간의 삶에 응용가능성(applicability)이 높아지는 순서로 학문을 배열한다면 경영학은 응용학(應用學, applied sciences)의 극단에 위치할 것이다. 개인이 자기 일생을 설계하고 실천해 나아가는 '인생경영'에서부터 정치 혹은 행정가가 국정(國政)을 기획하고 국부(國富)를 증진해 가는 '국가경영'까지 모두가 경영(management)의 개념을 필요로 하기 때문이다.

그런데 경영학은 산업혁명 이후 기업이 발전하면서 생산, 판매, 인사, 조직, 재무 등 분야별로 필요해진 부분해법(部分解法)들이 모여서 오늘에 이르렀다. 그러나 요즘처럼 불확실성이 높아지고 풀어야 할 문제의 규모와 복잡성이 증대하면 부분해법만 가진 경영자는 자기한계(自己限界)에 봉착한다.

오늘의 경영자는 해결하려는 문제와 관련된 영역 전체를 조망(眺望)할 수 있는 넓은 지적(知的) 시야(視野)를 필요로 한다. 그는 인간의 필요(needs), 아픔(sore), 정서(情緒)에 대한 감수성(感受性)으로 수요(demand)를 예측할 수 있어야 하며, 예측한 수요를 충족할 수 있는 수단(means)으로서 과학(sciences)과 기술(technology)을 이해해야 한다. 뿐만 아니라 경영자는 자기를 믿고 따르는 많은 수동적 다수(受動的 多數,

passive majority)의 수용(受容, acceptance)과 존경을 받을 수 있는 인간적 매력을 유지함으로써 자기 리더십(leadership)의 유효성을 유지해야 한다.

경영자가 이처럼 다양한 조건을 갖추려면 그는 인문, 사회, 자연 등 다양한 계열로부터의 지성(知性)과 학식(學識), 그리고 철저한 자기비판(自己批判)을 거친 인생관과 세계관을 필요로 한다. 이러한 자기정리(自己整理)가 불안정(不安定)하거나 문제에 대한 인식범위가 협소하고 사고능력이 미숙한 경영자는 의사결정(decision making)을 그르치기 쉬울 뿐만 아니라 리더십 발휘에도 차질을 빚게 된다.

저자는 부분해법의 조각모음 상태에 있는 경영학을 하나의 통일된 이론체계(systemic theory)로 만들기 위해 1981년 '경영학적 사고의 틀', 1991년 '프린시피아 매네지멘타'를 출판했다. '경영학적 사고의 틀'에서는 경영의 문제를 시간, 공간, 인간 등 3차원으로 분해하여 접근하는 방법을 제시했고, '프린시피아 매네지멘타'에서는 생존부등식의 개념을 도입, 그것을 만족시키기 위한 체계적 노력을 경영의 본질로 파악했다.

저자는 그 후 10년간 생존부등식의 개념을 여러 편의 논문으로 정리하여 세계 주요 학회(學會)를 찾아가 선보인 결과 긍정적(positive)인 반응을 얻었다. 이에 저자는 생존부등식이 경영학을 (부분해법의 집합으로부터) 통일성을 가진 학문체계로 격상(格上)시킬 수 있다고 믿고, 그 이론의 완성도(degree of perfection)를 높이기 위해 노력해 왔다. 아직 부끄럽지만 완성도의 향상을 믿으며 2001년 제3의 10년작 '경영학의 진리체계'를 낸다. 경영학을 전공하면서도 학문 전체의 통일성을 파악하지 못했다고 실망하는 학생들에게 도움이 되기를 기대한다.

이 책의 구성은 무한경쟁 속 적자생존의 고통과 아픔에 대한 실존주의적(實存主義的) 이해(understanding)에서 출발한다. 이어서 5억3천만년 동안 적자생존의 고통을 극복하고 오늘날 지구상에서 가장 번성한 종 (species)이 된 곤충과 포유류의 지혜를 탐구한다. 이들의 지혜가 '고객을 찾아 주고받음의 관계를 정립'한 데 있음을 확인하고 인간사회에서 주고받음의 관계를 정립하기 위한 제약조건(constraints)을 구명한다. 이 제약조건이 생존부등식으로 나타나고, 그 다음은 생존부등식을 만족시키기 위한 합리적 수단(means)과 방법, 그리고 지식(knowledge)과 지혜(wisdom)의 구명(究明)으로 이어진다.

이러한 이론체계의 구축과정에서 사용된 방법론(methodology)은 인문·사회·자연 계열 사이의 학제적 접근법(學際的 接近法, interdisciplinary approach)이다. 아직 부족한 점이 많지만 2011년 제4의 10년작에서 더 높은 완성도를 약속하며 서문에 대한다.

2001년 12월

윤석철

차 례

인생관, 세계관, 그리고 생존경쟁

1

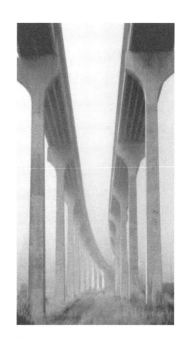

1.1 어려운, 너무도 어려운 삶의 길

"세상에 태어난 것을 이유로 피해보상을 청구할 수 없다."—이런 기이한 내용의 법안이 탄생했다. 법이란 원래부터 존재하는 것이 아니고 사회의 필요에 의해 인간이 만들어 가는 것이다. 2001년 1월 프랑스 의회가 이러한 법안을 만들게 된 연유(緣由)는 무엇인가? 1982년 임신기간 중 풍진(風疹)에 걸렸던 프뤼슈 부인은 의사로부터 "아이를 낳아도 별 문제가 없다"는 진단을 받고 이듬해 1월 니콜라를 출산했다.

그러나 니콜라는 중증 신경장애아(神經障碍兒)로 태어났고, 프뤼쉬 부부는 1992년 자신들과 니콜라의 이름으로 병원을 상대로 피해보상 청구소송을 냈다. 1심에서 법원은 병원측에 "보상금을 지급하라"고 판결했다. 이에 대해 병원은 항소했고 1999년 항소심(2심)은 "병원은 보상할 의무가 없다"고 제1심의 판결을 뒤엎었다.

"인간은 태어나거나 태어나지 않거나를 스스로 결정할 권리를 가진 존재가 아니다"라는 것이 판결의 논리였다. 소송은 마침내 상고심(3심)으로 이어졌고, 2000년 대법원은 "병원측이 니콜라에게 보상해야 한다"고 다시 2심의 판결을 뒤엎었다. 대법원은 "보상만이 니콜라에게 물질적으로나마 최소한 인간의 존엄성을 유지할 수 있게 한다"고 덧붙였다. 그러자 대대적인 논쟁이 벌어졌다. 대법원의 판결에 대한 반대론자들은 *"니콜라를 죽이지 않았다는 이유로 병원을 처벌한다는 것은 말도 안 된다"*고 주장했다.

또 "장애인으로 사는 것이 태어나지 않은 것만 못하다는 말이냐?" 고 장애인차별에 반대하는 모임도 결성됐다. 이들은 의회에 탄원서를 냈고, 결국 앞으로 이러한 사태의 재발을 막기 위해 의회가 *"세상에*

태어난 것을 이유로 피해보상을 청구할 수 없다"는 법안을 마련하게 된 것이다.

데카르트(*R. Descartes*, 1596~1650) 같은 명석한 철학자를 배출한 문화국가, 프랑스에서 법관들이 왜 이렇게 엇갈리는 판결로 사회를 혼란스럽게 했을까? 무엇보다도 *법리(法理)*에 충실하려는 선택과 (법리를 초월하여) 한 장애자를 도와주려는 *연민(憐憫)의 정(情)*이 충돌한 것 같다. 장애자들의 삶이 이렇게 법리(法理)까지 초월하여 보호받아야 하는 이유는 무엇인가? 장애를 딛고 이 세상을 살아가기가 너무도 어렵기 때문일 것이다.

그런데 *삶이 어려운 것은 장애자만의 문제가 아니다. 정상인에게도 삶의 길은 험난하기 그지없다.* 인생탐구의 대가(大家)로 평가받고 있는 문호 *세익스피어(William Shakespeare*, 1564~1616)는 그의 작품 햄릿(Hamlet) 속에 *삶의 고통 7가지*를 열거해 놓았다. 햄릿이 전왕(前王)인 아버지의 복수를 하려면 현왕(現王)인 삼촌도 자기도 모두 죽게 될 것이므로 햄릿은 죽음의 세계에 대한 두려움 때문에 고민한다. 이 고민이 햄릿 제3막 1장에 다음과 같은 독백(獨白, monologue)으로 나타난다.

> *칼 한 자루로 자기 목숨을 끊을 수만 있다면 그 누가 이 시대의*
> *채찍과 조롱(嘲弄), 억압자의 불의(不義), 교만한 자의 경멸(輕蔑),*
> *배신당한 사랑의 아픔, 법률의 지연(遲延), 공무원의 무례(無禮),*
> *그리고 엉터리들에게 당하는 인내자의 핍박(逼迫)을 참고*
> *살아가리?*
>
> *Who would bear the whips and scorns of time,*
> *the oppressor's wrong,*
> *the proud man's contumely,*
> *the pangs of disprized love,*

the law's delay,

the insolence of office, and

the spurns that patient merit of the unworthy takes,

when he himself might his quietus make with a bare bodkin?

한국이 IMF구제금융 위기를 맞으면서 죄 없는 많은 사람들이 실직(失職)이라는 시대의 채찍(whips)을 맞았고, 한국의 경영, 경제분야 학자들은 국제 학회(學會)에서 선진국 학자들이 던지는 조롱(scorns)을 견뎌내야 했다. 일본이 36년간 한국을 억압할 때 한국에 저지른 불의(the oppressor's wrong)는 오늘날 남편이 부인(婦人)을 억압하는 가정에서 아직도 자행되고 있다. 돈 꽤나 벌었다고 안하무인(眼下無人, contumely)격인 졸부들, '헌신적으로 사랑했으나' 버림받은 자의 아픔, 억울한 사정을 법에 호소해 보았으나 몇 년이 지나도록 해결 없는 기다림, …… 이러한 고통은 시대와 장소를 불문하고 계속 우리의 삶 속에 남아 있을 것이다. 그래서 어느 종교에서는 인생의 4고(苦), 즉 *생로병사*(生老病死)에 생(生)을 포함시킨 것 같다.

문학작품을 떠나 실제 삶의 세계를 살펴보면 우선 '입에 풀칠'하는 일이 가장 절실한 아픔임을 알 수 있다. 인간은 먹을 것이 없으면 남이 가진 것을 탈취해서라도 먹어야만 살 수 있는 존재이다. 세계 어느 곳을 가나 볼 수 있는 성벽(城壁, walls)과 요새(fortress), 그리고 튼튼히 쌓은 성채(城砦, castle)들이 이러한 삶의 굴레를 말해준다.

역사의 기록을 보면 중세 유럽에서는 무사의 *투구 하나가 황소 세 마리 값*이었고, *말 한 필이 암소 20마리 값*이었다고 한다.[1] 남이 가진 것을 뺏기 위해서, 그리고 가진 자는 빼앗기지 않기 위해서 전쟁용 무기가 그만큼 필요했다는 말이다. 힘을 사용하여 약한 자를 수탈하는 것이 곧 약육강식(弱肉強食)이다. 이러한 무정부(無政府)상태를 타

---

1) UCLA Eugene Weber 역사학 교수의 강의에서 인용.

파하고 좀더 살기 좋은 사회를 만들려는 인간의 노력이 *법과 질서 (law and order)*를 내세우는 정부(government)를 창안했다. 그러나 정부가 존재해도 *부정부패*가 판치는 곳에서는 부당한 권력이 사회정의를 짓밟는다.

잠깐 쉬어갑시다

한국경제가 고도성장으로 세계를 놀라게 하던 근세사 속에도 권력층과의 결탁으로 특혜를 얻어내고 탈세를 하는 일을 기업경영의 왕도(王道, royal road)로 인식하는 기업인이 많았던 것 같다. 전형적인 사례 하나를 들어보자. 당시 특권층 인사 중에 보신탕을 좋아하기로 소문난 사람이 있었다. 그 분의 이름은 L씨였다. L씨는 주말에 낚시를 즐기는 습관을 가지고 있었다. "L씨는 보신탕을 좋아하고 낚시를 종종 다닌다." – 이것이 어느 기업인 P씨가 입수한 정보였다.

P씨는 개 한 마리를 차에 싣고 일요일이면 새벽부터 L씨의 집 근처에서 대기하고 있었다. 몇 번 허탕을 친 후 드디어 어느 날 L씨의 낚시행(行)을 포착했다. P씨는 L씨의 뒤를 따랐다. 낚시터에 도착하여 P씨도 낚시꾼으로 행세하면서 좀 떨어진 곳에서 데리고 온 요리사를 시켜 개를 잡게 했다. 시간이 흘러 점심 때가 되자 P씨는 정성껏 준비한 보신탕을 가지고 L씨 진영으로 접근했다.

이런 노력을 여러 번 되풀이하면서 L씨의 환심을 얻는 데 성공한 P씨는 L씨의 배려로 특혜금융을 얻어냈고 재벌 대열에까지 올랐다. 자본축적이 빈약한 후진경제체제하에서 *금융특혜*는 그것이 곧 부(富)에 이르는 길이었다. 특혜금융뿐만이 아니라 국세청이나 세무서와 결탁하여 세금을 포탈하는 일 또한 마찬가지였다.

권력과의 결탁으로 힘을 키운 기업가는 자기보다 약한 위치에 있는 사람들을 착취할 수도 있다. 불성실한 제품이나 서비스, 날림공사 등으로 힘없는 소비자를 기만하고, 싼 임금으로 노동자를 착취하고, 납품업체나 하청업자에게 부당하게 싼 납품가격이나 대금결제방법을

강요하는 일 등이 그것이다. 이런 일은 총 칼을 휘두르는 폭력이나 강탈은 아니지만, 특정 소수가 부당하게 얻은 이익이 사회구성원 다수의 희생 속에서 달성되기 때문에 문제가 된다.

1.2 "인생이 살 만한 가치가 있는 것인가"

이상적인 사회란 폭력이나 부당한 특권이 난무하지 않고, *공정성(公正性, fairness)*과 *규범성(規範性, norms)*이 지배하는 사회일 것이다. 공정성과 규범성은 운동경기에 잘 나타난다. 예를 들어, 골프(golf)경기에서는 경기자(player) 사이에 실력차이가 크면 실력이 높은 사람에게 핸디캡(handicap)을 부과하여 실력차이를 제거한 후 경기를 하게 한다.

올림픽경기에서도 체력차이가 승패를 좌우할 종목에서는 체급별로 경기를 하게 한다. 이것이 스포츠세계의 공정성이다. 그리고 스포츠의 세계에는 엄격한 규범, 즉 룰(rules)이 적용되고, 이 룰에 어긋나는 경기를 하면 예외 없이 제재(制裁)를 받는다. 스포츠의 세계를 모델로 하여 공정한 룰을 바탕으로 경쟁하는 사회가 소위 '*자유경쟁(free competition)*'사회이다.

그런데 이런 경쟁사회에서는 자기가 아무리 열심히 노력해도 자기보다 더 유능한 자가 있으면 패자(loser)가 될 수밖에 없다. 자유경쟁사회에서 패자는 하소연할 곳도 없다. 그러면 승자는 행복한가? 승자는 계속되는 다음 경쟁에서 또 이겨야 한다는 긴박감 때문에 그 역시 스트레스 속에서 살아야 한다. 이렇게 승자나 패자 모두 긴장과 스트레스 속에서 살아야 하는 곳, 이것이 자유경쟁사회이다. 그래서 자유주의체제로 경제를 발전시킨 선진국일수록 알코올(alcohol)중독, 마약복용, 가정불화, 높은 이혼율과 자살 등 사회문제가 많아진다.

알베르 까뮤(*Albert Camu*)는 "인생이 살 만한 가치가 있는 것인지 아닌지를 판단하는 일이 철학의 가장 기본적인 과제가 되어야 한다"고 그의 철학적 에세이 *시지프의 신화*(*Le Mythe de Sisyphe*, 1974, 이가림 역, 문예출판사, p. 9) 서두에서 주장했다. 노벨상까지 받은 문호요 사상가인 그가 이런 말을 한 배경에는 인간사회의 *부조리*(不條理, *l'absurde*)에 대한 그의 *감수성*(*sensibilité*)이 자리하고 있는 것 같다.

그러면 부조리란 무엇인가, 그리고 과연 우리 삶의 세계는 부조리로 가득 차 있는가? 까뮤에 의하면 "부조리란 인생에서 의미를 찾으며 성실하게 삶을 살려는 인간의 욕구를 좌절시키는 *세계의 비합리성*(*irrationalness*) 그 자체를 뜻한다." 이런 의미에서 부조리는 부정부패나 불법행위(不法行爲)와도 성격이 다르다. 그래서 그것은 *법적 제재*(法的制裁)의 대상이 될 수도 없다.

부조리는 자연의 세계에도 많다. 생명체가 살아가려면 움직임이 필요한데, 자연은 움직임이 있는 곳에 *저항*(resistance)이라는 것을 만들어 움직임을 방해한다. 저항이 없는 예외지대가 있긴 하다. 영하 273도의 *절대 0도* 근처가 그곳이다. 그러나 자연은 소위 열역학(thermo-dynamics)의 법칙을 만들어 절대 0도의 근처에 인간이 도달하는 것을 방해하고 있다. 생각해 보면 자연은 생명체의 노력에 대해서 많은 심술을 부린다. 식물이 여름 동안 열심히 노력(탄소동화작용)하여 열매를 맺으면 자연은 중력(重力)의 법칙으로 나무를 괴롭힌다. 그래서 열심히 노력하여 열매를 많이 맺은 나무는 빈약한 열매를 맺은 나무에 비해 가지가 쉽게 부러진다.

부조리는 이처럼 자연과 사회 속에 즐비하게 널려 있다. 그래서 실존주의 철학자 *칼 야스퍼스*(*Karl Jaspers*, 1883~1969)는 "삶의 세계를 논리적 통일성을 가지고 설명하는 것은 불가능하다"고 외쳤고, *마틴 하이데거*(*Martin Heidegger*, 1889~1976)는 "세계는 고뇌하는 인간에게 아무것도 줄 것이 없다"고 말했다.

　그러면 부조리로 가득 찬 삶의 세계에서 인간이 택할 수 있는 길은 무엇인가? 까뮤는 "인간이 자살한다는 것은 인생이 살 만한 가치가 없다는 것을 고백하는 일"이라고 말하면서(전게서, p. 12) 부조리를 인식한 인간은 자살을 택하든지 아니면 그리스신화 속의 시지프스(Sisyphus)처럼 반항과 자유와 열정의 삶을 살아갈 수밖에 없다고 말한다.

　까뮤에 의하면 반항은 한계상황에서의 항복이 아니라 한계상황에서의 지속을 의미하며, 자유는 *삶의 순수한 불꽃(la flamme pur de la vie)* 이외의 모든 것에 대한 무관심, 즉 정신의 자유를 의미한다. 또 까뮤에 의하면 열정은 주어진 모든 것을 필사적으로 불태우며 최대한으로 성실하게 살려는 노력을 의미한다.

　산꼭대기까지 밀어 올린 바위가 굴러 떨어질 것을 알면서도 시지프스는 자기에게 주어진 바위를 끊임없이 굴려 올리는 성실성을 지속한다. 이와 관련하여 *키에르케고르(Soren Kierkegaard)*는 "지성인은 패배 속에서 승리를 찾을 수밖에 없다"고 말하면서, 지성인의 패배, 곧 '지성의 희생'은 신이 가장 기뻐하는 것이라고 말했다.

　인간은 부모 덕으로 한동안 편히 살아갈 수도 있다. 그러나 언젠가는 부모의 은혜도 사라지고, 모든 인간은 자신의 노력으로 '입에 풀칠'해야 한다. '입에 풀칠'하려면 가혹한 생존경쟁(生存競爭)의 벽을 뚫어야 한다. 생존경쟁은 어렵고, 고되고, 위험하고, 때로는 치사하기까지 하다. 그래서 불교에서는 삶의 세계를 괴로움의 바다, 즉 *고해(苦海)*라고까지 가르친다.

　한자(漢字)문화권에서는 생명(生命)이란 단어가 "*생(生)*은 명령(命令)*이다(生은 命也)*"에서 왔다고 한다. 생명을 부여받은 모든 존재는 아무리 힘들어도 살아가야 한다는 의미일 것이다. 문제는 생존경쟁의 리얼리즘(realism) 속을 살아가는 참된 방법론(methodology)은 무엇인가에 있다. "사느냐 죽느냐"의 선택문제가 아니라 "어떻게 살 것이냐"를 탐구해야 한다. 이 문제를 생존경쟁(삶)의 역사를 통하여 탐구하자.

1.3 생존경쟁의 역사, 5억3천만년

생존경쟁(生存競爭)의 역사는 약 5억3천만년 전 바다 속에서 시작되었다고 한다. 고고학자(考古學者)들이 *캄브리아기(Cambrian period)*라고 부르는 이 때부터 *아노말로카리스(Anomalocaris)*라는 학명(學名)을 가진 강력한 어류가 나타나, 자기보다 약한 어류를 잡아먹기 시작하면서 먹느냐 먹히느냐, 사느냐 죽느냐의 생존경쟁이 시작되었다. 약자(弱者)는 강자(强者)의 먹이가 되어야 하는 환경에 *적응(adaptation)*하기 위하여 어류들은 각자 어떤 *전략(strategy)*을 세워야 했고, 이 전략에 적합한 *신체적 구조(structure)*를 만들어내야 했다. 당시의 어류들이 채택한 전략과 그들이 만들어 낸 신체구조는 대략 다음과 같은 4가지 유형이었다고 한다.

첫째 유형은 (자기를 잡아먹을 수 있는) 강자(强者)나 (자기의 먹이가 될 수 있는) 약자(弱者)를 신속히 발견하기 위한 정보습득(情報習得)전략이었다. 이 전략에 맞추어 개발된 (신체)구조는 다수(多數)의 눈(eyes)을 보유하는 것이었고, 이러한 전략과 구조를 채택한 대표적 어류는 5개의 눈을 보유한 *오파비니아(opabinia)*였다.

둘째 유형은 자기의 몸을 단단한 껍질(甲骨)로 둘러싸는 방어위주(防禦爲主)전략이었고, 이 유형의 전략과 신체구조를 선택한 대표적 어류는 *삼엽충(trilobites)*이다.

셋째 유형은 방어와 동시에 공격도 할 수 있도록 몸을 가시로 둘러싸는 공수양면(攻守兩面)전략이었고, 이 전략과 구조를 채택한 대표적 어류는 *할루시제니아(hallucigenia)*, *위악시아(wiaxia)* 등이었다.

넷째 유형은 (적을 만나면 신속히 피하고 먹이를 보면 민첩하게 잡을 수 있도록) 유연성(柔軟性)을 확보하는 전략이었고, 이 전략에 맞추어 채택된 신체구조는 (머리 밑에서 꼬리에 이르는) *척색근(脊索筋, noto-chord)*이었다. 유연성전략과 척색근 구조를 채택한 대표적 어류가 학명으로 *피카이아(pikaia)*이었다. 피카이아는 훗날 강을 따라 올라와 민물 속에서 살다가 급기야는 육지로 상륙하여 진화의 선두주자(先頭走者)가 되었다.

1.4 기업의 길도 '환경적응 ⇒ 전략수립 ⇒ 구조조정'

앞 절 진화의 역사를 요약하면 바다 속 어류들은 약육강식의 '*환경에 적응*'하기 위하여 정보수집, 방어태세, 유연성 획득 등 각자 '*전략을 수립*'했고, 이 전략에 맞는 신체적 '*구조를 채택*'하기 위해 노력했다. 이러한 노력은 오늘날 기업이 살아남기 위하여 걸어온 길, 즉 '*환경적응 ⇒ 전략수립 ⇒ 구조조정*'의 과정과 본질적으로 같다. 다음 케이스를 통하여 이 사실을 확인하자.

🖳 Du Pont회사의 전략 및 조직변경

듀퐁(Du Pont)회사는 1802년에 미국에서 화약(火藥)제조회사로 창립했다. 화약은 터널(tunnel)공사, 광산개발 등에 평화적으로도 사용되었으나 주된 수요는 군사용(軍事用)이었다. 군납용 수요는 전쟁발발 여하에 따라 그 변동폭이 심했으므로 듀퐁사는 *인조가죽* 및 *셀룰로이드(Celluloid)* 등의 분야로 제품다각화를 시도하였으나 이들 비화약(非火

藥)부문은 듀퐁사 매출의 3% 정도에 머물렀다.

그러다가 1914년 제1차 세계대전이 발발, 화약수요가 급증하면서 듀퐁사는 화약제조설비의 확장을 거듭하여 (1914년의 840만파운드에서) 1917년에는 연간 4억5천5백만파운드로 무려 54배로 성장했다. 듀퐁사의 최고경영진은 이와 같이 증가한 생산설비가 종전(終戰) 후에는 유휴화(遊休化)될 것을 우려하지 않을 수 없었고, 그 해결책으로서 화약 단일품목에서 탈피하여 다른 분야로 *다각화(diversification)*를 적극 모색하게 되었다.

듀퐁사의 다각화전략은 크게 세 방향으로 나누어졌는데, 첫째는 이미 진출한 인조가죽과 셀룰로이드 생산을 더욱 확장하는 것이고, 둘째는 당시 수요에 비해 공급부족상태에 있던 염료(dyes)생산에 진출하며, 셋째는 기존의 화약공정에 약간의 수정만 가하면 만들어낼 수 있는 '기타제품'에 손을 뻗는 것이었다. 다각화전략을 추진한 듀퐁사는 1919년 봄에 이르러 페인트, 셀룰로이드, 인조가죽 및 '기타제품'의 생산체제를 확립하였고 염료와 레이온(rayon)은 착수단계에 들어갔다.

그러나 이러한 다각화전략은 듀퐁사의 관리조직을 혼돈 속에 빠뜨리기 시작했다. 화약 단일품목만을 염두에 두고 설계된 과거의 조직구조를 가지고, 다각화된 여러 품목의 생산·구매·판매·연구개발 등 활동을 계획, 통합, 평가하자니 많은 문제점이 노출되기 시작한 것이다. *조직구조의 부적합성*으로 인한 이러한 문제점들은 불경기로 인하여 신규사업분야의 *수익성이 더욱 악화*되면서 표면으로 떠올랐다.

특히, 듀퐁사의 페인트사업은 판매량이 늘어날수록 손실도 증가하는 기현상마저 빚고 있는 동안에도 다른 페인트회사들은 상당한 이익을 올리고 있어서 듀퐁사를 당혹하게 만들었다.

이러한 문제의 원인을 구명(究明)하기 위하여 듀퐁사는 생산, 판매,

재무, 개발부문의 대표자들로 이루어진 '소위원회'를 구성하였고, 여기서 문제의 근본원인이 판매부진에 있는 것이 아니라 듀퐁사의 조직구조에 있음을 밝혀냈다. 1920년 소위원회는 기존의 직능별 조직구조를 버리고 제품별 구조로 전환할 것을 건의하였다. 이것은 각 제품라인별로 한 사람의 관리자를 두고, 그에게 구매·생산·판매·회계업무에 관한 모든 권한과 책임을 부여함으로써 각 제품라인이 *이익/손실의 독립단위*가 되게 하려는 제안이었다.

● **참고**

> 듀퐁사의 최고경영층은 재무(finance), 집행(executive), 관리(administration) 등 3개의 위원회로 구성되어 있었다. 재무위원회에는 듀퐁의 대주주들로 구성되며, 집행위원회에서 작성한 예산안을 심의하고 거부권을 행사할 수 있었다. 집행위원회는 사장과 생산, 판매, 재무, 개발 등 각 부문의 부사장들로 구성되었으며, 장기적인 정책수립과 업적평가가 주요 업무였다. 관리위원회는 각 부문의 이사(理事)들로 구성되며 부문간의 일상적인 업무를 통합·조정하는 임무를 맡고 있었다.

그러나 듀퐁사의 최고경영층인 집행(executive)위원회는 '소위원회'의 제안에 완강히 반대하였다. 제품별 조직구조는 당시 미국의 어떤 기업에서도 그 유례를 찾아볼 수 없는 것이었고, 그 때까지 조직이론의 근간을 이루고 있던 *직능별 조직구조*와 이론적으로 정면 배치되는 것이었기 때문이다. 당시 사장이던 피에르 듀퐁 역시 직능별 '*전문화의 원리*'를 버리고 미지의 새로운 조직구조를 도입한다는 생각에 반대를 표명하였다.

결국 '소위원회'의 제안에 대한 타협안으로서 듀퐁사는 각 제품라인별 구매, 생산, 판매부문의 관계자들로 구성된 '사업부심의회(Divisional Council)'라는 새 조직을 만들었다. 그러나 이 조직은 완전한 자율권이 주어지지 않았고, 의장도 뽑지 않았으므로 책임소재가 분명치 않아 유명무실한 조직이 되고 말았다.

듀퐁사가 화약을 제외한 모든 제품에서 계속 손실을 내는 난관에 부딪치자, 이 난관을 타개하기 위하여 당시 무연화약부(無煙火藥部)의 책임자로 있던 브라운(H. Fletcher Brown)은 두 가지 제안을 냈다. 그의 첫째 제안은 기존의 직능별 조직구조를 1920년 '소위원회' 안에 맞추어 *제품라인별로 개편해야 한다*는 것이었고, 둘째 제안은 집행위원회는 *부문별 책임을 지지 않는 전반관리자(general manager)들로 구성되어야 한다*는 것이었다.

회사업무 전반에 걸쳐 장기적인 정책을 수립해야 할 집행위원회가 제구실을 다하지 못하고 있다고 말하면서, 그 원인은 집행위원들이 자기부문의 업무에 많은 시간을 빼앗기는 한편, 회사 전반에 관한 정책수립과정에서도 자신이 대표하는 부문의 이해관계에 얽매여 회사전체에 도움이 되는 의사결정을 내리지 못하고 있다는 것이 브라운의 분석이었다.

1921년 8월 브라운의 제안이 채택되어 결국 제품라인별로 편성된 5개 사업부의 책임자들이 자기 사업부의 운영에 관한 모든 권한과 책임을 부여받았으며, 그들은 오로지 집행위원회에만 보고하게 되었다. 이로써 각 사업부는 자기 제품라인의 구매·생산·판매에서 회계에 이르는 모든 직능을 자율적으로 수행할 수 있게 되었고, 사업부의 업적평가는 듀퐁사가 개발한 *ROI(Return on Investment)*기법에 따라 행하게 되었다.

집행위원회는 전반관리자들로 새로 구성되었으며 듀퐁사의 장기적 정책수립과 5개의 독립적인 사업부들 간의 조정업무에만 전념할 수 있게 되었다. 1921년 9월에 시행된 이 사업부제 조직구조는 오늘날까지도 듀퐁사 조직의 근간으로 남아 있고, 그 후 **GM**을 위시한 다른 기업에서도 도입되기에 이르렀다.

듀퐁사는 전쟁의 발발 같은 환경변화에 따라 화약에 대한 수요변동의 폭이 너무 커서 자사의 생산설비가 전시(戰時)에는 모자라고 평시에는 남아도는 일이 자사의 생존을 위협한다는 사실을 문제시했다. 듀퐁사는 이 문제를 해결하기 위한 전략으로서 화약 이외의 다른 제품으로 사업을 다각화하지 않을 수 없었다.

　다각화전략으로서 듀퐁사는 1919년 봄 페인트, 셀룰로이드, 인조가죽 및 (화약설비를 조금만 개조하면 생산할 수 있는) 기타제품의 생산체제를 확립하였다. 그러나 화약 *단일품목*만을 염두에 두고 설계된 과거의 조직구조를 가지고 *다각화된 여러 품목*의 생산·구매·판매·연구개발 등 여러 활동을 계획, 조정 및 평가하자니 많은 문제점들이 나타나기 시작했다.

　이러한 문제점은 듀퐁사가 화약을 제외한 모든 제품에서 손실을 내는 결과로 이어졌다. 조직구조의 부적합성으로 인한 이러한 문제점들을 해결하기 위하여 우여곡절 끝에 듀퐁사는 *사업부제 조직구조*를 생각해냈고, *사업부의 업적평가*는 집행위원회에서 ROI(Return on Investment)기법에 따라 행하게 되었다. 또 집행위원회는 (각 사업부문에서 분리된) 전반관리자들로 구성되었으며 회사의 장기적 정책수립과 사업부들간의 조정업무에만 전념할 수 있게 하였다.

　이처럼 듀퐁사가 걸어온 길, 즉 '환경적응 ⇒ 전략수립 ⇒ 구조조정'의 과정은 바다 속 어류들이 생존경쟁에서 살아남기 위하여 선택한 진화의 과정과 본질적으로 같다. 모든 진리는 궁극에 가서는 하나로 통한다는 사실을 확인하게 된다. 그러면 정보화, 세계화, WTO체제하의 무한경쟁에 적응하기 위하여 우리에게 가능한 선택은 무엇인가? 장(chapter)을 바꾸어 이 질문에 대한 해답을 찾아보자.

무한경쟁에서 벗어나는 지혜 2

2.1 생존경쟁에서 황무지의 의미

그러면 무한경쟁의 생태계(生態界)에서 오늘날까지 살아남아 번영 (繁榮)에 이른 종(species)들의 선택은 무엇이었는지 알아보자. 앞 장에 서 살펴본 바와 같이 바다 속에서 어류들의 진화가 3,000만년 진행되 었을 무렵 (지금으로부터 약 5억년 전) 지구에 *지각(地殼)*변동이 일어났 다. 여기저기 흩어져 있던 대륙(大陸)들이 이동하면서 서로 충돌하여 산이 치솟고, 산과 산 사이에 강(江)이 형성되고, 강물이 바다로 유입 하는 곳에 하구(河口)가 생겨났다. *민물이 흘러드는 강의 하구*는 바닷 물에만 익숙해 있던 어류들에게 *황무지(virgin land, 荒蕪地)*나 다름 없 었다.

피카이아(pikaia) 종(種)에 속하는 일부 어류들이 약육강식이 판치는 바다에 식상하여 강물(민물) 속에 들어가 살고 싶어했던 것이다. 그런 데 강물 속에는 천적(天敵)이 없어서 좋았지만 염도(鹽度)가 높은 바다 에서 살던 어류가 민물 속으로 바로 들어갈 수는 없었다. 염도 차이 는 *삼투압(滲透壓)*의 차이를 만들어 세포막을 파열시키기 때문이다. 그래서 새로운 삶의 터전, 즉 민물로 진입하기 위한 전략의 추구는 삼투압을 극복하기 위한 (신체적) 구조조정으로 이어졌다.

강을 동경한 어류들은 염도 차이를 극복하기 위하여 온몸을 비늘 로 둘러싸고, 심장을 발달시켜 펌프의 압력으로 삼투압을 막아내기 시작했다. 또 민물 속에서 *광물질(minerals)*의 농도가 불규칙하기 때문 에 그것을 저장하기 위하여 골격(예, 척추)을 만들어냈다. 이러한 구조 조정 노력이 약 1억1천만년 축적되면서, (3억9천만년 전에) 최초의 담 수어 *케이롤레피스(cheirolepis)*가 나타났다.

민물진입에 성공한 담수어들이 늘면서 민물 속에서도 약육강식의 생존경쟁은 심각해지기 시작했다. 이렇게 되자 민물어류 중 일부가 강가에 펼쳐진 육지 위에 먹이가 많다는 것을 알았고, 이런 곳에 가려면 물 밖의 공기를 호흡할 수 있는 폐가 필요하다는 것, 그리고 지느러미를 팔과 다리로 사용하여 기어다닐 수 있어야 한다는 것을 깨달았다. 새로운 삶의 터전으로 육지에 오를 전략을 수립한 일부 담수어들은 *아가미를 폐로, 지느러미를 사지(四肢)로* 전환시키는 '*구조조정*' 노력을 시작했다. 이러한 노력이 약 3천만년 축적되면서 (3억6천만년 전에) 드디어 *이크시오스테거(ichthiostega)*라는 학명의 *양서류(兩棲類)*가 상륙(上陸)에 성공, 육상에서 동물의 역사가 시작된 것이다.

여기까지의 결론을 정리해보자. *진화에 성공한 종(species)들이 채택한 전략은 (격렬한 생존경쟁을 피하여) 새로운 삶의 터전, 즉 황무지를 개척하는 선택이었다.* 앞에서 살펴본 바와 같이 바다에 살던 일부 어류가 바다 속의 치열한 생존경쟁을 피하기 위해 아무도 살지 않는 황무지, 즉 민물 속으로 들어왔다. 그러나 세월이 흐르면서 민물 속에서도 약육강식(생존경쟁)이 치열해지자 민물 속 어류 중 일부가 다시 제2의 황무지, 즉 육지로 올라와 새 삶을 개척했다.

이처럼 생존경쟁이 치열한 기존의 세계를 떠나서 새로운 삶의 세계를 개척한 종은 진화의 역사에서 가장 앞서가는 선두주자가 되었다. 진화의 역사는 곧 삶의 역사이고, 역사는 오늘날까지 계속 이어지고 있다. *과당경쟁을 뒤로 하고 경쟁이 없는 황무지를 새로운 삶의 터전으로 개척하는 생존전략*은 오늘날에도 가장 현명한 삶의 방식인 것 같다. 이 전략을 선택한 국가, 기업, 그리고 개인들이 어떻게 오늘에 이르렀는지 다음 절에서 살펴보자.

2.2 | "남들이 안 간 길(*The Road Not Taken*)"

미국은 오늘날 정치, 경제, 과학, 기술, 군사 등 여러 면에서 세계 제일의 강국이다. 짧은 역사에도 불구하고 미국이 이렇게 앞서가는 나라가 된 것은 어떤 연유에서일까? 미국은 유럽(Europe)에서 살기가 어려워 대서양을 건너온 이주민들이 개척한 신세계이다. 신세계(new world)라는 용어는 미국을 예찬한 음악, *드보르작의 교향곡(제5번)* 타이틀이기도 하다. 미국의 역사학자 *터너(Frederic J. Turner)*는 미국 역사의 개성을 *개척정신*에서 찾았다.

미국의 역사는 동부 대서양 연안에서 시작하여 광활한 황무지, 서부로 이어지는 *프런티어(frontier)* 개척의 역사였다. 1880년 미국의 국세(國稅)조사보고서는 1제곱 마일당 인구가 2~3명 이하인 지역을 프런티어로 정의하고 있다. 태평양 연안에 이르는 프런티어가 끝나자, 미국은 과학과 기술분야에서 다시 프런티어를 찾아 개척했고, 드디어 생명공학, 디지털산업, 우주과학의 영역으로 새로운 프런티어를 계속 확장하고 있다.

가장 미국적인 시인(詩人) 프로스트(*Robert Frost*, 1875~1963)는 그의 시 "*택하지 않은 길(The Road Not Taken)*"에서 프런티어 정신을 다음과 같이 읊고 있다.

The Road Not Taken	택하지 않은 길
	by Robert Frost
Two roads diverged in a yellow wood,	*단풍진 숲 속에 길이 두 갈래,*
And sorry I could not travel both.	*두 길을 갈 수 없어 유감이구나.*
...	
I took the one less traveled by,	*나는 남들이 덜 다닌 길을 택했지,*
And that has made all the difference.	*그것이 오늘을 이렇게 만들었구나.*

미국의 북동부에 위치한 뉴 햄프셔(New Hampshire)주는 세계에서 단풍이 곱기로 유명한 곳이며, 이 곳에 프랑코니아(Franconia, 인구 8,000명 정도)라는 이름의 작은 도시가 있다. 이 곳 산기슭에 시인 Robert Frost가 살던 집이 있다. 시인이 서거한 후, Franconia시민들은 돈을 거두어 (시민의 이름으로) 이 집을 샀다. 그리고 이 집을 Frost처럼 아름다운 시를 쓰려는 시인에게 무상으로 임대해 주기로 했다. 지금은 기본 생계비까지 보태준다고 한다.

Frost는 이토록 미국 국민의 사랑과 존경을 받는 시인이다. 1961년 1월 20일 케네디(John F. Kennedy) 대통령의 취임식에서 백발을 흩날리며 축시(祝詩)를 낭송하던 시인의 모습이 흑백TV 다큐멘터리로 남아 있다.

Frost는 '남들이 덜 택한 길'을 선택하는 *개척정신(frontierism)*을 그의 시에서 예찬하고 있다. 프런티어 정신의 반대어는 '*나도 남들처럼(me-too-ism)*'이다. '남이 새 차를 사면 나도 사야지' 하는 삶의 방식이 그것이다. 과거 우리 나라 기업들은 경쟁기업이 공장을 확장하면 나도 확장하고, 경쟁기업이 신규분야에 진출하면 나도 진출함으로써 '나도 남들처럼'을 표방하다가 결국 *과잉투자, 과잉경쟁*으로 **IMF** 경제위기를 맞았다. '남들이 덜 택한 길'을 선택하여 그 분야에서 세계적인 업적을 이룩한 케이스는 개인의 인생, 기업경영 등 모든 영역에서 찾아볼 수 있다.

🎵 황병기 씨의 국악인생

우리 나라에서 국악(國樂)에 대한 국민의 인식수준이 아주 저조(低潮)했던 1950년대에 가야금(伽倻琴) 소리가 좋아서 가야금을 배우기 시작한 소년이 있었다. 부모님조차 그가 (학교공부가 아닌) 가야금에 시간을 쓰는 것을 원치 않았기 때문에 소년은 "학과공부를 더 열심히 하겠다"는 조건하에 (부모님 눈치를 보면서) 틈틈이 가야금을 배웠다.

그런데 가야금 연주에는 서양음악에서와 같은 악보(樂譜)조차 없다는 사실에 소년은 놀랐다. 당시의 가야금 교육은 선생의 손놀림과 선생이 내는 소리를 그대로 따라서 배우는, 말하자면 도제(徒弟)방식에 의한 전승(傳承)이었다. 뿐만 아니라 가야금을 연주할 곡목(曲目)은 예로부터 전해오는 것뿐, 새로 작곡된 것이 없었다. 한국 문화 속의 중요한 구성요소이면서 세계 속에 *한국음악의 독자성(獨自性)*으로 내세워야 할 국악이 이렇게 황무지 같은 처지에 놓여 있다는 사실에 소년은 아연했다.

세월이 흐르면서 소년은 명문(名門) 고등학교를 졸업하고 서울대 법대에 진학했다. 청년이 된 그는 사회적으로 푸대접받는 국악의 길과 부모님이 바라는 법학도의 길 사이에서 고민하기 시작했다. 그가 각종 국악 경연대회에서 입상하면서 당시 서울대 음대 학장 현재명(玄濟明) 씨로부터 "판검사가 될 사람은 삼태기에 담을 만큼 많지만, 국악을 짊어지고 나갈 사람은 너무나 없다"는 말을 듣고 그는 결연히 국악의 길로 들어섰다.

그는 우선 우리 나라 전래의 가야금 곡들을 악보화(樂譜化)하면서 침향무, 비단길, 밤의 소리, 남도환상곡 등 새 곡들을 작곡해 나갔다. 50여 년의 세월이 흐르면서 가야금의 연주가로서 또 작곡가로서, 그는 *세계 속에 한국국악*의 위상(位相)을 드높였고, 결국 우리 국악계의 국보적 존재가 되었다. 그의 이름은 *황병기(黃秉冀)*이다. 다음 절에서는 기업경영에서 황무지 개척에 도전하여 불과 15년만에 세계 제일의 기업이 된 신화적 존재, 시스코 케이스를 살펴보자.

2.3 기업에서 황무지는 무엇인가

황무지를 개척한 시스코(Cisco) 이야기

1980년대 초반 개인용 컴퓨터(personal computers : PC)가 확산되기 시작하면서 각 기관의 메인프레임(mainframes), 미니컴퓨터(minicomputers), PC들 사이에 *호환성(compatibility)*과 *연결성(connectivity)*을 확보하는 문제가 대두하고 있었다. 다시 말하면 정부기관, 대학, 대기업 및 그 단위조직들이 각자 구축해 놓은 컴퓨터시스템과 로컬 네트워크(local network)를 호환성을 가지고 상호 연결할 수 있는 *소프트웨어(software)와 하드웨어(hardware) 기기(機器)*가 필요해졌다.

예컨대, 1982년 당시 스탠포드(Stanford)대학에는 호환되지 않는 컴퓨터가 약 5천대, 호환되지 않는 전자우편시스템(e-mail system)이 20개가 넘었다고 한다. 당시 이 대학 학생이었던 *레너드 보사크*와 *샌드라 러너*는 캠퍼스내 여러 건물 사이에 네트워크를 구축하여 데이터를 서로 전송하고 호환성(互換性)을 해결할 수 있는 소프트웨어와 하드웨어 박스(box)를 개발하기 시작했다. 그들은 이 시스템의 판매권을 대학에 주겠으니 대학이 이 프로젝트를 승인하고 지원해 달라는 제안서(proposal)를 대학당국에 제출했으나 거절당했다.

실망한 두 사람은 결국 대학을 나와 1984년 12월 자기 집에서 *시스코(cisco, 처음에는 회사명을 소문자로 썼다)*라는 이름으로 회사를 차렸다. 결혼까지 한 이 두 사람은 동창생 몇 명을 데리고 *일 주일에 100시간 이상 일하는 문화*를 만들었고, 처음에는 비용을 신용카드로 감당했으나 그것이 어려워지자 *벤처 캐피털(venture capital)*회사를 찾아다녔다. 무려 75개 사로부터 거절당하다가 1987년 마침내 *시퀘이어*

시스템즈(Sequoia Systems)의 돈 밸런타인으로부터 250만달러를 유치하고, 30%의 주식과 4년간의 경영권을 그에게 주면서, 레너드는 최고 과학자(chief scientist), 샌드라는 고객담당 부사장(vice president for customer services) 자리를 맡았다.

1987년 시스코사(Cisco Systems)는 드디어 라우터(router)를 첫 상품으로 출시하여 대학과 기업에 (7,000달러에서 50,000달러 사이에) 팔기 시작했다. 1987년 미 의회가 인터넷(internet)의 상업화를 허용하기 시작했고, 대기업들은 여러 곳에 산재해 있는 부서들을 연결할 수 있는 네트워킹 솔루션(networking solutions)을 필요로 하기 시작했다. 1992년 아직 광고도 하지 않는 상태에서 고객들은 구입대금을 선불하면서까지 시스코제품을 주문하기 시작했다.

라우터에 대한 수요는 매년 폭증했고 1999년 드디어 시스코는 인텔(Intel)을 제치고 실리콘밸리에서 시가총액이 가장 높은 기업이 되었다. 창업한 지 불과 15년 3개월이 되는 2000년 3월 24일 시스코의 시가총액(時價總額)[1]은 5,792억달러에 이르러 마이크로소프트(Microsoft)를 제치고 세계최대 기업으로 부상하는 신화를 창조했다.

경영평론가들은 시스코사가 아직 조직의 안정성(stability)을 결하고 있으며, 고객과의 긴밀한 관계, 서비스와 지원(支援)팀, 그리고 고객금융 지원분야 등에서 (전통과 역사를 가진 기업에 비해) 뒤떨어진다고 말하고 있다. 인터넷의 성장이 주춤해지면서 시스코의 성장이 둔화되는 것은 피할 수 없는 상황일 것이다.

그러나 시스코 케이스가 우리에게 말해주는 것은 황무지 개척이 성공했을 때 나타나는 위력이다. 만약 시스코가 자동차나 선박, 가전제품 같은 전통적이고 재래적인 산업분야에서 창업했다면 이러한 경

---

1) 어느 회사의 시가총액이란 그 회사의 주식이 증권시장에서 거래되는 시가에 발행주식의 총수를 곱한 값이며 그 기업의 가치를 대표하는 수치로 인정되고 있다.

이적인 성장은 상상할 수도 없을 것이다. 그러면 '남들이 덜 간 길'을 택하는 황무지전략이 성공에 이를 수 있는 이론적 근거는 무엇일까? 이 질문에 답하기 위해 *제로 섬 경쟁(zero-sum game)*의 개념을 살펴보자.

🔖 제로 섬 경쟁

제로 섬 경쟁이란 합(合, sum)하여 영(zero)이 되는 경쟁이란 뜻이다. 우리말로 *영화(零和)경쟁*이라고 번역될 수 있다. 어떤 경쟁에서 승자가 얻은 이득을 '+'로 하고, 패자가 잃은 것을 '−'로 하여 합해 보면 +와 −가 상쇄되어 영(0)이 되는 때가 있다. 이것이 제로 섬 경쟁이다. 인간사회에서 제로 섬 경쟁의 가장 전형적인 예는 선거(election)에서 찾아볼 수 있다. 유권자의 수는 일정하기 때문에 어느 누가 한 표를 더 얻으면 다른 누가 한 표를 잃게 된다.

그래서 선거가 있는 곳에는 중상, 모략, 불법선거운동 등이 난무하게 된다. (선거가 아니더라도) 어느 직장에서 부장으로 승진할 수 있는 자리 한 석(席)을 놓고, 여러 명의 후보가 경쟁을 벌이는 것도 제로 섬 게임이다. 대학 입학시험과 졸업 후의 취직경쟁이 뜨거운 것도 그것이 제로 섬 경쟁이기 때문이다.

역사적으로 살펴보면, *농경사회의 경제가 제로 섬 경쟁의 성격을* 많이 가지고 있었다. 농지의 총량은 일정하므로 누군가가 농지의 소유를 늘리면 그만큼 누군가가 농지를 잃게 된다. 비록 정당한 대가를 지불하고 농지를 사들인다고 해도, 농지의 소유만이 부(富)의 상징이었던 시대에는 어느 누가 부자가 된 만큼 다른 누가 가난한 소작농이 될 수밖에 없었다. 기업경영의 세계에서는 수요가 한정되어 있는 경우의 *시장점유율 쟁탈전*이 제로 섬 게임이고, 생산성 향상이 없는 *노사분규*도 제로 섬 게임이다.

일반적으로 자원은 유한한데 그 자원을 차지하려는 경쟁자는 많을 경우에 제로 섬 게임이 나타난다. 그래서 제로 섬 게임이 존재하는 곳에는 언제나 긴장과 적대감이 일게 마련이다. 그러면 생존경쟁이라는 삶의 굴레 속에서 우리가 택할 수 있는 모형에 무엇무엇이 있으며, 그 중에서 가장 이상적인 모형은 어느 것인지 알아보자.

2.4 삶의 4가지 기본모형

수천, 수만, 수억 … 등 모든 숫자(數字, numbers)는 0과 1로 환원될 수 있고 그것이 컴퓨터와 디지털(digital)문명을 낳았다. 인간을 위시한 생명체들은 자성(雌性, female)과 웅성(雄性, male)세포의 결합으로 탄생한다. 인간의 언어(言語)는 자음(子音)과 모음(母音), 전기(電氣)는 양(陽, +)극과 음(陰, -)극, 그리고 우주공간 속은 물질과 에너지로 구성되어 있다. 이러한 *이진법적(二進法的, binary) 구성*이 인간 삶의 양식(樣式), 즉 생존에 임하는 기본모형에까지 나타나는 것 같다.

생존경쟁은 '사느냐' '죽느냐'의 문제를 놓고 '너'와 '나' 사이에 전개되는 싸움이다. 따라서 생존경쟁은 2진법이 이중(二重)으로 겹쳐진 결과, 즉 '너 살고 나 죽고', '너 살고 나 살고', '너 죽고 나 죽고', '너 죽고 나 살고' 등 4가지 기본모형으로 나타난다. 이들 4가지 모형을 그림으로 요약하면 [그림 2·1]과 같다.

'너 살고 나 죽고' 모형

이것은 기독교에서 믿는 예수 그리스도(Christ)모형이다. 예수에게 '너'는 죄 많은 인간들이었고, 이들을 구하기 위해 예수 자신은 십자가에 못박혔다. *소크라테스의 삶도 이 모형에 속한다.* 그에게 '너'는

[그림 2·1] 너와나, 삶과 죽음의 4조합

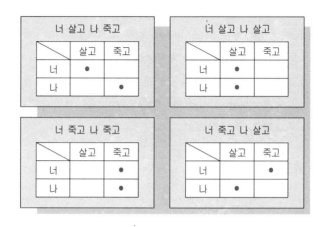

그리스의 국법(國法)이었다. "악법(惡法)도 법이므로 지켜야 한다"고 말하며 그는 독배를 마셨다. 한국에서는 월남전 당시 *강재구(姜在求)* 소령이 택한 길이 이 모형에 속한다. 그는 어느 신병(新兵)이 실수로 떨어뜨린 수류탄을 자기 몸으로 덮쳐서 자기는 산화(散華)하고 주위 병사들을 구했다. 일반적으로 생명의 세계에서 *부모가 자식을 기르는 사랑*이 이 모형에 가깝다. 이렇게 특수한 경우를 제외하고는 이 모형의 본질이 *자기희생(自己犧牲)*에 있으므로 생존의 본질적인 문제를 이 모형으로 해결할 수는 없을 것이다.

'너 살고 나 살고' 모형

이것은 *공자(孔子)의 '인(仁)'*에 해당하는 모형 같다. 인의 의미를 오행(五行)사상에서 찾아보자. *주역(周易)*에서는 만물의 생성과 운행을 오행으로 설명하는데, 오행이란 *물(水), 불(火), 나무(木), 쇠붙이(金), 흙(土)의 5가지 요소(elements)*를 지칭한다. 오행사상에 의하면, 이들 요소

중에서 살아 있는 것은 木 하나뿐이고, 仁은 木과 연관된다. 인(仁)은 글자의 구성이 '人+二'이므로, '너'와 '나' 둘(二)이 다 살아야 한다는 사상이 仁이다. 이처럼 仁은 '너'와 '나' 모두의 생명을 소중히 여기는 사상이므로 인자(仁者)는 약육강식(弱肉強食)을 할 수 없다. 이런 의미에서 '너 살고 나 살고'를 가능하게 하는 실제적인 방법론만 발견된다면 이 모형은 가장 이상적인 생존모형이 될 것이다. 뒤에 이 모형을 좀더 구체적으로 분석하자.

'너 죽고 나 죽고' 모형

이것은 한국형(韓國型) 부부싸움모형이다. 좋게 해석하면 같이 죽음으로서 공평(公平, fair)하게 해결하자는 정신이다. 한국문화 속에는 부부싸움 말고도 '너 죽고 나 죽고'식 투쟁이 많다. 거리가 혼잡할 때 자동차 운전방식이 그렇고, 라이벌기업간의 경쟁이 그렇다. A기업이 공장을 확장하면, 그와 라이벌관계에 있는 B기업이 무리를 해서라도 자기도 확장한다. '너 죽고 나 죽고'식 경쟁은 우리 나라 건설회사들의 해외수주(海外受注) 입찰에서도 나타나, 대형 건설회사들의 부실로 이어졌다. 이 모형은 '너'와 '나' 모두를 파괴하기 때문에 결코 바람직한 생존모형이 될 수 없다.

'너 죽고 나 살고' 모형

이것은 뺑소니운전사 모형이다. 행인(行人)을 친 후 자기 살기 위해 피해자를 버려 두고 줄행랑을 치는 비굴한 운전자의 모형이다. 자연 생태계 속의 약육강식이 여기에 속하고, 인간사회의 생존경쟁도 그것이 '제로 섬 게임'일 경우에는 본질적으로 이 모형이 된다. 인간의 삶에 필요한 자원은 모두가 유한하므로 아무리 공정한 룰(rule)에 의하여 자유경쟁을 한다고 해도, 대부분의 생존경쟁은 사실상 '너 죽고 나 살기' 모형이 된다. 따라서 우리의 이상은 생존경쟁의 폐해를 줄이기 위해 이 모형에서 탈출하는 데 있다.

2.5 | 3D의 길

IMF 구제금융위기가 도래하기 직전인 1997년 한국에는 자동차 제조회사가 8개 사(社)[2]나 있었다. 전세계적으로도 자동차가 과잉 공급 상태에 있었고, 우리 나라의 기술(技術)수준은 선진국에 뒤지고 있었기 때문에 우리 자동차회사 중 일부가 망할 수밖에 없는 것은 필연이었다. 공급과잉은 결국 '너 죽고 나 죽고'식 과당경쟁으로 이어진다는 것을 알면서도 우리 기업들이 이렇게 과잉투자를 자행한 이유는 무엇이었나? 그 이유는 간단하다. 시스코(Cisco)처럼 황무지를 찾아 그것을 개척한다는 것이 어렵기 때문이었다.

미국에서 가난한 학생 둘이 (시스코를 창업하고) 인터넷시대에 절대 필요한 라우터(router)를 만들고 있을 때, 우리 나라의 재벌들은 자동차, 석유화학 등 전세계적으로 이미 공급과잉이 된 전통산업에 투자할 수밖에 없었다. 그러나 (황무지 개척이 어렵다 하여) 공급과잉을 알면서도 '너 죽고 나 죽고'식 경쟁 속으로 뛰어드는 것은 현명한 길이 아니다. 황무지 개척이 어려우면 차라리 *3D의 길*이 차선책(次善策)일 수 있다. *3D란 더럽고(dirty), 어렵고(difficult), 위험하다(dangerous)는 세 단어의 첫 자음(子音) 셋*을 의미한다.

그 동안 우리 나라 기업들은 경영의 비법(秘法)을 찾기 위해 노력해 왔다. 1970년대에는 일본의 경영방식을 탐구하여 그것을 우리 나라

---

2) 현대자동차, 현대정공(갤로퍼 생산), 대우자동차, 대우중공업(티코), 기아자동차, 아세아자동차, 쌍용자동차, 삼성자동차 등

에 적용해 보려고 애썼고, 1980년대에는 '*리엔지니어링(re-engineering)*'
이라는 기법을 도입하면서 기대에 부풀어 있던 때도 있었다. 그러나
오늘에 이르도록 시간이 흘러도 우리가 고대했던 경영의 비법은 존재
하지 않는다는 사실을 알게 되었다. 오직 *기본(basics)에 충실한 길만*
이 정도(正道)임을 인식해야 한다.

기본에 충실한 길이란 무엇인가? 우리는 그것이 3D의 길임을 알
아야 한다. 왜냐하면 태초부터 인간의 삶을 가능하게 하는 기본적 생
산방식이 3D였기 때문이다. 3D의 첫 단어인 '더럽다'는 말의 'dirt'는
원래 '흙'을 뜻한다. 흙은 우리 삶의 터전이고, 노력과 땀을 상징한다.
인간이 정직하게 살기 위한 노력 중에 *더러운 일*이란 있을 수 없다.

3D의 두 번 째 단어인 '**difficult**', 즉 '*어려운*' 일이란 인간의 인내
력을 요하는 일을 의미한다. "태산이 높다 하되 하늘 아래 뫼"라는
속담처럼 아무리 어려운 일도 노력으로 극복하여, 그 분야에서 노하
우(know-how)와 경험을 축적하면 경쟁력 있는 기업이 될 수 있다.

3D의 세 번 째 단어인 '**dangerous**', 즉 '*위험한*' 일이란 용기를 요
하는 일이다. 자고로 어느 문명에서나 용기는 미덕으로 칭송되어 왔
다. 서양 속담에도 "용기 있는 자만이 미인을 얻을 수 있다"는 말이
있다. 기업을 발전시키기 위한 일은 모두 용기를 요하는 일이다. 용기
가 없는 자는 아무리 머리가 좋아도 시간만 소비할 뿐 아무 일도 성
취하지 못한다.

인간에게 궁극적으로 필요한 것은 의식주이고, 의식주는 대부분
3D에서 나온다. 이렇게 볼 때 땀을 흘리며 옷을 더럽혀야 하는
'**dirty**,' 꾸준한 인내로 어려움을 극복해야 하는 '**difficult**,' 위험부담과
용기를 필요로 하는 '**dangerous**,' 이들 *3D는 회피의 대상이 아니라 오
히려 당연히 받아들여야 할 삶의 기본*이다. "더럽고, 어렵고, 위험한
일은 과거 못살던 시절에나 했지, 이제 잘 살게 된 오늘날에는 모두

폐기해야" 한다고 생각한다면 우리에게 미래는 없을 것이다.

3D업종을 받아들여 그것을 좀더 깨끗하고, 쉽고, 안전한 방식으로 일할 수 있도록 발전시켜야 한다. 그것을 회피의 대상으로만 생각한다면 *인식오류*를 범하는 것이 된다. 우리 나라처럼 자원도 빈약하고, 과학기술도 선진국에 뒤진 나라가 살아갈 수 있는 길은 3D 속에 있는 것이다. 사실 황무지를 개간하는 일도 처음에는 모두 3D의 성격을 가지고 있다. 3D를 기피하면서 선진국이 되려는 것은 사다리의 아래 계단을 거치지 않고 위 계단으로 비약하려는 생각과 같을 것이다.

결론을 정리해 보자. 시대와 환경이 끊임없이 변화하는 과정에서 기업이 개척해야 할 황무지는 계속 생성될 것이다. 이러한 황무지를 발견하여 그것을 개척함으로써 제로 섬 경쟁을 피할 수만 있다면 그 길이 참된 삶의 길이다. 그러나 *황무지의 발견과 개척이 너무 어렵다고 느껴지면 남들이 기피하는 3D업종에서 경쟁력을 쌓는 것이 차선책이 될 것이다.* 이것이 '너 죽고 나 죽고'식 제로 섬 경쟁보다 차라리 나을 것이기 때문이다. 다음에는 장을 바꾸어 진화에 성공한 종(種)들이 개발한 또 다른 전략을 살펴보자.

고객 찾아 '주고받음'의 관계형성

3

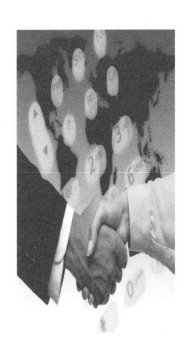

3.1 번영에 이른 종(種, species)들의 선택

적당한 수준의 경쟁은 당사자들에게 적절한 긴장을 유발시켜서 그들 모두의 발전을 가져올 수도 있다. 그러나 '너 죽고 나 죽고'식의 과당경쟁은 그 폐해가 너무 크다. 진화에 성공한 종들은 과당경쟁이 없는 황무지를 찾아 새 삶의 터전을 개척해 왔다는 사실을 우리는(제2장에서) 살펴보았다.

그러나 황무지의 개척도 번영에 이르는 *필요조건(necessary condition)*이 될 수는 있어도, *충분조건(sufficient conditions)*이 될 수는 없다. 황무지를 개척해도 세월이 흐르면서 다시 경쟁이 격화될 수 있기 때문이다. 그러면 진화의 역사에서 바다로부터 제1차 황무지(민물의 세계)를 찾았고, 그 후 다시 제2의 황무지(육지)를 개척한 종들 중에서 (오늘날 지구상에서) *가장 진화에 성공한 종들이 택한 전략*을 고찰해 보자.

제2장에서 살펴본 바와 같이 이크시오스테거(ichthiostega)의 뒤를 이어 육지에 오른 양서류들은 다시 진화를 계속하여 약 2억2천5백만 년 전에는 길이 80cm 정도의 작은 공룡들이 나타났다. 처음 나타난 이 작은 공룡들은 지상(地上)의 먹이를 놓고 다른 여러 동물과 경쟁을 벌였다. 지상의 먹이가 점점 고갈되자 공룡들은 *제로 섬 게임(zero-sum game)*을 피하기 위해, 20~30m 높이까지 자란 키 큰 나무들의 잎을 먹고 싶어했다.

아무도 먹지 못하는 높은 곳의 먹이를 먹기로 '전략'을 세운 공룡들은 이 전략에 맞는 신체적 구조를 형성하기 위해 노력하기 시작했다. 이러한 구조조정의 노력이 약 3,000만년 축적되어 *주라기(Jurassic period*, 1.9억년 전~1.36억년 전)에는 (키 큰 나무의 잎에 도달할 수 있는)

거대한 체구의 공룡이 나타났다.

그러나 이렇게 큰 몸집을 유지하기 위해서 공룡들은 하루에 0.6~1톤(ton)에 가까운 나뭇잎을 먹어야 했기 때문에 공룡의 수가 늘면서 *숲이 점차 황폐화*되기 시작했다. 살기 좋은 남쪽지방의 숲이 황폐해지자 공룡들은 좀 열악한 조건이지만 북쪽으로 먹이를 찾아 옮겨가야 했고, 후기 공룡의 화석이 북쪽 추운 곳에서 발견되는 이유는 이 때문이라고 한다.

공룡들이 숲을 황폐화하면서 *먹이 고갈을 자초(自招)*하고 있는 동안 아주 현명한 생존전략을 채택한 생물들이 나타났다. *곤충과 포유류*가 대표적인데, 그들은 먹이(주로 식물)가 잘 번식하도록 도와주는 생존지혜를 개발했다. 곤충들은 1억5천만년 전부터 (꽃피는 식물의) 꽃가루나 꿀을 먹으며 살아가기 시작했다.

그런데 이들 곤충은 공룡처럼 일방적으로 먹이를 갈취만 하지 않고, *식물의 번식에 필요한 가루받이*를 해줌으로써 먹이의 번식을 돕기 시작했다. 식물들 역시 바람을 통하여 가루받이를 하는 것보다 곤충을 통하는 편이 더 효율적임을 안 것 같다. 그래서 현화식물(顯花植物)은 그들의 가루받이를 해주는 곤충들이 좋아하는 먹이를 생산하기 위해 꽃을 진화시켰고, 곤충은 꽃의 가루받이를 열심히 해줌으로써 서로 서로가 모두 번성할 수 있도록 '주고받음'의 고객관계를 형성했다.

한편, 식물의 열매를 먹이로 선택한 포유류(哺乳類)는 열매를, 바로 나무 밑이 아닌, 다른 곳으로 옮겨가서 먹거나 그것을 먹은 후 열매 속의 씨를 배변(排便)을 통하여 멀리까지 전파시켜 줌으로써 먹이식물의 번성을 도와주었다. 움직일 수 없는 식물들은 포유류가 자기 씨앗을 멀리까지 전파시켜 주는 일이 고마웠을 것이고, 따라서 포유류가 좋아하는 육질이 많은 열매를 생산하기 위해 진화의 노력을 계속했을 것이다. 이렇게 포유류와 열매식물 역시 서로 '주고받음'의 고객관계를 형성했다.

그러나 공룡은 그들의 먹이를 일방적으로 소모만 계속할 뿐, '주고받음'의 고객관계를 창조하지 못하여 먹이의 고갈을 자초했다. 먹이의 절대량이 부족해지자 공룡들은 자연히 몸집이 작아지고 번식력도 감소되었다. 이리하여 공룡의 수가 격감한 상태에서, 약 6천5백만년 전에 지구에 거대한 운석이 떨어지는 이변이 생겨 생존여건이 악화되자 얼마 안 남은 공룡은 멸종을 맞은 것이라고 고생물 학자들은 추정하고 있다.

이상에서 살펴본 역사의 메시지는 분명하다. 공룡처럼 자신의 거대한 몸집과 힘을 믿고 먹이를 일방적으로 착취만 한 종(種)은 (먹이 고갈을 야기하여) 결국 멸망하고 말았고, *곤충과 포유류처럼 '고객'을 찾아 그들과 '주고받음'의 관계를 형성하여 '너 살고, 나 살고'의 전략을 개발한 종은 번성했다.*

앞 장에서 고찰한 생존경쟁의 4가지 기본모형 중에서 '나' 자신과 (나의 생존기반이 되는 고객, 즉) '너'의 삶 모두를 보장하는 것은 '너 살고 나 살고', 모형뿐이었다. 중국의 성현 공자(孔子)가 가르친 인(仁)의 모형을 곤충과 포유류들은 이미 수 억년 전 진화의 역사 속에서 터득한 것 같다. 그러면 인간의 실제적 삶에서 *'너 살고 나 살고' 모형의 실천적 방법론은* 무엇인가?

3.2 '주고받음'의 생존철학

인류학자(anthropologist), *마르셀 모스(Marcel Mauss, 1872~1950)*는 재화와 서비스, 말(言)과 상징, 그리고 사람(여자)의 주고받음에 의해 사회적 삶의 관계가 형성된다고 보고 있다. 이처럼 인류학에서는 결혼까지도 그 본질적 의미를 부족간, 가문간 사람, 특히 여자의 주고받음으로 본다. 자기 누이동생을 옆 마을로 시집 보내고, 그 마을에서 자기 부인을 맞아오면 마을과 마을 사이에 이유 없는 살인, 방화나 약탈은 없을 것이다. 그래서인지 어느 문화권(文化圈)에서나 근친간의 결혼은 가급적 금기(禁忌)시 하는 것 같다.

자연 생태계 속의 '주고받음'은 (꽃피는 식물과 곤충, 열매식물과 포유류 사이에) 먹이와 번식 차원이지만, *인간의 공동체 속에서는 물질적·경제적 가치는 물론 정신적·정서적 가치 등 모두가 주고받음의 대상이 된다.* 주고받음이 원활하지 못한 공동체는 그것이 국가였든, 기업이었든, 혹은 개인이었든 모두 쇠퇴하거나 사라지고만 것이 역사의 증언이다. 다음 케이스를 통하여 이 사실을 확인하자.

⬢ 국가와 국민 사이의 주고받음

1960년도에 전세계를 긴장시킨 정찰기 추락사건이 있었다. U2기라는 이름의 미국 정찰기 한 대가 소연방공화국(USSR)을 고공(高空)비행하다가 소련의 로켓을 맞고 우랄산맥 북쪽에 떨어진 것이다. 당시의 흐루시초프 소련 수상은 UN총회에 나와 신발을 벗어 들고 연설탁자를 치면서 노발대발했다. 그는 U2기의 발진기지를 제공한 나라를 지구상에서 '말소(抹消, obliterate)'시켜 버리겠다고 말했다.

그가 사용한 'obliterate'란 단어는 종이 위에 쓰여 있는 글자를 지우개로 '지워버린다'는 뜻이다. 미국은 물론 미국에 공군기지를 제공하는 우방국까지도 소련의 핵무기로 없애버리겠다는 위협이었다. 전세계가 숨을 죽이고 떨며 듣고만 있었다.

그런데 세월이 흘러 1992년 1월 15일 똑같은 U2기가 우리 나라 동해안에 추락했다. 이 보도가 한국을 위시하여 여러 나라 신문에 났다. 그러나 이 U2기의 추락에 대하여 누가 항의했다는 소식은 그 후 들리지 않았고, 단순한 비행기 사고의 하나로 처리되어 버린 것이다. 똑같은 정찰기의 똑같은 사고를 놓고 왜 이런 차이가 생겼을까? 그 답은 간단하다. 소연방공화국 USSR이 사라졌기 때문이다. 김소월(金素月)의 시에서처럼 USSR은 "산산이 부서진 이름, ……, 불러도 주인 없는 이름"이 되어버렸기 때문이다.

그러면 세계를 상대로 호령하던 그 강국이 왜 이렇게 사라졌는가? 미국과 더불어 세계 최강국의 쌍벽을 이루던 *USSR이 사라진 원인은 '주고받음'의 실패에 있다.* 국가는 그의 고객인 국민이 제대로 살 수 있도록 정치와 행정서비스를 잘 해주어야 한다. 국가가 국민을 잘 살게 해주면, 국민은 국가에 납세와 국방의 의무, 국기를 향하여 경의를 표하는 애국심을 바칠 것이다. 국가와 국민 사이에 이렇게 '주고받음'의 관계가 원만했다면 왜 초강대국이 스스로 붕괴했겠는가? 군사력은 세계 제일을 다투었으나 국민의 소비생활은 세계 최하수준에 이르렀기 때문이다.

1990년 TV에 소개된 바에 의하면 모스크바에서 블라디보스토크까지 항공여행을 하려면 비행기표의 값은 당시 미화로 2달러 정도인데, 그것을 구입하려면 신청해 놓고 몇 년을 기다려야 했다고 한다. 국가의 가장 중요한 고객인 국민이 빵 한 덩이 사기 위해 장사진을 치고 기다리게 만든 정치가 외부의 침입 없이도 스스로 무너진 것이다.

1992년 U2기가 다시 떨어졌을 때도 러시아는 구소련 시대의 핵무기를 그대로 보유하고 있었다. 그러나 경제난에 시달리는 러시아정부는 U2기의 정찰을 항의할 여력도 관심도 없었다. 역사의 아이러니(irony)이지만 그것은 우연(偶然)이 아니라 '필연'이었다.

기업은 소비자 혹은 고객에게 제품과 서비스를 제공해 주고 반대급부(反對給付)를 받아 살아가는 조직이다. 기업과 소비자 사이에 주고받음의 관계가 원만하면 소비자는 기업이 제공하는 제품과 서비스로부터 삶의 편익을 얻고, 기업은 비즈니스(business)로부터 이익을 얻을 수 있다. 오늘날 세계 어느 곳을 가나 기업이 존재한다는 사실은 기업과 소비자 사이에 형성된 주고받음의 관계가 가장 보편적인 삶의 방식이기 때문일 것이다.

그러나 모든 기업이 창업만 하면 모두 성장·발전할 수 있는 것은 아니다. 제일 먼저 창업했고, 그 나라에서 시장점유율 1위를 과시하던 기업도 어떤 이유(예컨대, 노사분규)로 인하여 *제품의 품질이 떨어지고 소비자의 신뢰를 잃으면 기업과 소비자 사이의 '주고받음'은 손상된다. 이 손상의 정도가 시장점유율을 손익분기점(損益分岐點, break-even point) 이하로 떨어뜨리면 그 기업은 회생불능의 상태가 될 수도 있다.* 최근 우리 나라에서 있었던 케이스 하나를 살펴보자.

🔘 대우자동차의 No.1 시장점유율, 왜 잃었나

한국 최초의 자동차제조회사는 1962년 1월 일본 닛산자동차와의 기술제휴로 세워진 새나라자동차공업(주)였다. 이 회사는 1968년 11월에 신진자동차로 이름을 바꾸었고, 1972년 6월에는 미국 제너럴모터스(General Motors)의 자본과 기술을 도입하면서 **GM KOREA**로 다시 회사이름을 바꾸었다. 그러나 주식의 50%를 보유한 한국측 대주주의 자금난으로 인하여 그 지분이 한국산업은행으로 넘어가고, 나머지 50

%의 지분을 보유한 GM이 경영을 도맡았다.

1976년 11월에는 회사명칭이 한국의 국민정서에 좋지 않다 하여 새한자동차로 다시 바뀌었다. 1978년 7월에는 당시 수출재벌로 성장한 대우실업(주)이 산업은행의 지분을 전량 인수하면서 경영에 참여, 1983년 1월에는 회사이름을 대우자동차(주)로 다시 바꾸었다. 이렇게 소유와 경영 주체의 잦은 변동이 이어지면서 회사의 이름도 5번이나 바뀌는 동안 제품의 시장점유율도 동요하기 시작했다.

1973년까지 이 회사는 자동차의 선발메이커로서 한국에서 50%가 넘는 시장점유율을 유지해 왔으나 1974년 현대자동차(주)가 '포니'를 개발하여 도전해 오면서 1위 자리를 그에게 넘겨주게 되었다. 1978년 대우가 경영에 참가하면서 이 회사는 신제품개발과 해외시장 개척을 통한 규모확대의 성장전략을 추진하려고 하였으나, GM은 반대입장을 견지했다. GM은 그들 글로벌전략(global strategy)의 일환으로 GM에 저가차(低價車)를 공급하기 위한 생산기지로서 대우자동차에 투자한 것이었다.

일개 자회사(子會社)가 본사의 글로벌전략과 충돌하는 것을 GM은 원치 않았고 따라서 대우자동차의 시장확대나 기술혁신, 신차종개발 등 장기적 성장전략에 부정적이었다. GM과 대우가 각각 공동대표이사를 맡고 동수(同數)의 이사진(理事陣)을 구성하여 운영하는 대우자동차의 이사회는 주요 의사결정(decision making)에 임할 때마다 진통을 겪게 되었다.

뿐만 아니라 회사의 경영자들은 주요 서류를 모두 GM을 위해 영어로 옮겨야 했으며, 이 일만 해도 회사업무의 신속한 진행에 적지 않은 부담이 되었다. 후발주자인 현대자동차가 대우보다 2~3배 빠른 성장을 하고 있는데도 대우자동차는 GM과의 이견으로 인하여 신제품개발과 설비투자에 대한 의사결정을 내리지 못하여 성장은 고사하고 현상유지도 어려웠다. 이런 상황이 1990년대까지 계속되면서 대우와 GM이 결별해야 한다는 대우측의 생각은 굳어져 갔다.

이렇게 대우자동차가 사내(社內)문제로 갈등을 겪고 있는 동안 사외(社外)의 경영환경도 점점 복잡해졌다. 1973년과 1979년의 오일쇼크에서 회사가 회복도 되기 전인 1980년대 초반부터 한국 전반에 걸쳐서 *반미(反美), 반정부(反政府)의 정치적 성향을* 띤 운동권이 노동현장으로 잠입했다. 대우자동차는 경인지역에 위치한 최대의 기업체로서, 미국을 대표하는 GM이 출자한 회사라는 지역적·정치적 이유로 인하여 재야노동운동단체들이 노동자의 의식개혁을 지도하려는 표적업체가 되었다.

특히, 경인지역 노동운동의 중심세력인 인천노동운동단체협의회, 약칭 인노협(仁勞協)을 위시하여 재야노동운동단체가 대우자동차의 노조를 막후에서 조종하기 시작했다. 1984년 8월 위장취업자문제로 발단이 된 노사분쟁 이후 1991년까지 대우자동차에는 노사분규가 연례행사(年例行事)처럼 끊이지 않고 발생했다. 한 해의 임금협상이 타결되고 노사분규가 끝나게 되면 경영진은 무기력해진 생산라인을 정상궤도로 회복시키기 위해 진력해야 했다. 그러다 보면 품질개선이나 생산성 향상을 위한 노력을 채 시작하기도 전에 세월은 흘러 또 다시 다음 해의 분규가 시작되었다.

이런 *악순환의 고리에 물려* 회사의 경영진은 장기계획을 수립하고 회사의 성장과 발전을 도모할 시간을 내기도 힘들었다. 노사분규로 회사의 이미지가 실추되자 판매는 곤두박질쳐서 대우가 만든 차는 소비자의 냉담한 반응 속에 팔리지 않고 재고로 누적됐다. 재고누적은 곧 공장에 영향을 미쳐 조업중단이 잇달았고, 어느 누구도 대우자동차가 어디로 가는지 알 수가 없었다.

당시의 상황을 대우자동차의 한 중역은 다음과 같이 회상하였다.

"생산현장은 계속되는 노사분규로 질서가 무너져 업무의 기본원칙이 지켜지지 않았다. 기계는 돌아가고 있는데 그 옆에서 잠을 자는 사람, 담배를 피우며 잡담을 하는 사람들로 어수선했고, 생산현장은 감독자들의 관리능력을 벗어나 통솔할 수 없는 상황이었다.

이러한 상황은 *제품의 품질악화*로 이어져 *고객의 불만*은 쌓여 갔으며 1990년 에스페로, 1991년 프린스의 개발과 판촉에도 불구하고 판매는 점점 줄어들어, 1992년에는 1교대(shift)로 공장을 운영하는 상태에까지 이르렀다. 1교대 운영에도 불구하고 *판매부진*은 재고를 계속 증가하여 공장내에는 완성차를 세워둘 장소가 없어서, R&D를 맡은 (연구소) 직원들까지 동원하여 전국에 산재해 있는 대우계열사 소유의 부지로 차량을 옮기는 일에 (연구와 개발에 몰두하여야 할) 시간을 할애하고 있었다. 30여 년 동안 소유와 경영 주체의 잦은 교체 탓으로 관리직에는 복지부동(伏地不動), 보신주의(保身主義)가 만연하고 있었고, 사무생산성도 계속 하락하면서 이직률(離職率)은 경쟁사의 2배에 달했다.

GM도 한국에서 계속되는 노사분규와 인건비 상승의 결과 GM을 위한 저가차(低價車) 생산기지로서 대우자동차에 대한 매력을 잃고 있었다. 결국 대우는 GM과 상의 끝에 1991년 10월 GM이 가지고 있던 지분 50%를 전량 인수하고 14년간의 합작관계를 청산하기로 합의를 보았다. GM과 결별함으로써 경영정상화를 위한 첫 과제를 해결한 대우의 다음 과제는 회사의 노사관계를 정상궤도 위에 올려놓는 일이었다.

1992년 대우자동차는 종업원의 의식개혁과 참여를 호소하는 개혁운동을 NAC(New Automotive-industry Concept)라는 이름으로 전개했다. 차가 팔리지 않아 조업이 단축되던 상황이어서 모두가 위기감을 느끼고 있었기 때문에, NAC운동에 대한 생산직 근로자들의 반응도 긍정적이었고, 서서히 의식에 변화가 일기 시작했다. 뒷날 직원들은 "그 때 회사의 방침에 반기를 드는 것은 자기자신에 대해 반기를 드는 것과 같았다"고 말했다.

회사는 확고한 기본과 원칙을 제시하며 노조를 설득했고, 노조도 그 동안 자기들이 가지고 있던 생각을 냉정한 시각으로 반성하는 성숙된 의식을 보이기 시작했다. 노사간에 분규가 완화되면서 관리직 직원들도 바쁘게 움직이기 시작했고, 제품의 불량률도 낮아지기 시작했다.

그러나 이러한 개선이 과거의 시장점유율을 되찾아 줄 수는 없었다. 노사분규 당시 사보타지(怠業, sabotage)로 인한 제품의 품질악화, A/S 과정에서 *소비자들이 겪은 불편과 불친절 등이 소비자의 불만으로 누적되면서, '주고받음'의 신뢰관계는 회복불능수준으로 추락했다.*

용수철(spring)의 탄성이 어느 한계까지는 복원(復原, restore)가능하지만, 탄성의 한계를 넘어서면 원상회복이 불가능해지는 것 같이, 국내 3위로 떨어진 매출액, 20% 이하로 줄어든 시장점유율의 회복은 사실상 어려웠다. *시장점유율이 손익분기점(break-even point)에도 이르지 못하는 상황에서* 회사는 노사분규 발생시에 입게 되는 막대한 손실이 두려워서 적정선 이상의 급여인상을 허용함으로써 회사의 재정형편은 계속 악화되었다.

이런 가운데 세계화의 물결이 일자, 대우자동차는 *해외투자에 사운(社運)을 걸게* 되었고, 이것이 1997년 IMF 구제금융의 악운을 맞게 되면서 대우자동차는 채권단에 넘어갈 수밖에 없었다. 결론적으로 대우자동차의 비운은 너무나 오랫동안(10여 년 간) 지속된 노사분규가 (제품과 서비스의 품질저하를 통하여) 소비자의 신뢰상실로 이어졌고, 이것이 시장점유율을 손익분기점 이하로 추락시킨 데 기인한다. 기업과 소비자 사이에 '주고받음'의 관계가 파괴된 결과이다.

3.4 국가와 국가 사이의 주고받음, 무역이론

리카도(David Ricardo, 1772~1823), *밀(John S. Mill, 1806~73)* 등 고전주의 경제학자들은 (경제발전의 수준에 차이가 나는 국가간에도) 특정 제품의 '주고받음', 즉 교역(trade)을 통하여 모두가 이득을 볼 수 있다는 이론을 전개했다. 생산비의 상대적 차이, 즉 *비교생산비(comparative production cost)*에 의해 어느 나라가 어느 제품을 생산할 것인가를 결정한 후 각국이 생산한 제품을 '주고받음'으로써, 참가자 모두에게 이익을 실현할 수 있다는 것이 *비교우위이론(比較優位理論, comparative advantage theory)*이다.

예를 들어, 한국과 필리핀 두 나라가 모두 쌀과 섬유를 생산할 수 있고, 각 제품의 단위당 생산비가 나라에 따라 <표·3·1>과 같다고 하자. 이론의 간결성을 위하여 여기서의 생산비는 생산량에 비례하여 증가하는 변동비를 말한다고 하자.

<표 3·1>의 데이터에 의하면 두 제품 모두와 관련하여 필리핀은 한국보다 생산비가 싸므로 한국과는 교역할 필요가 없어 보인다. 두 나라가 교역을 하지 않는다면, 각국이 섬유 100M와 쌀 100Kg을 자급자족(自給自足)하기 위하여

● <표 3·1> 한국과 필리핀간 비교우위이론을 설명하기 위한 모형(가상적 예제)

제품＼국가	한 국	필리핀
섬유(100M)	$100	$90
쌀(100Kg)	120	80

한국은	$100(섬유) + $120(쌀) = $220,
필리핀은	$90(섬유) + $80(쌀) = $170

의 생산비를 들여야 한다. 그런데 두 제품에 관한 생산비를 비교적 관점(comparative viewpoint)에서 고찰해보면 한국은 필리핀에 비해 섬유를, 필리핀은 한국에 비해 쌀을 상대적으로(relatively) 싸게 생산하고 있다. *왜냐하면 한국의 경우에는 섬유생산비($100)가 쌀 생산비($120)보다 작은데, 필리핀의 경우는 반대로 쌀의 생산비($80)가 섬유생산비($90)보다 작기 때문이다.*

이 점에 착안하여 한국은 두 제품 모두를 위해 투입하던 생산비($100 + $120 = $220) 전부를 섬유생산에만, 그리고 필리핀 역시 $90 + $80 = $170 모두를 쌀생산에만 투입한다고 해보자. 그러면 양국에서 생산되는 두 제품의 총생산량은 얼마나 될까? 여기서 생산비란 (생산량에 비례하여 증가하는) 변동비를 의미하므로 이 문제는 중학교과정에서 나오는 비례식의 문제가 된다.

즉, 한국의 경우에는 $100로 섬유 100M를 생산할 수 있다면 $220로는 몇 M의 섬유를 생산할 수 있느냐를 묻는 문제가 되어 답은 220M가 된다.[1] 필리핀의 경우에는 $80의 생산비로 쌀 100Kg을 얻을 수 있다면, $170의 생산비로는 몇 Kg의 쌀을 얻을 수 있느냐를 묻는 문제가 되어, 답은 212.5Kg이 된다.[2]

각국이 이렇게 얻은 생산량의 반은 자국에서 소비하고 나머지 반은 상대국에 수출하는 '주고받음'의 관계를 맺는다면, 각국은 자급자족할 때보다

$$섬유(220 - 200) \div 2 = 10M,$$

---

1) 이것은 중학교 수학에서 ($100 : 100M = $220 : X$)의 비례식에서 미지수 X를 구하는 문제이고, $X = 100M \times $220 \div $100 = 220M$이다.

2) $80 : 100Kg = $170 : X \Rightarrow X = 100Kg \times $170 \div $80 = 212.5Kg$

$$쌀 (212.5 - 200) \div 2 = 6.25\text{Kg}$$

만큼 (쌍방이 모두) 더 부유해지는 것이다.

리카도의 비교우위이론에서는 생산비를 (화폐 대신) 소요인력(人力)으로 계산했지만 위에서처럼 화폐단위로 해도 결과는 마찬가지가 된다. 결론적으로 *독불장군(獨不將軍)처럼 자급자족하는 것보다, (생태계의 곤충과 포유류처럼) 고객을 찾아 '주고받음'의 관계를 형성하는 것이 더 현명한 삶의 방식임을* 확인할 수 있다.

3.5 '너 살고 나 살고' 모형

'주고받음'의 가장 이상적인 형태는 *양봉원(養蜂園)과 과수원* 사이의 관계에서 찾아볼 수 있다. 이미 자연생태계의 진화의 역사에서 우리는 곤충과 현화식물 사이에 형성된 주고받음의 관계가 양자 모두의 번영을 가져왔음을 살펴보았다. 곤충과 현화식물 사이의 이러한 관계는 오늘에까지 이어지면서 그 혜택을 제3자인 인간에게까지 주고 있다. 양봉원에서 키우는 벌들은 어딘가에 가서 꽃을 찾아 꿀을 따와야 하고, 또 과수원에서 기르는 나무들은 벌이나 나비가 찾아와 가루받이를 해주어야 열매를 많이 맺을 수 있다.

따라서 양봉원과 과수원이 지리적으로 가까운 거리에 있다면 양봉원의 벌들은 과수원에 가서 가루받이를 해주고 과실나무의 꿀을 받아올 것이며, 과수원의 꽃들은 벌에게 꿀을 주고 가루받이 서비스를 받게 되어 모두가 번성하는 관계, 즉 '너 살고 나 살고'의 관계를 지속한다.

결론을 정리하면 곤충류와 현화식물, 포유류와 열매식물 사이의 관계가 보여주듯이 인간사회에서도 주고받음의 고객관계 정립이 번영에 이르는 필요충분조건을 형성할 것이다. 부부 사이, 친구 사이는 물론, 정부와 국민, 학교와 학생, 기업과 소비자 사이의 모든 관계를 '주고받음'의 관계로 파악하고, 그에 맞는 노력을 지속해야 살 수 있다. 힘에 의한 착취나 간계(奸計)로 얻은 이익이 단기적(短期的)으로는 가능할지 모르지만, 장기적이고 안정적인 기저(基底)에서는 정당한 '주고받음'만이 살아남을 것이다.

오늘날 사회에서 교육열이 문제되는 것도 그 배경에는 주고받음의 원리가 자리하고 있다. 어린시절에 교육을 잘 받아 놓아야 어른이 되어 정당한 '주고받음'의 삶을 영위할 수 있기 때문이다. 의사가 된 사람은 환자를 잘 치료해 주고, 교사가 된 사람은 학생을 잘 교육시켜 주어야, 정당한 반대급부를 받아 자기도 살아갈 수 있기 때문이다. "줄 수 있어야 살 수 있다"는 평범하면서도 확실한 진리가 얻어지는 것이다. 그런데 아직도 붕괴하는 국가, 쓰러지는 기업, 입에 풀칠하기 어려운 사람들이 많은 이유는 무엇인가? 장을 바꾸어 이 질문에 답해 보자.

필요를 인식하는 감수성

4.1 '주고받음'이 쉽지 않다

삶에 이르는 길이 고객을 찾아 '주고받음'의 관계를 형성하는 데 있다면, 개인이나 조직의 쇠퇴(衰退)는 주고받음의 관계에서 실패한 결과이다. 역사 속에는 흥(興)도 있지만 망(亡)도 많다. 망이 많다는 것은 주고받음의 관계형성에서 성공하기가 쉽지 않다는 것을 의미한다. 왜 그럴까? 주고받음의 어려움이 가장 사실주의적(realistic)으로 나타나는 곳은 기업과 소비자 사이이다. 실재했던 케이스를 살펴보자.

📖 케이스 : 계란 후라이(fry) 자판기

한국의 어느 발명가가 '계란 후라이 자동판매기'를 개발한 적이 있다. 동전을 넣으면 달걀이 내려와 깨지면서 껍질은 제거되고 가열된 철판 위에서 계란이 후라이(fry)되는 장치였다. 특허까지 따냈으나 이것을 사업화하려는 기업인이 나타나지 않자, 발명가 자신이 사재를 털어 몇 대를 만들었다. 정상적으로 작동하는 기계를 본 사람들은 흥미를 보였지만 결과는 실패였다. 자동판매기에서 요리되는 계란 후라이를 사먹으려는 소비자들이 많지 않았기 때문이었다.

계란 후라이는 (밥이나 빵이 없이) 그것 단독으로는 식사가 될 수 없다는 것이 판매부진의 이유인 것 같았다. 다시 말하면, 자판기에서 나오는 계란 후라이는 '주고받음'의 관계를 형성할 수 있는 소비자를 확보하기에 역부족이었다. *철저한 시장조사 없이 "이런 것이 나오면 많이 팔리겠지" 하는 막연한 기대*만 갖고 제품개발에 투자한 개발자는 큰 손실을 입었다.

'주고받음'의 실패는 한동안 잘 나가던 제품에서도 슬며시 나타날 수 있다. 지난 1970년대까지 우리 나라의 주류(술)시장에서 고량주(高粱酒)의 위치는 확고했었다. 고량주는 옥수수나 감자 같은 곡식으로 빚은 도수(度數) 높은 술로서 중국음식점을 중심으로 폭넓은 소비층을 확보하고 있었다. 그러나 1970년대 후반부터 애주가들의 취향이 변하면서 소주의 수요는 늘어나지만 고량주의 판매는 줄어들기 시작했다. 고량주에서 시장점유율 1위를 자랑하던 동해(東海)양조공업은 이 추세를 알아채고, (고량주의 장점을 살리고 단점을 보완한다는 목표로) 신제품을 개발하기로 계획, 연구개발을 시작했다.

1년여의 노력 끝에 이 회사는 알코올 함유도가 소주보다는 높고 고량주보다는 낮으면서 고량주의 풍미를 살린 30도짜리 제품을 개발, '동해 백주(白酒)'라는 이름으로 출시했다. "사나이 가슴에 불을 당긴다"는 슬로건으로 막대한 광고까지 퍼부었으나 백주의 수요는 늘지 않았고, 동해양조는 개발비와 광고비의 부담으로 신제품개발 8개월만에 파산에 이르렀다.

이들 케이스가 주는 메시지는 분명하다. *고객과 주고받음의 관계에서 성공하려면 고객이 좋아하는 것(what the customer likes)이 무엇인지를 알아야 한다.* 여기서 *좋아한다(like)*는 말의 의미를 살펴보자.

4.2 '좋아한다'의 의미 – 매력의 힘

1965년도에 Universal사가 제작했고 McLaglen이 감독한 쉐난도(Shenandoah)라는 영화가 있다. 미국의 남북전쟁 때, 버지니아(Virginia)주의 북부 Shenandoah계곡에 살고 있던 Anderson 씨(James Stewart 분) 가족이 겪는 수난을 그린 영화이다. 우리 나라에서도 상영된 이 영화에서는 '사랑한다(love)'는 말과 '좋아한다(like)'는 말이 엄격히 구별되고 있어 우리의 인상에 남는다.

이 영화에서 Anderson 씨의 딸 Jennie를 사랑하는 Sam이라는 청년이 Anderson 씨를 찾아와 Jennie와 결혼하고 싶으니 허락해 달라고 부탁한다. Anderson 씨가 "왜 제니와 결혼하려 하는가?" 하고 묻자, 청년은 "제니를 사랑하기 때문입니다."라고 대답한다. 그러자 Anderson 씨는 "그것은 충분한 이유가 못돼" 하고 답한다. 어리둥절 당황해하는 Sam에게 Anderson 씨는 "사랑하는 것과 좋아하는 것은 다르지(There is some difference between loving and liking)" 하며 그의 인생철학을 설명한다.

"어떤 여자를 좋아하지도 않으면서 사랑하게 되면 하룻밤을 지내는 일도 지겹고 싸늘하게 느껴지는거야!(When you love a woman without liking her, a night can be long and cold!), 그런 밤을 지내고 나면 이튿날 아침에는 경멸만 남지(…and contempt comes up with the sun)." 하면서 앤더슨 씨는 사랑한다기보다는 좋아한다는 사실이 더 중요하다고 설명한다. 인생을 달관한 노령의 경지에서 자기 사위가 될 사람에게 들려 준 Anderson 씨의 설명은 무슨 뜻일까?

바다에서 풍랑을 만난 어느 난파선에서 살아남은 한 쌍의 남녀가 절해의 고도에 표류해 왔다고 생각해 보자. 시간이 가면서 이 둘은 서로 사랑하게 될 것이다. 남녀간의 사랑이란 극히 자연발생적인 일이기 때문이다. 남자와 여자는 정신적·육체적 모든 면에서 서로를 '필요'로 한다. 그러나 *사랑으로 출발한 남녀가 시간이 흐르면서 서로를 좋아하게 되느냐 하는 것은 별개의 문제가 된다. 좋아할 수 있는 조건이 사랑할 수 있는 조건보다 더 어렵다는 말이다.*

사춘기 시절에 우리는 외모만 보고 이성(異性)을 흠모하는 경우가 많다. 그래서 열렬히 구애하여 결혼하고 살다가 얼마 안 가서 상대방이 싫어지는 일이 생긴다. 내면적인 세계, 특히 취미와 정서, 더 나아가 인격과 가치관 …… 이런 깊이를 가진 세계가 시간이 흐르면서 드러난다. 처음에는 나타나지 않던 이런 내면세계가 시간이 흐르면서 그 사람을 좋아할 수 있거나 혹은 싫어할 수 있게 하는 요소로 작용하기 시작한다.

그래서 *좋아할 수 있게 하는 요소는 사랑할 수 있게 하는 요소보다 더 복잡하고 차원이 높다.* 인간은 강제결혼이 아닌 이상 누구나 사랑하기 때문에 결혼하고, 그래서 사랑이 먼저 온다. 그러나 "내가 상대방을 진심으로 좋아하는가?" 하는 문제는 결혼 후 세월이 흐르면서 나타난다. 진심으로 좋아하지 않지만 결혼했기 때문에 사는 경우도 많다. 이것은 도덕적으로는 좋은 일이지만 개인의 행복이란 차원에서는 마음 아픈 일이다.

인간사회에는 총칼(권력)의 힘, 돈(경제)의 힘, 지식의 힘 등 몇 가지 유형의 힘이 존재한다. 그러나 *인간사회에서 가장 기본적(basic)인 힘은 '좋아서 끌리는 힘', 즉 매력일 것이다. 우리는 배반 혹은 배신하는 사람을 나쁘다고 말한다. 그러나 배반을 당한 사람에게도 책임은 있다. 떠나려는 사람을 붙잡을 만한 자기매력을 유지하지 못한 것은 배신당한 사람의 책임이기 때문이다.* 모든 인간은 자기매력의 책임자가 되어야 한다.

외면세계에서 내면세계에 이르기까지 자기의 매력은 자기가 책임져야 한다. 남이 자기를 무작정 좋아해 주기만을 바라는 것은 자연계의 생존원리에도 맞지 않는다. 동물의 세계에서는 물론 식물의 세계에서도 자기가 필요로 하는 상대방을 끌기 위해 각 생명체가 벌이는 노력은 자연계의 절실한 리얼리즘이다.

'주고받음'의 관계를 형성하려면 상대방(고객)이 필요로 하는 것, 좋아하는 것, 가치를 느끼는 것을 줄 수 있어야 한다. 상대방이 원하지도, 좋아하지도 않는 것을 주려고 하면 그 결과는 자원낭비가 되

고 만다. 그래서 줄 수 있기 위해서는 고객의 필요(need)와 기호(like)를 올바르게 파악(인식)하는 일이 선행(先行)해야 한다. *고객이 느끼는 필요와 기호를 수요(demand)라고 정의(define)하자.*

산업발전이 미진(未盡)하여 부족한 것이 많은 후진(後進)경제에서는 기업이 고객의 수요를 파악하는 일이 비교적 쉽다. 그러나 산업이 발전하여 풍요롭고 복잡해진 사회에서는 소비자가 좋아하는 제품과 서비스가 무엇인지, 즉 수요를 파악하는 능력이 중요해진다.

> *고객의 필요, 아픔, 기호가 무엇인지를 파악할 수 있는 경영자의 인식능력을 감수성(sensitivity)이라고 정의하자.*

이렇게 정의된 감수성은 인간의 정신세계를 지정의(知情意) 3차원으로 분류할 경우 정(情) 차원의 능력에 해당한다.

4.3 감수성의 구체적 내용은 무엇인가

미국에서는 해마다 Miss USA 선발대회가 열리고 있고, 최종경연자(competitors) 5명이 겨루는 마지막 과정에서는 인터뷰(interview)에 의한 심사가 있다. 1993년도 Kansas주의 Wichita에서 열린 심사에서는 "일반적으로 가정에서 남편과 부인은 서로에게서 무엇을 기대하는가?"라는 질문이 주어졌다. 이 질문을 받은 어느 경연자는 *"부인은 남편으로부터 보호(support)를 원하고, 남자는 여자에게서 감수성(sensitivity)을 기대한다."*고 답변했고, 이 답변은 관람석으로부터 많은 박수를 받아냈다. 보호(support)라는 단어의 개념은 이해하기 쉽다. 그러나 감수성의 개념은 그리 쉽지 않다. 감수성은 (육체가 아닌) 정신적 차원에 속하는 인간의 능력이다.

교육심리학에서 개발한 *지능계수, 즉 IQ(intelligence quotient)*의 개념이 *지적(知的) 차원의 능력에 해당한다면, 다른 사람의 필요(need)나 아픔(pain), 정서(sentiment)를 감지(感知)할 수 있는 감수성은 정적(情的) 차원의 능력일 것이다.* 사람마다 지능계수에 차이가 있듯이 감수성도 사람에 따라 차이가 많은 것 같다. 흔히들 예술가는 감수성으로 작품을 창작한다고 말한다. 그러나 감수성이 예술작품의 창조에만 중요한 것은 아니다. 매일매일 엮어 나가는 우리의 삶도 그 자체가 본질적으로 창조이다. 그러면 실제 삶의 현장에서 감수성이 어떤 형태로 나타나는지를 사례를 통하여 탐구하자.

국가의 정치차원

세종대왕은 백성(百姓)을 '고객'으로 정립(定立)하고 고객의 필요, 아픔, 정서가 무엇인지를 감지하는 위대한 감수성을 발휘한 것 같다. 조선왕조실록에 의하면 세종임금 즉위 후 수년간 가뭄이 계속되었다고 한다. 흉년으로 고생하는 백성의 아픔을 목격한 세종은 농사에 도움이 되도록 측우기를 만들었고, 정초(鄭招), 변계문(卞季文) 등을 시켜 각 지방을 돌며 그 지역 특성에 맞는 최적영농(最適營農)의 방법을 정리한 책을 펴내게 했다. 각 지역의 노련한 경험자들에게 물어 지역별 영농의 특성을 밝힌 이 책이 농사직설(農事直說)이다.

그러나 농사직설이 한문으로 되어 있어서 농민이 직접 읽을 수 없다는 사실을 알고, 무식으로 고생하는 백성들을 도와주기 위해 세종은 훈민정음 창제를 생각한 것이다. 세종은 오늘날 기업이 신제품을 개발하는 방식으로 우리 글 개발에 나섰다. 우선 '제품개발조직'으로서 정음청(正音廳)을 두었고, 집현전 학자들을 중심으로 '개발팀'을 구성했다.

그리고 이 분야의 '첨단정보'를 수집하기 위해, 중국 요동성에 와 있는 음운(音韻)학자 황찬(黃瓚)에게 성삼문(成三問)을 파견하여 전문지식도 배워 오게 했다. 당시 한문(漢文)지식의 독점혜택을 누리던 사대부세력의 거센 반발 등 우여곡절 끝에 개발된 한글은 550여 년이 지난 오늘까지 우리 국민에게 가장 사랑받는 '제품'이 되어 있다.

오늘날 세계의 어문학자(語文學者)들은 한글을 접하면서 세 번 놀란다고 한다. (1) 한글의 훌륭한 성능과 배우기 쉬운 점에서 처음 놀라고, (2) 이런 글이 왕정시대의 한 군주에 의해 계획적으로 개발되었다는 사실에서 놀라고, (3) 훈민정음 반포문(訓民正音頒布文)에 나오는 '민연(憫然)'이란 단어에 놀란다고 한다.

반포문을 오늘의 표현으로 바꿔보면 다음과 같다. "우리 나라의 언어가 중국의 것과 다르기 때문에, 중국의 한문으로서는 의미가 서로 통하지 않는다. 그래서 우리 국민이 말하고자 하는 바가 있어도 그 뜻을 펴지 못하는 사람이 많다. 내가 이런 사정을 딱하게 여겨서 새글 28자를 제정하니, 국민들이 쉽게 익혀서 일상생활에 편히 사용하기 바란다(原文 : 國之語音이 異乎中國하야 與文字로 不相流通일새 故로 愚民이 有所欲言이나 而從不得伸其情者多矣라 予爲此憫然하여 新製二十八字하니 欲使人人易習하여 便於日用矣라)".

반포문 속의 민연(憫然)은 동사 '위(爲)'의 목적보어(補語) 역할을 한다. 그래서 형용사형태인 민연(憫然)으로 되어 있는 것을 명사형태로 사용하기 위하여 민연(憫憐)으로 바꾸자. *인간(고객)의 필요, 아픔, 정서를 감지하는 능력인 감수성의 본질이 민연(憫憐)의 정(情)에 있기* 때문이다.

훈민정음이 만들어진 시절(서력 1443년)은 국민이 주권을 가진 민주주의시절이 아니었다. 당시의 왕은 지방관리의 가렴주구(苛斂誅求)나 막아 주고, 외적의 침입으로부터 국민을 보호해 주면, 그것만으로도 훌륭한 군주라는 칭송을 들을 수 있었다. 이런 시절에 세종대왕을 위대한 성군(聖君)으로 만든 출발점은 그의 감수성이었다. 다음에는 기업의 경영자가 감수성을 발휘하여 소비자를 위한 제품 혹은 서비스를 개발한 케이스를 살펴보자.

🔲 기업의 경영차원

요즘 우리 나라의 식품점에서도 '시리얼(Cereal)'이라는 식품을 쉽게 볼 수 있다. *시리얼*은 밀, 옥수수, 보리 등 곡물을 원료로 하여 우유에 타서 먹을 수 있도록 가공한 식품이다. 우리 나라에도 (경기도 안성에) 생산공장을 가지고 있는 시리얼식품 메이커인 다국적기업 *켈록(Kellogg)*사는 켈록(Will Keith Kellogg)에 의해 1905년에 창립되었다.

초등교육밖에 받지 못한 켈록은 젊어서 미국 미시간주의 작은 도시 '배틀 크리크(Battle Creek)'에 있는 내과병원에서 1880년부터 1905년까지 25년간을 잡역부로 일하고 있었다. 그의 일과 중에는 병원 입원환자들에게 식사를 제공하는 일도 있었다. 이 일을 하면서 그는 소화기(消化器)계통 환자들이 빵을 먹으면 속이 편치 않다는 푸념을 들었다. 환자들이 무심결에 중얼거리는 이 푸념에 켈록은 민연의 정을 느끼기 시작했다.

병원의 급식메뉴는 곡물(穀物), 육류, 야채 등으로 되어 있는데, 곡물식은 어느 식사에서나 빠질 수 없는 중요 부분이다. 그래서 켈록은 밀을 사용하여 빵 대신 다른 것을 만들 수 없을까 하고 궁리했다. 소화기 환자가 빵을 먹고 속이 불편해 하는 것은 빵 속에 남아 있는 이스트의 부작용 때문이라고 믿고, 그는 이스트를 사용하지 않는 대용식을 만들기 위한 실험에 들어갔다.

켈록은 밀을 삶아서 먹기 쉽도록 눌러내는 방법(우리 나라의 납작보리쌀 개념)으로 실험을 해보았다. 그러나 환자들이 환영하는 식품은 나오지 않았다. 켈록은 포기하지 않고 밀을 삶는 시간, 그것을 눌러내는 룰러(roller)의 압력과 속도 등 여러 데이터를 바꿔 보면서 실험을 계속했다. 그러던 중 어느 날 실험을 하기 위해 밀을 삶아 놓았는데 병원장이 급히 심부름을 시켜 시카고에 다녀와야 했다.

다녀와서 보니 사흘이 지나는 동안 삶아 놓은 밀은 곰팡내가 났다. 그냥 버릴까 했으나 실험이나 한 번 해보고 버리자고 생각하고, 밀을 룰러에 넣고 밀어 보았다. 그러자 놀랍게도 지금까지 나온 적이 없는 얇은 박편(薄片, flakes)들이 룰러에서 밀려 나왔다. 이 박편들은 아주 얇았기 때문에 옅은 불에도 바삭바삭하게 말릴 수 있었고, 입에 넣으면 눈송이처럼 녹았다.

지금까지 안 되던 일이 갑자기 성공한 것은 노력하는 자에게 찾아온 행운 때문이었다. 삶은 밀이 사흘간 방치되는 동안 뜸이 드는 현상, 즉 밀의 내부까지 수분이 균등히 침투했기 때문이었다. 그 후 켈록은 곰팡이를 방지하면서 삶은 밀을 뜸들이는 방법을 고안했고, 이렇게 만든 시리얼(cereal)에 맥아(malt)즙, 소금 등을 가미하여 환자에게 급식해 보았다. 결과는 성공이었다.

시리얼은 밀의 껍질을 그대로 포함하고 있기 때문에 섬유질을 많이 함유하고 있다. 그래서 소화기의 건강에 도움이 되었을 뿐만 아니라 영양가도 빵보다 훨씬 높았다. 환자들은 병원에서 퇴원한 뒤에도 켈록에게 시리얼을 우편으로 주문하기에 이르렀다. 그 후 켈록은 옥수수, 보리 등으로도 시리얼을 개발하기 위하여 계속 실험을 했고, 결국 100여 가지의 새로운 식품을 개발하기에 이르렀다(뒤에 켈록은 이 시리얼을 환자만이 아닌 일반인을 위한 아침식사로 굳히는 데 성공했다).

　1960년대에 미국에 유학하여 공부하는 한국인 학생부부가 있었다. 당시는 한국이 경제적 후진국이어서 이들 부부는 (미국의) 대학에서 주는 장학금에 의존해서 근근히 살아가야 했고 따라서 집에 세탁기도 없었다. 그런데 부인이 첫 아기를 출산하면서 하루에 20여 개의 기저귀가 배출되었고, 따라서 빨래가 큰 걱정이었다. 기저귀와 기타 다른 빨래를 손으로 하는 일은 산후(産後)건강관리를 해야 하는 산모에게는 무리요, 아픔이 된다는 사실을 느끼게 한 것은 남편의 감수성이었다. 그래서 남편은 모든 빨래를 자기가 하겠다고 나섰다.

　그래서 매일 밤 10시경에 도서관에서 돌아오면 2시간 동안 빨래를 해서 빨랫줄에 걸고, 마른빨래는 거둬들이는 일을 도맡았다. 이런 일이 둘째, 셋째 아기 때까지 계속되어 애 셋을 키우는 동안 남편은 약 3만 개의 기저귀를 빨아댔다. 그 후 세월이 흘렀고, 부인의 친구들이 모여 앉으면 (늙어가면서) 여기저기 아픈 곳이 생겨나는 이야기를 하게 되었다. 그러나 산후조리를 잘 한 부인은 남보다 아픈 곳이 적음을 알게 되었고 남편에 대해 고마움을 느끼기 시작했다.

　부인은 남편이 출근할 때마다 정성껏 도시락을 싸준다. 이 일도 30년 넘도록 계속되면서, 일 년에 250개만 계산해도 7,000개가 넘는 도시락을 싼 것이다. 남편은 도시락을 들 때마다 부인의 정성을 느낀다. 결국 이들 부부는 30년 동안 무엇인가를 부지런히 '주고받은' 것 같다. 이 주고받음의 출발점에는 부인의 필요에 대한 남편의 감수성이 있었다. 개인의 사생활(私生活) 영역에서도 감수성은 이렇게 중요한 것 같다.

4.4 | 감수성을 기를 수 있나

　앞 장, 진화의 역사에서 살펴본 바와 같이 곤충과 포유류가 어떻게 자기들의 고객, 즉 먹이를 대어주는 식물들의 필요, 꽃피는 식물의 가루받이와 열매맺는 식물의 종자운송의 필요를 감지(感知)하고 그것을 해결해 주는 서비스를 개발했을까? 이 질문에 대한 답은 아마 영원한 신비로 남을 것 같다. 높은 지성(知性)을 가지고 있는 인간에게도 자기 고객의 필요와 기호, 즉 수요(demand)를 예측하는 일이 쉽지 않기 때문이다.

우리 나라 농촌지역의 어느 지방자치단체가 수십억원의 예산을 써서 농산물 가공공장을 만들었으나 그 결과는 국민의 세금낭비가 되었다는 뉴스가 신문과 TV에 자주 보도된다. 내용을 알고 보면 이들 설비에서 생산되는 제품을 소비자가 외면하기 때문에 팔리지 않고 따라서 생산설비가 녹슬게 되었다는 이야기이다.

국가나 지방자치단체의 공무원이 국민을 위해 어떤 서비스를 개발할 것인가? 기업이 고객을 위해 어떤 제품과 서비스를 공급할 것인가? 금년 크리스마스에는 부인에게 무슨 선물을 할 것인가? 이러한 의사결정(decision making)의 문제는 풍요로운 사회가 될수록 더욱 어려워진다. 소비자(고객)가 필요로 하지 않는 것, 좋아하지도 않는 것을 제공하면 그 결과는 자원낭비, 쓰레기 발생에 불과하게 된다. 그래서 *경제적 풍요의 시대가 될수록 고객의 필요와 기호를 올바르게 감지하는 능력, 감수성의 중요성은 증가하게 된다.*

그런데 낙엽을 밟으며 삶의 무상(無常)을 애절하게 느끼는 사람이 있는가 하면, 같은 낙엽을 밟으면서 별다른 느낌을 못 갖는 사람도 있는 것처럼, 감수성의 크기와 수준도 사람에 따라 다른 것 같다. 이러한 감수성의 차이가 선천적으로 결정되는 부분도 있겠지만, 후천적인 노력과 습관에 의해 감수성을 기를 수도 있을 것이다.

"낮은 곳으로 임하라"

타인의 필요, 아픔, 기호에 대한 감수성을 기르려면 우선 오만(傲慢, arrogance)에서 벗어나야 할 것 같다. 세종대왕이 백성들의 복종과

충성심만 강요하면서 왕으로서의 오만에만 머물렀다면 글 모르는 백성의 아픔을 "민연(憫然)하게 여겨서" 한글을 창제하지는 못했을 것이다. 켈록 케이스에서도 만약 켈록이 환자들의 푸념에 대해서 "소화기 환자가 속이 불편한 것은 당연하지" 하면서 건강한 자의 오만에 머물고 말았다면, 시리얼(cereal)식품은 개발되지 못했을 것이다. 개인의 사생활 차원에서도 남편이 집안의 왕(王)을 자처(自處)하는 오만에서 벗어나지 못했다면 기저귀 3만 개를 빨아댈 수 없었을 것이다.

인간은 누구나 자기착각 속에서 살기 쉽다. 오만에 가득 차 있는 사람도 자기 자신은 겸허하다고 생각하기 쉽다. 이러한 착각에서 벗어나려면 "낮은 곳으로 임하라"는 어느 종교의 가르침에 귀를 기울여야 한다. "낮은 곳으로 임하라"는 가르침은 종교의 문제를 떠난 인성(人性)교육의 차원에서 어려운 사람들의 필요를 이해하고, 그들의 아픔을 돌봐주기 위해 필요하다.

갈라디아(Galatians)전서 6장 13절은 "너희들을 불러 자유를 주오니, 너희들 자신의 향락에 그 자유를 쓰지 말고, 오직 서로 서로 사랑의 봉사를 위해 사용하라(You have been called to enjoy liberty, brothers : only, do not let the liberty be an opportunity for the flesh : instead, serve one another through love.)."고 가르치고 있다.[1] 혼잡한 전철 속에서 구슬픈 노래를 부르며 지나가는 맹인, 그의 바구니에 떨어지는 동전 한 잎의 소리가 기쁨이 되는 '낮은 곳으로' 임할 때 인간의 아픔과 필요에 대한 우리의 감수성은 자라날 수 있을 것이다.

고층건물 속의 호화로운 사무실, 고급승용차의 검은 유리창 속에서, 가진(have) 자의 오만 속에 사는 사람이 일반소비대중의 필요, 아픔, 정서를 느끼기는 어려울 것이다. 일반대중과 먼 거리를 유지하는 최고경영자가 최후의 결정권을 행사하는 회사에서 진정 소비자의 필

---

1) 한글판의 번역을 저자가 현대적 표현으로 고쳤음.

요와 아픔, 정서에 일치하는 상품이 나올 수 있을까? 만약 나온다면 그것은 요행(僥倖)의 일치일 것이다. 요행은 일시적으로 가능할 뿐, 장기적(長期的)으로는 지속되지 않는다. 우리 나라를 강타했던 *IMF구제금융위기* 동안 우리 나라 대기업들의 도산도 대부분 최고경영자의 오만에서 왔다. 오만이 '거품'을 낳았고, 부실과 거품이 파멸(破滅)을 낳았다.

고객이 존재하는 현장으로 가라

경영자의 감수성은 고객이 존재하는 현장에서 그들과 직접 접촉하는 가운데서 형성될 것이다. 어린 시절에는 바하(J. Bach)의 음악이 귀에 잘 들어오지 않았으나, 계속 들으면서 귀가 트였다고 말하는 사람들이 있다. 칸딘스키(Kandinsky)의 추상화에서도 처음에는 별 의미를 느끼지 못했으나, 계속 보면서 그것이 점차 눈에 들어오게 되었다는 사람들도 있다. 이처럼 인간의 감수성은 그 대상세계와 자주 접하면서 성장하는 경향이 있다. 그래서 고객의 필요와 아픔, 정서를 인식하는 능력, 즉 경영자의 감수성은 고객이 존재하는 현장에 나가서 고객과 직접 접촉하는 데서 길러진다고 말할 수 있다. 다음 케이스에서 이 사실을 검증하자.

●케이스 : 키모트립신(Chymotrypsin)의 개발

1950년대 후반 미국 어느 제약회사의 세일즈맨이었던 *코너(William Connor)*는 그의 주된 고객이 병원의 환자와 의사들이라고 생각했다. 그래서 그의 일과 중 50% 이상을 그는 병원에서 환자나 의사들과 같이 지내면서 그들을 관찰하고 그들과 담소하면서 그들의 필요가 무엇인가를 탐구하고 있었다. 그러던 중 어느 날 Connor는 우연히 어느 안과(眼科)의사와 점심을 같이 하게 되었다.

그와 담소중에 Connor는 안과 수술과정에서 인대(靭帶)를 절단해야 할 때, 혈관을 다치게 되면 출혈로 인해 수술이 어렵게 된다는 이야기, 그래서 인대 절단시에 의사들은 좀 초조해진다는 말을 들었다. 이 말을 들은 Connor는 혈관을 다치지 않고 인대만 끊어낼 수 있다면 수술이 신속하고 안전하게 진행될 수 있고, 따라서 의사들은 스트레스도 감소할 수 있으리라고 생각했다. 이것이 Connor가 감수(感受)한 고객의 필요(need)였다.

이처럼 고객의 필요, 아픔, 기호(嗜好)의 인식은 고객의 현장에 존재하면서 고객과 접하면서 인식가능할 것이다. 제1의 조건인 자만(自慢)에서 탈피한 사람도 고객 속에 묻히지 않고는 그들의 필요, 아픔, 기호를 인식하기 어려울 것이다. 고객의 필요를 인식(감수)한 Connor는 인대에 관한 서적을 찾아 읽고, 또 전문가를 찾아가 상담도 하면서 인대에 관한 정보를 수집했다. 그러던 중 어느 날 그는 인대를 용해시켜 끊어낼 수 있는 효소가 (이미 1880년대에 발견되어) 존재하고 있다는 이야기를 들었다. 이 효소는 인대만 녹일 뿐 혈관은 다치지 않기 때문에 안과 수술의사들의 '필요'를 충족시키기에 적합한 것이었다.

그러나 키모트립신(chymotrypsine) 혹은 키모파파인(chymopapain)이라는 이름을 가진 이 효소는 보존수명(shelf life)이 짧아 보관이 어렵고, 따라서 아직 약품화(藥品化)되지 않았다는 사실도 알았다. 여기서 Connor는 "키모트립신의 보존제를 개발해야 한다"고 한 단계 더 세련된 문제정의를 할 수 있었고, 결국 이 보존제를 개발하는 데 성공했다.

그 후 안과 수술기술의 발전으로 인하여 오늘날 백내장수술에는 키모트립신이 쓰이지 않지만 인대수술에서는 없어서 안 될 약이 되어 있다. 이 케이스가 주는 메시지는 분명하다. Connor가 병원 현장에 나아가 의사들과 접촉하고 대화하지 않았으면 감수성을 발휘하지 못했을 것이고, 키모트립신도 개발하지 못했을 것이다.

그런데 감수성에 의해 고객의 필요, 아픔, 정서를 파악했다고 해서 그것이 바로 '주고받음'의 삶에 이어질 수 있는 것은 아니다. (감수성에 의해 찾아낸) 고객의 필요에 맞는 제품 혹은 서비스를 상상해 내는 일이 뒤따라야 한다. 감수성을 '주고받음'에 이르기 위한 *제1의 필요조건*이라고 말한다면, 제품 혹은 서비스를 생각(설계)해 내는 상상력은 '주고받음'에 이르기 위한 *제2의 필요조건*이 될 것이다. 다음 장에서 상상력의 문제를 살펴보자.

필요를 충족할 상상력

5.1 상상력, 왜 필요한가

혼히들 예술가의 상상력에서 작품이 탄생한다고 말한다. 김영랑(金永郎, 1903~50)은 그의 시 '모란이 피기까지는'에서 '찬란한 슬픔의 봄'이란 시어(詩語)를 창조했다.[1] 봄은 만물이 생동하는 기쁨의 계절이지 결코 슬픔의 계절이 아니다. 따라서 '찬란한 슬픔의 봄'이라는 표현은 역설적(逆說的)으로 들린다. 그러나 김영랑 시의 백미(白眉)를 이루는 이 시구(詩句)를 이해하려면 시인이 처했던 시대상황을 알아야 한다.

김영랑은 일제(日帝)시대 창씨개명(創氏改名)과 신사(神社)참배를 거부했던 애국지사였다. 그런 그에게 아무리 '찬란한' 봄이 와도 그 봄은 조국을 잃은 '슬픔의 봄'이었을 것이다. 그래서 그의 시적(詩的) 상상력은 '찬란한 슬픔의 봄'을 만들어 냈을 것이다.

베토벤(Beethoven)의 음악, 칸딘스키(Kandinsky)의 미술 등 많은 예술작품들이 예술가의 상상력의 산물이다. 그런데 상상력이 예술가의 세계에서만 창조의 원천(源泉, origin) 역할을 하는 것은 아니다. *인생 그 자체가 창조의 여정(旅程)이며 우리의 삶을 구성하는 모든 창조가 상상력을 필요로 한다.* 다음 케이스를 참고하자.

🔘 바르셀로나의 불화살

제25회 세계올림픽은 1992년도에 스페인의 바르셀로나(Barcelona)에서 개최되었다. 올림픽 일정 중에서 가장 중요한 행사의 하나는 개회식이고, 개회식에서 가장 상징적인 행사는 성화(聖火)의 점화이다. 그

---

1) 전남 강진(康津)에 가면 김영랑 시인의 생가(生家)가 보존되어 있고 그의 시비(詩碑)에 '모란이 피기까지는'이 새겨져 있다.

래서 올림픽조직위원회는 좀더 감동적인 방법으로 성화를 점화시키려고 여러 가지 아이디어를 생각해 낸다. 그 동안 대부분의 올림픽에서는 성화대에 오르는 층층계를 만들어 최종주자가 성화를 들고 뛰어오르는 방법을 채택했다. 바르셀로나올림픽조직위에서는 이러한 방식이 너무 반복되면서 소비자(관중)들이 진부함과 지루함을 느낀다고 생각했다. 다시 말하면, 바르셀로나의 '감수성'은 소비자들이 좀더 참신한 새로운 점화방식을 필요로 한다고 느꼈다.

그래서 근대올림픽 100년 역사에 아직 없었던 참신한 '신제품'을 개발하기로 했다. 그 결과 나타난 것이 불화살에 의한 점화 아이디어였다. 연료(가스)가 분출되는 성화대 바로 위로 불화살을 쏘아 올려 가스를 점화시키는 방식이었다. 이 방식은 성공을 거두어 올림픽경기장은 물론 세계 각지에서 TV를 통하여 이를 지켜본 관중들로부터 참신하고 스릴(thrill) 있는 '신제품'이었다는 찬사를 받았다.

여기서 우리 한국국민은 잠시 생각해 볼 것이 있다. 올림픽에서 활을 가장 잘 쏘는 나라가 어디인가? 우리 민족은 동명성왕(東明聖王) 이래 활 잘 쏘는 역사적 인물을 많이 배출했고, 그래서 말초신경(末梢神經)의 안정성과 그로 인한 정밀조립기술의 국제경쟁력을 자부해 왔다. 만약 불화살 점화를 1988년의 서울올림픽에서 했다면, 우리 나라가 양궁의 왕국임을 과시하면서 우리가 생산한 정밀조립제품의 품질을 선전하는 계기도 마련했을 것이다. *불화살 점화를 우리가 서울올림픽에서 채택하지 못한 이유는 간단하다. 우리가 그것을 상상해 내지 못했기 때문이다. 여기에 '상상력'의 중요성이 있다.*

철학자 *칸트(I. Kant, 1724~1804)는 인간의 지적(知的) 능력 중에서 가장 중요한 요소가 상상력이라고 말했다.* 상상력의 발휘는 자유(自由)의 전통과 문화적 토양을 필요로 한다. 어떤 선입견(先入見)에 구애되거나 속박이 지배하는 환경 속에서는 상상력이 숨쉬기 어렵다. 우리 민족은 과거 수백년 동안 사대주의(事大主義)적 선입견과 주변 강대국의 침략 속에서 자유로운 상상력을 발휘하지 못했다. 그러나 우리 나라에도 이제 민주화와 자유화가 많이 진전되었으니 우리 고유의 상상력을 발휘하여 창조의 세계를 건설해야 할 것이다. 그러면 상상력 발휘의 역사적 과정을 살펴보자.

5.2 과학과 기술의 역사에서 상상력

1819년에 코펜하겐 대학의 물리학교수 에르스테드(Oersted, H., 1777~1851)는 실험 도중 우연한 발견을 하게 되었다. 도선(導線)에 전류가 흐르면 그 옆에 (우연히) 놓여 있던 나침반(羅針盤)의 바늘이 움직이는 현상을 목격한 것이다. 그 동안 과학자들은 전기(電氣)와 자기(磁氣)를 상호간에 아무런 관련이 없는 별개의 두 세계로 여기고 있었다. 그러나 에르스테드의 발견으로 이들 두 세계가 어떤 원리에 따라 연결된 하나의 세계일 가능성이 높아진 것이다. 에르스테드는 이 발견을 1820년 프랑스 한림원에 보고하였다.

에르스테드의 보고에 접한 (당시 파리 공과대학의 교수였던) 암페어(Ampere, A., 1775~1836)는 이 실험적 사실을 설명하기 위한 이론을 만들어 발표했다. *암페어의 이론은 도선을 흐르는 전류는 도선 주위에 원형(圓形)의 자력장(磁力場)을 만들어 낸다는 상상력에 기초한 것*이었다. 암페어의 이론에 의하면 정지해 있는 전기, 즉 정전기(靜電氣)는 자력장을 만들지 못하지만, 움직이는 전기, 즉 도선 속을 흐르는 전류(電流)는 자력장을 만들어 낸다는 것이다. 정지(停止)와 운동(運動) 사이에 이렇게 본질적인 차이가 존재하리라고는 그 이전까지 아무도 상상하지 못했던 것이다.

암페어의 이론이 발표되고 10여 년이 흐른 후 1831년에 영국의 실험물리학자 파라데이(Faraday, M., 1791~1867)는 인류 역사상 위대한 공헌을 할 상상력을 발휘한다. *움직이는 전기가 자기(磁氣)를 생성한다면, 움직이는 자석은 전기(電氣)를 생성할 것이라는 생각이 그의 상상이었다.* 시속 100km의 기차를 타고 가는 사람과 창밖에 서 있는 전신주와의 관계는 기차가 정지해 있고 전신주가 시속 100km로 (뒤로) 달리는 경우와 본질적으로 같다는 것이 파라데이의 논리적 추리(推理)였다.

파라데이는 그의 상상이 맞는지 알아보기 위하여 동선(銅線)을 여러 번 감은 코일 속에서 자석을 움직여 보았다. 실험결과 코일에는 전류가 발생했다. 암페어와 파라데이 모두의 상상이 사실(facts)과 일치한 것이다. 결론적으로 코일과 자석이 모두 정지해 있으면 아무 일도 일어나지 않지만, 최소한 어느 하나가 움직이면 코일 속에 전기가 발생한다는 사실이 자연의 한 존재양식(存在樣式)으로 밝혀진 것이다.

이렇게 발생된 전류를 물리학자들은 유도전류(誘導電流, induced current)라고 부르며, 오늘날 인류가 사용하는 대부분의 전기는 발전기에서 얻어진 유도전류이다. 이처럼 오늘의 *전기문명은 자연에 대한 인간의 호기심과 실험, 실험도중 행운과의 조우(遭遇), 그리고 논리적 추리를 통한 상상력의 결과이다.*

5.3 제품(서비스 포함)개발에서 상상력

암페어의 법칙이 세상에 알려지자 이 법칙을 이용하여 인간의 삶에 필요한 도구를 만들려는 상상력 발휘가 여기저기서 시작되었다. 코일(coil)에 전류가 흐르면 코일의 양단은 자석이 되며, 코일에 흐르는 전류를 조절하면 자석의 세기(强度)도 조절된다는 사실이 여러 사람의 관심을 끌었다. 전류는 도선을 타고 멀리까지 갈 수 있으므로 어떤 신호(信號)를 전류에 실어서 멀리 보낼 수 있다는 상상을 하는 사람들이 나타났다.

미국의 모스(Morse, S. F. B., 1791~1872)는 이런 상상력의 실용화에 앞장섰다. 뉴욕에 있는 미술학교 교장이었던 모스는 화가였지만, 1832년 유럽 여행길에서 전자석 실험장면을 목격하고 흥미를 느껴 전기통신을 착상하게 되었다. 5년간의 노력 끝에 그는 1837년 전자석의 원리를 이용한 통신장치를 고안했다. 한쪽에서 단속적으로 작동하는 전류를 보내면 다른 쪽에서 이 전류가 전자석을 단속적으로 작동시키고, 이 전자석에 부착된 펜(pen)이 균일한 속도로 흘러가는 종이테이프 위에 보내온 부호를 찍어내게 만든 것이다. 모스는 이 부호를 일상의 언어로 풀어 낼 수 있는 약정표(約定表)도 만들었다.

미국의 벨(Bell, A. G., 1847~1922)은 인간의 음성이 공기 속에 소밀(疏密)의 압력차(壓力差)를 만들어 진행하는 파동이라는 사실에 착안했다. 이 압력차가 얇은 금속판에 강약의 진동을 만들고, 이 진동이 전류의 강약으로 변환될 수 있다는 것이 벨의 상상력이었다. 벨의 상상력이 전화로 실현된 것은 1876년이었다.

5.4 삶의 문제해결에서 상상력

인간이 살아가면서 많은 '필요'와 '아픔'을 느끼게 된다. *삶의 문제를 해결하는 과정에서도 상상력이 핵심적 역할을 한다.* 다음 케이스를 살펴보자.

🎞 제주도의 지하수 개발

오늘날 제주도(濟州島)는 깨끗하고 질 좋은 지하수(地下水)의 산지로 유명하다. 제주도에서 산출되는 '삼다수(三多水)'는 미국 FDA, 일본 후생성(厚生省)의 수질검사에도 합격하여 제주도를 찾는 관광객들은 물론 전국에 보급되고 있다. 그런데 제주도는 역사적으로 물이 귀한 섬이었고 그래서 제주도의 옛날 여성들이 '허벅'이라 불리는 단지를 등에 지고 고생스럽게 물을 나르는 모습이 제주도의 풍물(風物)로 남아 있다. 이렇게 역사적으로 *물이 귀한 제주도를 세계적 지하수 산지로 만든 과정에 인간의 상상력이 주요 역할을 했다.*

1970년 1월 당시 박정희 대통령은 지방 각도의 연두순시(年頭巡視) 차 제주도에 들렀다. "애로사항이 무엇이냐?"고 묻는 박대통령의 질문에 당시 제주도의 권용식(權容植) 지사는 지하수가 없어서 주민들이 곡식은 물론 야채도 생산하기 어렵다고 답했다. 이 답변을 들은 박대통령은 정부에서 도와주겠으니 지하수를 개발하라고 명했다.

그러나 그 동안 제주도의 지하수 부족을 연구한 학계의 보고서는 한결같이 "제주도는 화산(火山)의 용암이 굳어서 된 다공성(多孔性, porous) 지층이라서 비가 오면 빗물이 바로 밑으로 스며들어 바닷물과 합류하므로 지하수가 존재할 수 없다."는 것이 도지사의 비관론이었다. 그러나 박대통령은 "그래도 한 번 해봐요" 하며 명령을 내렸다. 박대통령의 명령이 당시의 농림부 산하 지하수개발 실무진에 전달되자 경북 김천지역에서 근무하던 27세의 한규언(韓圭彦) 씨가 동년 2월 6일 지하수개발 임무를 띠고 제주도로 전임되어 부임했다.

서울대학교 사범대학에서 지구과학(地球科學)을 전공한 한규언 씨는 제주도에서 지하수가 나올 만한 지역을 물색하던 중 해안 근처 여기저기서 솟아오르는 용출수(湧出水)를 발견했다. 제주도 내륙에 사는 주민들은 멀리 해안까지 내려와서 이 용출수를 '허벅'이라는 물단지에 받아 등에 메고 올라가는 고생을 치르고 있었다. *한규언 씨는 이 용출수를 보고 제주도에도 지하수가 있을 가능성이 있다는 상상을 하게 되었다.*

당시 한국에는 대일청구권(對日請求權) 자금의 일환(一環)으로 현물지급(現物支給)받은 지하수 개발장비 160대가 있었다. 그 중 한 대를 보급받은 한규언 씨는 그것으로 굴착을 시도하려 했으나 제주도의 지반(地盤)특성상 사용이 불가능하다는 사실을 발견했다. 일본에서 온 장비는 흙이나 모래층을 굴착하는 데 사용하는 것이었다. 한국의 경우도 본토의 지하수는 흙이나 모래/자갈층 속에 고여 있지만 제주도의 지층은 화산폭발시에 분출된 용암이 굳어서 된 암반(岩盤)이다.

따라서 바람개비 같은 날개형 회전체(bit)의 힘으로 흙이나 모래층을 뚫을 수는 있어도 제주도의 암반을 뚫을 수는 없었다. 이 사실을 발견한 한규언 씨는 *장비를 개조하기 위한 상상력*을 발휘하기 시작했다. 철공소를 찾아가서 날개형 회전체(bit)에 붙어 있는 텅스텐 조각들을 떼어내어 직경 15cm의 철강 파이프(pipe) 끝에 용접하고 이 철강 파이프를 모터(motor)의 힘으로 회전시키면 암반이 뚫릴 것이라는 것이 그의 상상력이었다.

결과는 성공으로 이어졌다. 암반을 뚫으며 돌아가는 철강 파이프 속으로 원기둥(圓柱) 모양으로 깎여진 암석이 올라오면 그것을 제거해 가면서 조금씩 암반을 뚫고 들어갔다. 끈질긴 노력 끝에 10m, 20m 뚫고 내려가다가 그 해 5월 드디어 27m 지하에서 지하수가 발견되었다. 처음에는 하루 100톤만 나와주면 성공이라고 생각했으나 그 20배가 넘는 2,000톤을 끌어올릴 수 있었다. 한규언 씨는 기쁨의 눈물을 흘리며 인근 한림(翰林) 우체국으로 뛰어가서 "지하수 개발 성공. 하루 2,000톤 가능"이라고 전보를 쳤다(당시에는 한림우체국에 전화가 없었다.).

전문에 의한 이 보고는 2시간 후 청와대에 전달되었다고 한다. 한 규언 씨가 뚫은 이 관정(管井)이 지금 *북제주군 한림읍 동명리*에 보존되어 있는 *제주도 지하수 제1관정(管井)*이다. 제1관정의 성공으로 제주도에도 지하수가 있다는 사실이 알려지면서 그 후 수백, 수천의 관정이 개발되기에 이르렀다. *제주도가 오늘날 세계적 관광지로 도약한 것도 이러한 지하수 개발 없이는 불가능했을 것이다.*

이 사례에서는 서로 다른 두 가지 상상력이 반대되는 역할을 했다. 제주도는 다공성(多孔性) 화산암 지층구조라서 빗물이 모두 밑으로 스며들어 내려가 바다로 빠지기 때문에 지하수가 없다는 것이 *처음 지질학자들의 상상력*이었다. 이러한 학계의 주장에도 불구하고, '필요'의 해결이라는 확고한 목표의식하에 지하수 개발을 성공시킨 것도 한 개인에 의한 상상력의 힘이었다. 여기서 우리는 잠깐 생각해 볼 것이 있다.

인간의 수요를 충족시키기 위한 *산업활동, 즉 제품 혹은 서비스를 창조해 내는 데는 모차르트나 아인슈타인의 천재성이 필요치 않다는 사실*이다. 산업세계의 문제해결은 보통 사람들의 평범한 머리로도 얼마든지 가능한 것 같다. 단, 최선을 다하려는 정열과 몰입, 끝까지 포기하지 않는 의지와 노력, 이런 인간적 자질이 중요한 것 같다.

바르셀로나의 불화살을 생각해 낸 사람, 제주도의 지하수개발을 성공시킨 주인공 모두 모차르트나 아인슈타인의 천재성을 필요로 하지 않았다. 여기서 우리가 상상력에 관하여 가지고 있는 착각을 버려야 한다. 창조적 *상상력은 오직 소수의 천재들에게만 가능한 것이라고 여기는 착각*이 그것이다. 이러한 착각으로 인하여 많은 사람들이 상상력 발휘를 아예 포기해 버린다면 그것은 사회를 위해서나 본인을 위해서나 큰 손실일 것이다.

이상의 논의를 다음과 같이 정리하자. 인간의 수요를 충족하기 위한 창조는 명확한 목표의식과 그것을 향해 최선을 다하려는 노력과 몰입의 소산이다. 그것은 천재성(天才性)을 필요로 하지 아니한다. 그러면 절을 바꾸어 상상력의 내부구조(內部構造)를 탐구해 보자.

5.5 상상력의 본질은 무엇인가

현상학(現象學, phenomenology)의 철학자 후셀(E. Husserl, 1859~1938)에 의하면 *인간의 모든 의식은 외부(外部) 지향적(指向的)이고, 어떤 대상과 관계가 있다고* 한다. 대상이 없이는 지각도, 기억도, 이미지도, 감정도 있을 수 없다는 말이다. 이처럼 *경험론에 입각한 철학자들은 인간의 일반적 정신활동을 어떤 재료로 환원시켜 설명하고, 이 재료가 하는 역할을 아날로곤(analogon)이라* 한다. 아날로곤의 내용을 살펴보기 위하여 상상력에 관한 시(詩) 한 수를 감상하자. 신비주의 시인 윌리암 블레이크(William Blake)는 상상력을 예찬하며 다음과 같은 시를 남겼다.

> *모래알 하나에서 세계를 보며*
> *한 송이 들꽃에서 천국을 본다.*
> *우주를 한 손에 움켜잡으며*
> *한 시간 속에서 영원을 느낀다.*

> *To see a World in a grain of sand,*
> *And a Heaven in a wild flower,*
> *Hold Infinity in the palm of your hand,*
> *And Eternity in an hour.*
>> *—from Auguries of Innocence by William Blake*

블레이크의 시에 나오는 '모래알', '들꽃' 등이 경험론에 입각한 철학자들이 말하는 아날로곤인 셈이다. 나면서부터 소경이 된 사람은 색의 이미지(心像)를 갖지 않으며, 나면서부터 귀머거리가 된 사람은 소리의 이미지를 갖지 않는다고 한다. 악성 베토벤이 귀먹은 후에 작곡한 전원교향곡 속의 '새소리', '물소리'는 모두 베토벤이 귀먹기 이전에 얻은 소리의 이미지에서 얻은 것이라 한다.

화가, 시인, 더 나아가 발명가나 디자이너, 사업가 같은 사람들의 창조적 상상, 모두가 마찬가지라 한다. 그래서 프랑스의 문호, 아나똘 프랑스(Anatole France)는 "시인은 님프(nymph)를 창안했다. 그러나 그 이전에 이미 자연은 바다와 구름과 여자를 창조하였다."고 말했다. 시인들이 시적(詩的) 관념인 님프를 창조(상상)해낼 때 바다와 구름과 여자의 이미지가 아날로곤으로 이미 존재했다는 말일 것이다.

인간의 창조과정을 분석한다는 것은 창조에 대한 모독이라고 말하는 사람도 있다. 그만큼 창조과정에는 신비로운 요소가 많기 때문일 것이다. 많은 케이스연구에 의하면 창조를 얻어낸 인간의 상상력은 어느 특정한 순간에 나타난다. 이 순간에 관하여 '창조적 행동'의 저자인 심리학자 아서 쾨스틀러(Arthur Koestler)는 이연연상(二連聯想, Biso-ciation)이라는 개념을 제시했다.

🖱 이연연상

아서 쾨스틀러에 의하면 창조자들은 해결하고 싶은 어떤 문제에 부딪칠 때 모든 열정과 정열을 거기에 쏟아 붓는다고 한다. 그러나 열정과 정열이 있다고 해서 문제가 풀리는 것은 아니다. *문제해결이 여의치 않아 지적(知的) 좌절과 정서적 곤경에 빠지면 그들은 방황을 하고 고민한다. 그러다가 어떤 순간, 그 때까지는 서로 관계가 없었던 어느 경험과 자신의 목표의식이 돌연 관계를 맺게 된다고 한다. 이런*

관계형성을 쾨스틀러는 *이연연상*이라고 불렀다. 이연연상으로 인하여 그 동안 모호했던 생각이 적절하고 우아한 개념의 형태로 창조자의 머릿속에 번쩍이게 되는 것이다.

예컨대, 아르키메데스(Archimedes)는 그의 임금 히어론 1세의 왕관이 순금으로 되어 있는지의 여부를 알아내라는 명령을 받고 그 문제를 풀려고 머리를 앓고 있었다. 그러다가 어느 날 목욕탕에 들어가면서 욕조 안의 물이 자기 몸의 부피만큼 흘러 넘치는 것을 보고 자신도 모르게 "이거다" 하고 소리쳤다고 한다. 물이 완전히 가득 찬 목욕탕 속에 사람이 들어가면 물에 잠기는 인체의 부분만큼 물이 넘쳐 흐르게 되고, 이렇게 흘러 넘친 물의 무게만큼 사람의 몸무게는 줄어든다는 사실, 즉 '*아르키메데스의 원리*'를 발견한 것이다.

이 원리를 이용하여 아르키메데스는 히어론 1세의 왕관을 물 속에 집어넣어 흘러 넘친 물의 양을 측정하고, 또 히어론 1세가 왕관 제조자에게 준 무게만큼의 금덩이를 가지고 역시 같은 실험을 하여 흘러 넘친 물의 양을 가지고 왕관이 순금인지의 여부를 가려낼 수 있게 된 것이다. 왕관의 순금 여부와 목욕탕의 물과는 그 이전까지는 아무런 관계가 없었다. 그러나 *아르키메데스의 몰입(沒入)의 경지에서 그것은 서로 만나 '이연연상'의 관계를 맺게 되었고, 목욕탕에서 넘친 물은 경험론적 철학자들이 말하는 아날로곤의 역할을 한 것이다.*

한국의 (주)농심이 스낵 '새우깡'을 개발한 것은 1971년 12월이었다. 새우깡은 그 후 어린이용 스낵분야에서 30년이 넘도록 왕자의 자리를 고수하고 있다. 이렇게 한 제품이 오랫동안 장수할 수 있는 것은 회사가 그 제품개발에 그만큼 많은 노력을 경주(傾注)했기 때문이다. (주)농심은 개발과정에서는 물론, 개발 후 그의 상품명을 짓는 데도 모든 심혈을 기울였다.

적당한 이름이 생각나지 않아 고민하고 있던 중 하루는 (당시 신춘호) 사장의 3살된 어린 딸이 '아리랑' 노래를 부르면서 노는데, '랑'의 발음이 어려웠던지 '아리깡 아리깡'하고 있었다 한다. 여기서 신춘호 사장은 '깡'이라는 음이 말을 배우기 시작하는 어린이조차 쉽게 발음할 수 있는 맑은 음가(音價)를 가진다는 '이연연상'적 신호를 얻어내게 된 것이다. 다시 말하면, 말을 배우는 3살된 아이의 발음이 아날로곤이 된 것이다. 새우깡의 성공은 농심이 라면을 위한 기술혁신에 투자하는 자금줄이 되었다.

다음에는 절을 바꾸어 기업이 첨단기술, 첨단제품 및 서비스를 개발해내는 상상력은 어떤 내용인지를 실제 케이스를 통하여 살펴보자.

5.6 | 기술개발현장에서의 상상력

기업이 보유하는 기술수준의 차이는 그 기업이 실현하는 부가가치의 차이로 나타난다. 그리고 기업간 기술수준의 차이는 제조기업분야에 못지 않게 건설산업분야에도 존재한다. 다음은 선진국의 어느 건설회사가 첨단기술을 개발하기 위하여 발휘한 상상력이 어떤 것이었는지를 보여주는 사례이다.

하이버니아사의 해저유전설비 개발사례

오늘날 에너지의 주요 원천은 석유이지만, 채굴이 용이한 유전은 대부분 개발되었고, 개발이 극히 어려운 악조건하에 있는 유전만이 남아 있다. 캐나다(Canada)의 뉴펀들랜드(Newfoundland)섬에서 동남쪽 320km 지역에 위치한 대륙붕(大陸棚), 그랜드뱅크(Grand Banks)가 이런 악조건지역의 하나이다. 이 지역에는 높이가 30m에 이르는 파도와 시속 130km의 바람뿐만 아니라, 무게가 100만톤에 달하는 빙산들이

1,000여 개나 떠돌아다닌다.

1912년 4월 타이타닉(Titanic)호도 이 근처에서 침몰했고, 지금도 이 지역은 세계에서 선박의 침몰이 가장 빈번한 곳의 하나가 되어 있다. 미국과 캐나다의 합작법인이면서 캐나다에 본사를 두고 있는 하이버니아(Hibernia)사는 1979년에 이곳 그랜드뱅크지역에서 유전을 발견했다. 매장량은 30억 배럴 정도로 추정되었으며 이것은 당시 화폐가치로 환산하여 110억달러에 해당했고 세계에서 7번째로 큰 유전이었다. 하이버니아사는 이 유전에서 석유를 채취하기 위해 상상력을 발휘하기 시작했다.

하이버니아사의 첫 번째 상상력

하이버니아사가 그랜드뱅크지역의 석유를 채취하기 위하여 발휘한 첫 번째 상상력은 (1981년에 완성한) 해양 레인저(Ocean Ranger)라는 이름의 유전설비로 구현(具現)되었다. 해양레인저는 해면 위에 떠있는 설비로서 축구장 두 개 크기의 갑판(甲板) 위에서 84명의 승무원들이 일하는 거대한 시설이었다. 해양레인저의 기술개념(상상력)은 밸러스트(ballast)라고 불리는 8개의 물탱크에 체화(embodied)되어 있다.

거친 파도가 일거나 바람이 불면, 컴퓨터 제어(control)에 의해 내려앉는 쪽 탱크의 물이 떠오르는 쪽 탱크로 옮겨지면서 균형을 유지하는 것이 밸러스트 설계자들의 상상력이었다. 설치된 후 15개월 동안 해양레인저는 그랜드뱅크의 파도와 바람과 빙산의 매서운 공격을 잘 견디어냈다. 그러나 1982년 2월 15일 시속 130km의 바람과 20m의 무서운 파도가 무게 25,000톤의 해양레인저를 사정없이 공격했다.

해양레인저가 한쪽으로 기울기 시작했고, 선원들은 그의 전복(顚覆)을 막기 위해 필사적으로 노력했으나 세차게 몰아치는 파도 때문에 그들의 노력은 무위(無爲)로 돌아갔다. 선장은 "해양레인저를 포기하라"는 지시를 내렸고, 그로부터 20분 후 구조선이 도착했으나 해양레인저는 이미 전복된 채로 바다 위에 떠 있었다. 해양레인저에 타고 있던 84명 전원이 섭씨 0도에 가까운 바닷물 속에서 사망했다.

하이버니아사의 두 번째 상상력

해양레인저의 참사를 겪은 하이버니아사는 격렬한 폭풍우 속에서도 전복할 염려가 없는 새로운 기술개념의 유전설비를 구상(상상)하기 시작했다. 결국 동사는 *기초(base)부분이 대륙붕의 해저(海底)에 고착(固着)되고, 설비자체의 육중한 무게로 안정을 유지하는 '중력기반(重力基盤)형 구조(gravity-based structure, GBS)'를 상상해냈다*(그림 5·1 참조). 그랜드뱅크 지역의 평균 수심(水深)이 70m이고, 해면(海面) 30m 높이 위에 숙소와 작업장이 놓일 110m 높이의 플랫폼(platform)을 지으면 전체설비는 무게 120만 톤, 높이 220m의 거대한 구조물이 된다.

이 구조물을 기초부분, 즉 GBS와 플랫폼으로 나누어 각각 적절한 곳에서 건설한 후, 양자(兩者)를 적절한 곳에서 결합하고, 결합이 끝나

[그림 5·1] 하이버니아 GBS와 유전층

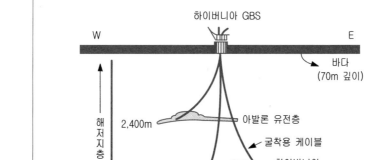

면 이 구조물을 여러 척의 바지(barge)선으로 그랜드뱅크 현장까지 인양하여 그 곳에 설치한다는 것이 하이버니아사의 상상력이었다. 이 상상력을 실현시키려면 5년이라는 기간과 40억달러라는 막대한 비용이 예상되었다. 이미 스코틀랜드(Scotland)와 노르웨이(Norway) 사이의 북해(North Sea)에는 30여 개의 GBS들이 설치되어 있다.

그러나 북해에는 (빙산이 나타나지 않기 때문에) 빙산과의 충돌을 걱정할 필요가 없고 따라서 이들 GBS의 기초부분은 긴 원통형으로 설계되어 있다. 그러나 그랜드뱅크지역에 설치될 하이버니아 GBS는 빙산과의 잦은 충돌을 일으킬 것에 대비해야 했고 따라서 *GBS설계자들은 빙산과의 충돌시에 빙산을 분쇄할 수 있는 방호벽을 생각(상상)해냈다.* 이 방호벽은 두께 **1.4m** 높이 **8.4m**의 외벽(外壁)과 (15m의 공간을 사이에 두고 있는) 내벽으로 되어 있으며, 외벽과 내벽 사이의 공간에는 **550,000톤**의 철광석을 채워 넣어 빙산 충돌시의 충격을 흡수하도록 설계되었다(그림 5·2 참조).

● [그림 5·2] GBS

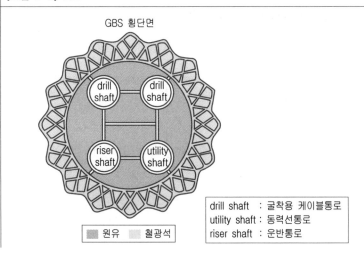

GBS 횡단면

drill shaft : 굴착용 케이블통로
utility shaft : 동력선통로
riser shaft : 운반통로

원유　철광석

철광석은 충격흡수 이외에 그의 무게를 이용하여 GBS를 해저 위에 안정시키는 이중(二重)목적을 위해 채택되었다. 방호 외벽은 69,000톤이나 되는 철근을 얼기설기 엮어 놓고 그 위에 400,000톤의 콘크리트를 부어서 만들었으며, 이 외벽을 16개의 톱니로 둘러싸서 빙산이 충돌했을 때 이 톱니가 빙산을 산산조각낼 수 있도록 했다.

이렇게 완성한 유전설비를 이용하여 하이버니아사는 인근 해저 3.6km 깊이에 있는 유정을 80개 이상 시추하였다. GBS가 완성된 지 여섯 달 후 원유를 실은 첫 유조선이 출발했으니 이것은 엔지니어들의 상상력과 건설에 참여했던 전세계 8,000여 명의 땀의 결실이었다. 그러나 인간의 상상력이 모두 이렇게 성공으로 이어지는 것은 아니다. 제1의 필요조건, 즉 감수성에 이어 상상력을 (주고받음의 삶에 이르기 위한) 제2의 필요조건이라 한다면, 상상력의 실현가능성(feasibility)을 테스트하기 위한 탐색시행(探索試行)은 제3의 필요조건이 된다. 다음 장에서 탐색시행이 무엇인지 살펴보자.

기업의 실험정신, 탐색시행

6

6.1 '하면 된다'는 신념의 한계

우리 나라가 산업근대화를 시작하여 중진국으로 도약할 때 *"하면 된다"는 신념*은 우리 경제발전의 기본적 방법론으로 사용되었다. "하면 된다"는 신념이 성취시킨 업적 하나를 살펴보자. 산업발전 초창기의 우리 나라 건설시장은 그 규모가 너무 작았기 때문에 현대건설(주)은 공사수주를 해외에서 받아야 했다. 건설업이란 한 곳에서 일이 끝나면 다른 곳으로 장소를 옮겨서 다른 프로젝트를 수행해야 하는 떠돌이사업이다.

따라서 현대건설은 그 동안 터득한 종합건설회사로서의 기술을 가지고 조국인 한국 땅에서 계속할 수 있는 일이 없을까 생각하게 되었다. 이런 생각 끝에 결국 조선(ship building)사업으로의 진출을 결정하게 된 것이다. 1970년 3월 1일자로 현대건설은 조선사업부를 설치하고 조선소건설을 위한 외자를 얻기 위해 사업계획서를 만들었다.

이 사업계획서에는 현대건설이 그 동안 종합건설회사로서 플랜트건설에서 쌓은 경력, 플랜트건설은 본질적으로 선박건조기술과 가깝다는 설명, 그리고 선박건조에 관한 기본기술은 선진국의 설계회사(예, 영국의 애플도어사)와 기술제휴로 가능하다는 내용 등 현대건설이 선박건조능력을 가지고 있다는 설득으로 차 있었다. 이 사업계획서를 가지고 현대건설은 일본, 미국 등의 외국 금융기관에 자금을 요청했으나 조선분야의 경험이 없다는 이유로 계속 거절당하던 중 다행히 영국계 은행인 바클레이스은행(Barclays Bank)이 협의에 응해 주었다.

바클레이스은행에서는 현대건설이 조선공업에 뛰어드는 데는 위험 (risk)이 있다고 생각하여, ECGD의 보증을 받아오라고 요구했다. ECGD (Export Credit Guarantee Department)는 영국의 기업이 투자위험이 높은 국가와 교역 혹은 금융거래를 할 때, 영국계 기업이나 은행의 위험을 덜어주기 위해 영국정부가 만든 보험기관이다. ECGD의 관계자는 현대건설의 사업계획서를 읽어 본 후 다음과 같은 조건을 제시했다. "너희들이 선박을 건조할 수 있다고 가정해도, 너희들의 배를 누가 (믿고) 사주겠냐? 그러니 너희들이 건조할 배를 누군가가 사주겠다는 보증을 받아 오라."는 것이었다.

현대건설은 천신만고 끝에 그리스의 리바노스(Libanos)사를 설득하는 데 성공, 25만9천톤급의 유조선 2척을 3,095만달러에 수주하는 데 성공했다. 물론 이 수주가격은 경험 있고 저명한 조선소가 받을 수 있는 가격보다는 훨씬 저렴한 것이었다. 그러나 사업계획서와 조선소를 건설할 부지의 사진 한 장만 가지고, 현대건설은 배를 사줄 사람을 확보하는 데 성공했던 것이다. 현대건설은 리바노스사의 주문계약서를 ECGD에 제출하여 보증을 얻어냈고, 이 보증서를 바클레이스은행에 제출하여 Barclays은행의 차관을 받아 조선소를 건설하기에 이르렀다.

우선 먼저 선박건조용 도크(dock)를 건설하고 여기에서 배를 건설하면서, 동시에 조선소의 다른 부대시설을 건조하는 방식, 다시 말하면 동시공학(simultaneous engineering)의 기법을 동원하여 1974년 6월 28일, 리바노스사의 유조선 2척을 완공, 선주에게 인도하게 되었다. 이것이 오늘날 조선분야에서 세계정상에 오른 현대중공업이다. *아직 배를 만들어보지 못한 회사가 조선소를 건설할 부지(敷地)를 찍은 사진 한 장만 가지고 다니며 외국의 금융기관, 보증기관, 선주(船主)를 설득시켜 온 과정은 "하면 된다"는 신념과 정신력의 결정(結晶)이었다.*

학문을 하는 우리는 이제 과연 세상사 모든 일은 "하면 되는가?"를 물어야 한다. *사실 중진국 시절에는 "하면 되는" 일이 많았다. 그러나 풀어야 할 문제와 일의 수준이 높아지면서 "하면 된다"는 신념*

만으로는 안 되는 것이 많다는 사실도 우리의 경험이다.

6.2 '그건 안 돼'의 세계

세 살 난 어린이에게는 이 세상 모든 것이 장난감으로 보일 것이다. 그렇지만 이 아이가 할아버지 안경에 손을 대려 하면 "그건 안 돼!" 하고 야단맞는다. 이 아이가 자라면서 옆집에 놀러 갔다가 친구의 장난감 하나를 몰래 들고 오려 해도 "그건 안 돼!"가 된다. 이 아이에게 사춘기(思春期)가 오면 친척집 누이동생이 예뻐 보이고, 그에게 연정을 느낄 수도 있다. 그러나 근친(近親)간의 사랑 역시 "그건 안 돼!"에 부딪힌다. 이 아이가 어른이 되어 경치 좋은 숲 속에 집을 짓고 살고 싶어도, 국가에서 '그린벨트'라는 이름으로 "그건 안 돼" 한다.

이렇게 *인간은 되는 일과 안 되는 일 사이에서 살아가게 된다.* 위에 열거한 "그건 안 돼"는 인간이 공동체 속에서 원만하게 더불어 살기 위해 인간 스스로에게 부과한 제약이었다. 그러나 인간은 인간 스스로 가하지 않은 제약조건에 의해 "그건 안 돼"의 세계와 만나기도 한다. 다음의 사례를 살펴보자.

🔖 케이스 : 연금술

인간의 삶에서 금속은 일찍부터 귀중하고 유용한 소재(素材)였다. 금속으로는 금, 은, 구리, 쇠, 납, 아연, 주석 등이 많이 사용되어 왔는데, 그 중에서도 금은 가장 귀중하게 생각되었다. 금은 아름다운 광택을 내며 녹슬지도 않고 오래 보존할 수 있기 때문에 치과 등 의료용으로도 절대 필요한 금속이었다. 그러나 금은 지하에서 어렵게 파내야 했고, 그 매장량도 수요를 따를 수 없어서, 쇠나 구리 같은 흔한 금속을 금으로 바꾸는 방법은 없을까 하고 많은 사람들이 생각(상상)하기 시작했다. 드디어 7세기경부터 아라비아인들은 어떤 값싼 금속을 금으로 변화시키려는 방법을 찾으려고 노력하기 시작했다.

이러한 노력을 연금술(鍊金術, alchemy)이라고 부르는데 이들은 구리나 쇠, 등에 유황이나 수은을 섞고 열을 가하여 금으로 변환시키려고 시도했다. 연금술은 유럽에까지 전파되어 그 당시 어느 나라에 가도 연금술을 연구하는 사람들을 찾아볼 수 있을 정도였다. 연금술사들은 긴 세월에 걸쳐 무수한 실패를 거듭하면서도 포기하지 않았다.

어떤 연금술사들은 연금이 성공하려면 어떤 마술이 따라야 한다고까지 생각했다. 어딘가에 마력을 가진 돌이 있어서 그 돌에 닿아야 비로소 금이 나타날 것이라고 주장하는 학자가 있었고 그들은 이런 돌을 '현자(賢者)의 돌' 또는 '철학자의 돌'이라 불렀다. 그러나 그런 돌도 끝내 발견되지 않은 채 연금술은 17세기 무렵까지 계속되면서 끝내 금을 만들어 내지 못했다. 7세기 아라비아에서 시작된 후 약 1천년에 이르는 끈질긴 노력은 결국 실패로 끝났다.

연금술은 자연이 인간에게 가한 "그건 안 돼"였다. 오늘날 우리는 연금술사들을 어리석은 사람들이었다고 생각할지 모른다. 그러나 지금은 과학지식이 보급되었기 때문에 그렇게 생각할 수 있는 것이지, 그 당시에는 뉴톤(I. Newton)과 같은 우수한 학자들까지도 연금술에 정력을 쏟았던 것이다. 오늘의 과학지식에 의하면 연금술은 자연의 존재양식에 어긋나는 것이었다.

🐾 자연의 존재양식

"그건 안 돼"에 의해 제약당하는 인간의 한계를 분류해 보자. 첫째, 인간은 공동체 속에서만 살아갈 수 있는 존재이므로 공동체를 유지하기 위해 인간이 인간 스스로에게 부과하는 "그건 안 돼"가 있다. 윤리, 도덕, 법과 규범이 부과하는 "그건 안 돼"가 인간을 제약하는 제1의 한계이다. 다음, 인간은 자연 속에서 태어나 자연 속에서 살 수 밖에 없는 존재이다.

따라서 자연의 존재양식에 위배되는 인간의 노력은 연금술처럼 모두 수포로 돌아갈 수밖에 없다. 무한의 상상력을 펼치면서 끈질긴 노력을 전개하는 인간에 대한 제2의 한계가 여기에 있다. 아무리 성능이 좋은 라디오라도 존재하지 않는 전파를 잡아낼 수는 없듯이, 인간이 아무리 노력을 기울여도 존재하지 않는 자연법칙을 존재하게 할 수는 없을 것이다. 쇠나 구리 같은 보통 금속을 값비싼 금으로 바꾸는 길은 자연의 존재양식 속에는 존재하지 않는다.

그러므로 인간은 자연의 존재양식 속에서 자연이 "그건 돼" 하며 허용하는 범위내에서, 인간의 필요와 아픔을 해결하고 삶을 풍요롭게 할 수 있을 뿐이다. 그러면 다음에는 연금술과는 반대, 즉 자연이 인간에게 "그건 돼" 하며 허용한 케이스를 탐구하자.

🪙 수혈의 역사

인간은 출혈(出血)을 많이 하면 죽는다는 사실을 오래 전부터 경험으로 알게 되었다. 그래서 1667년에는 출혈로 인하여 죽어가는 사람에게 피를 수혈(輸血, blood transfusion)하는 일이 인간의 의료기술 역사상 처음으로 시도되었다. 당시의 상식수준에서는 의사들조차 모든 피는 그것이 동물의 것이든 사람의 것이든 다 같다고 생각했던 것 같다. 그래서 *수혈할 피의 공급원(供給源)으로서 양(羊)이 선택되었다.* 피는 심장에서 만들어지고, 피에는 그 사람의 마음(善惡)이 들어 있으며, 양은 동물 중에서 가장 선한 동물로 보였기 때문인 것 같다. 그러나 양의 피를 수혈받은 환자는 예외 없이 모두 죽었다.

그러다가 *1818년에 이르러 (양이 아닌) 인간의 피를 수혈해보는 시도가 런던의 Guy's Hospital에서 시작되었다.* 그러나 결과는 혼란스러웠다. 환자가 어떤 경우에는 살아났고, 어떤 경우에는 죽어갔기 때문이다. 성공과 실패를 구별해 주는 아무런 정보도 얻을 수 없었다.

출혈로 죽어가는 환자에 대한 민연(감수성)이 상상력(수혈)을 낳고, 상상력의 결과가 실패로 이어지는 과정이 반복되다가 1900년에 칼 란트슈타이너(Karl Landsteiner)에 의해 인간의 피에는 4가지 혈액형이 있으며, 이들 사이에는 서로 수혈이 가능한 조합(組合, combination)과 그것이 불가능한 조합이 있다는 사실이 발견되었다. 이후 수혈을 잘못해서 목숨을 잃는 일은 줄어들었으나 아직도 혈액이 공기와 닿으면 응고하는 문제가 해결되지 않아 채혈한 피를 보관하는 일은 불가능했다.

1917년 제1차 세계대전에서 부상병이 대량으로 발생함에 따라 미리 채혈해서 보관해 둔 피를 수혈해야 할 필요가 강력히 대두되었고, 이 문제를 해결하기 위한 연구가 여러 나라에서 적극적으로 실시되었다. 결국 구연산(枸櫞酸)나트륨(sodium citrate)이 응혈을 방지하는 화학적 성질을 가진다는 사실이 발견되어 항응혈제(抗凝血劑)가 개발되었고, 이로부터 미리 채혈해서 보관한 피를 수혈하여 생명을 구하는 일이 가능해졌다.

인간에게 양의 피를 수혈하는 시도가 처음으로 실시된 1667년부터 계산해도 수혈에 관한 필요인식과 그 필요의 충족 사이에는 오랜 세월에 걸쳐서 완성된 인간의 지식이 필요했다. *자연은 인간에게 제한된 범위내에서나마 수혈을 가능하게 하는 법칙성을 보유하고 있었고, 인간은 250년에 걸쳐서 그 법칙성을 찾아낸 것이다.*

자연은 인간에게 "그건 안 돼"의 제약조건을 부과하는 동시에 "그건 돼" 하며 인간이 활용할 수 있는 가능성을 자연법칙의 형태로 보유하고 있다. 그러므로 *자연법칙, 즉 자연의 존재양식은 인간이 그의 삶을 발전시키기 위해 계속 탐구해야 할 필수적 과제이다.* 그러면 인간은 되는 일(그건 돼)과 안 되는 일(그건 안 돼)을 어떻게 판별해 낼 수 있을까? 그 방법론은 무엇인가? 우리 나라의 역사적 고사(故事) 하나를 통하여 이 질문에 대한 답을 탐구하자.

🔲 주초위왕(走肖爲王)의 고사(故事)

역사적으로 살펴보면 우리 한국 민족도 좋든 나쁘든 상당한 수준의 상상력을 발휘해 왔다. 좀 역설적인 예이지만 '주초위왕(走肖爲王)'의 고사를 살펴보자. '주초위왕'이란 조선왕조 시대의 젊은 개혁가 조광조(趙光祖)를 음해(陰害)하기 위하여 그의 반대파 측에서 꾸민 위계이다. 조광조의 개혁정치로 손해를 보게 되는 훈구파(勳舊派) 측에서 궁궐내 나뭇잎에 꿀로 '走肖爲王'이라는 글자를 써 놓고, 단 것을 좋아하는 곤충이 여름 동안 꿀 묻은 자리를 파먹게 했다고 한다.

가을이 되어 나뭇잎에 '走肖爲王'이라는 4글자가 나타나자 그것을 왕(당시 中宗)에게 보이면서, 走와 肖 두 자를 합치면 '趙'자가 되므로, 趙씨가 왕이 될 징후라고 모함하여 조광조를 죽이는 데 성공했다는 이야기이다.

그런데 *이 이야기가 이긍익(李肯翊)의 연려실기술(燃藜室記述) 같은 야사(野史)에만 나오고, 조선왕조실록(朝鮮王朝實錄), 즉 정사(正史)에는*

안 나온다. 그래서 1997년 KBS가 '역사의 라이벌'이라는 타이틀로 조광조 관련 프로그램을 방영하기 위하여 KBS는 서울대학교 농과대학에 연구용역을 주어 이 이야기의 진위(眞僞)를 가리게 했다. 연구팀은 나뭇잎에 꿀로 '走肖爲王'이라고 써서 단 것을 좋아하는 곤충 옆에 놓아두는 실험을 했다. 시간이 충분히 흘러 곤충들이 나뭇잎을 긁어 먹은 결과를 살펴볼 수 있었다.

그러나 '走肖爲王'이라는 글자는 나타나지 않았다. 곤충들이 긁어 먹은 것은 나뭇잎 속의 수액(樹液)이었지, 나뭇잎 위에 붙은 꿀이 아니라는 사실이 밝혀진 것이다. '走肖爲王'의 고사를 "그건 안 돼"의 일로 판별한 것은 실험정신(experimentalism)이었다. 추측컨대, '走肖爲王'의 고사는 조광조의 개혁정치에 기대를 걸었던 유생들이 조광조의 죽음이 부당했음을 알리기 위하여 만들어낸 상상력의 산물이었던 것 같다.

이처럼 상상력의 산물이 실제(reality)와 부합되는지, 혹은 실현가능(feasible)한지를 판별하고, 실현가능일 경우에는 품질향상을 위하여 계속 시행(試行)하는 실험을 탐색시행(探索施行, feasibility test)이라고 정의하자. '주초위왕'의 고사는 KBS의 탐색시행에 의하여 실제(實際)와 부합할 수 없음이 밝혀진 셈이다.

6.4 | 품질과 성능향상을 위한 탐색시행

오늘의 미합중국(the United States of America)은 탐색시행에 의한 실험정신 위에서 건설된 나라이다. 절대군주(絶對君主)제도에 실망한 유럽의 이민들이 미국 땅으로 건너와서 좀더 이상적인 정치제도로서 상상해낸 것이 대통령책임제이다. 민의(民意)로 뽑은 대통령이 소정의 임기 동안 안정되게 국정을 이끌어 갈 수 있는 이 정치제도는 그것이 갖는 여러 가지 장점으로 인하여 그 후 세계 여러 나라에서 채택되고 있다. 미국이 이 제도를 채택하는 모든 나라들로부터 사용료(royalty)를 안 받는 것에 대해 감사할 만도 하다.

토마스 에디슨(Thomas Edison)은 3,000여 가지 소재를 가지고 탐색시행을 거쳐서 백열등의 필라멘트 소재를 찾아냈다. 그 후 여러 발명가들이 역시 많은 탐색시행을 거쳐서 필라멘트의 밝기와 수명을 개선시켜 오늘에 이른 것이다. *미국은 자연과학, 산업기술, 군사기술분야는 물론 정치, 경제, 사회, 문화 등 여러 분야에서까지 탐색시행의 실험정신을 발휘하여 오늘의 최강국을 세운 것이다.* 이처럼 탐색시행은 상상력의 산물인 어느 제품 혹은 서비스의 품질(quality)을 높이기 위한 방법으로 사용될 수 있다. 다음 케이스를 참고하자.

🍜 우리 밀 칼국수

1993년 김영삼 대통령 취임 후 청와대 오찬에는 칼국수가 자주 올랐다. 그런데 처음에는 이 칼국수를 젓가락이 아니라 숟가락으로 먹어야 했다. 이유인즉, 우리 나라에서 재배한 우리 밀로 만든 칼국수는 찰기가 없어 젓가락으로 집기가 어려웠기 때문이다.

그러던 중 어느 날 칼국수 오찬에 초대받은 어느 식품전문가로부터 우리 나라에서 재배한 밀가루에는 콩가루를 조금 섞어 반죽을 해야 찰기가 좋아져서 젓가락으로 먹을 수 있다는 조언이 있었다. 이 조언은 곧 채택되었으나 기대한 만큼 칼국수의 찰기는 향상되지 않았다고 한다. 실망한 청와대 주방 팀은 다시 식품전문가에게 문의한 결과, 볶은 콩가루가 아니라 생(날)콩가루를 섞어야 한다는 추가정보를 얻었다. 그 후 청와대 칼국수는 젓가락으로 먹을 수 있을 만큼 찰기가 좋아졌다 한다.

그러면 우리 나라에서 생산된 밀가루에 생(날)콩가루를 섞어 반죽하면 칼국수의 찰기가 높아지고 맛도 좋아진다는 지식을 언제 누가 개발했을까? 칼국수 만들기는 전통적으로 여자 소관이었으니, 한국의 선대 어느 어머니가 그 주인공일 것이다. 그러나 한국의 역사 속에 여성들의 업적은 기록으로 보존된 것이 별로 없다. 선대 어느 어머니의 감수성이 이 노하우(know-how)를 개발했을 것이다.

추측컨대, (세종대왕이 백성을 '고객'으로 정의한 것처럼) 이 어머니는 가족을 '고객'으로 생각했을 것이고, 고객의 필요, 아픔, 정서에 대한 그의 감수성이 칼국수의 '품질향상'을 위한 노력으로 이어졌을 것이다. 옛날 가난한 서민들은 논에서 나는 쌀은 지주들에게 바쳐야 했기 때문에 자신들은 주로 밀이나 콩 같은 밭곡식으로 살아야 했다.

그래서 어머니들은 칼국수를 많이 만들었을 것이고, 칼국수의 찰기가 없어서 고객(가족)에게 만족스런 식사가 되지 못한다는 사실을 (감수성으로) 인식한 어머니가 있었을 것이다. 그래서 그는 칼국수의 찰기를 높여 보려고 고민했을 것이고, 이 고민이 밀가루에 다른 무엇을 섞으면 찰기가 높아질지 모른다는 상상력을 발휘하게 했을 것이다.

그는 밀가루에 찹쌀가루를 섞어보는 탐색시행도 했을지 모른다. 그러나 찹쌀가루로 찰기가 좋아지더라도 찹쌀 그 자체가 귀한 것이어서 현실적 가능성(feasibility)이 없음을 발견했을 것이다. *그는 실망하지 않고, 이것저것 밭곡식을 가루 내어 탐색시행을 해보다가 드디어 어느 날 날(生)콩가루를 섞을 때 찰기가 좋아진다는 사실을 발견을 했을 것이다. 그는 딸과 며느리에게 이 비법을 전수했을 것이고, 이것이 널리 전승되면서 오늘의 민간 노하우로 정착되기에 이르렀을 것이다.*

6.5 | 기술현장에서의 탐색시행

제품과 서비스의 품질을 보장하고 성능을 향상할 수 있는 방법으로서 탐색시행 이상 더 좋은 것을 아직 인류는 발견하지 못한 것 같다. 오늘날 기업이 첨단기술의 현장에서 실시하는 탐색시행의 모습을 제5장에서 소개한 하이버니아사 케이스에서 계속 연구하자.

🌑 해양레인저의 사고원인을 규명하는 실험

하이버니아사는 해양레인저가 전복한 원인을 구명하여 유사한 사고가 GBS에서는 일어나지 않도록 하기 위하여 실험실에서 당시의 사고를 재현해 보기로 했다. 하이버니아사의 기술진은 축구장 크기의 거대한 실험설비(人工바다)에 5,700,000리터의 물을 채우고 거친 바다의 상황을 재현했다. 인공바다에 해양레인저 크기의 40분의 1로 축소모형을 만들어 띄워놓고 같은 비율로 축소된 45cm 높이의 파도를 일으켰다. 이것은 실제바다에서 18m높이의 파도에 해당한다. 그러나 놀랍게도 해양레인저는 전복되지 않았다.

과학자들은 해양레인저를 전복시킨 다른 이유를 찾기 시작했다. 해양레인저의 근로자들이 남긴 마지막 대화내용을 분석한 과학자들은 중요한 사실을 밝혀냈다. *그 운명의 날 밸러스트 제어실의 창문이 열려 있었다는 것이다. 그 곳으로 물이 들어와 컴퓨터에 고장을 일으켰고 이 고장으로 밸러스트 탱크가 작동하지 못했을 것이라는 것이 그들의 추정이었다. 그래서 과학자들은 실험용 해양레인저의 컴퓨터실 창문을 열어놓고 파도를 일으켜 당시의 상황을 재현해보았다. 드디어 해양레인저가 전복되었다.*

만약 컴퓨터실에 바닷물이 들어오지 않았다면 밸러스트가 제대로 작동했을 것이고, 그랬으면 해양레인저는 균형을 잃지 않았을지도 모른다는 결론이 가능했다. 이 실험결과를 토대로 하이버니아 엔지니어들은 GBS 위에 세워질 플랫폼의 높이를 얼마로 해야 그랜드뱅크의 파도가 (실수로 열려 있는) 창문을 통해 들어오는 것을 방지할 수 있을지를 다시 실험으로 결정하기로 했다.

플랫폼의 높이가 너무 높으면 강풍이 불 때 플랫폼이 너무 흔들릴 수 있고 건설비도 많이 든다. 또 높이가 너무 낮으면 해양레인저 사고와 같이 높은 파도가 플랫폼을 공격할 수 있기 때문에 적정 높이를 모형실험으로 찾기로 한 것이다. 하이버니아사의 엔지니어들은 플랫폼의 높이를 여러 값으로 정해 놓고 다시 인공바다에서 모형실험을 해보았다. 모형실험실에서 그랜드뱅크에서 만들어질 수 있는 가장 강력한 파도가 GBS를 공격하게 했다.

결국 플랫폼을 해면에서 30m 위에 설치했을 때 물보라가 플랫폼까지 미치지는 못한다는 사실을 확인했다. 그랜드뱅크지역의 평균 수

● [그림 6·1] GBS에서 채굴한 원유를 수송선에 옮기는 개념도

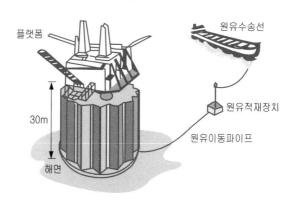

플랫폼

원유수송선

30m

원유적재장치

원유이동파이프

해면

심(水深)이 80m이고, 해면(海面) 30m 높이 위에 숙소와 작업장이 놓일 110m 높이의 플랫폼(platform)을 지어서, 전체설비는 무게 120만톤, 높이 220m의 거대한 구조물이 되었다(그림 6·1 참조).

2002년의 월드컵(World cup)을 치르기 위하여 제주도 서귀포에 건설된 축구경기장은 태풍에도 견뎌낼 수 있는 특수천막을 지붕으로 하고 있다. 테플론을 입힌(Teflon-coated) 통풍성 특수천막을 지탱하기 위해서는 많은 받침대(supporting bars)가 필요했고, (견고하면서도 가벼워야 하는) 이들 받침대의 굵기를 얼마로 할 것이냐를 결정하는 것은 설계상 중요한 문제였다. 서귀포를 덮칠 수 있는 초속 32m의 바람을 기준으로 해서 위치와 높이에 따라 받침대의 굵기가 달라져야 하기 때문이다. 이런 문제를 해결할 자신이 없으면 안전도를 높이기 위하여 무조건 굵은 받침대를 쓸 수밖에 없고, 이렇게 되면 (항공기용 소재인 비싼) 자재의 낭비는 물론 (불필요하게 굵은) 받침대들의 무게로 인하여 천막지붕이 붕괴할 위험까지 생긴다.

우리 나라에는 이런 문제를 해결할 기술과 자료(data)가 없기 때문에 건설을 맡았던 풍림산업(주)는 미국 와이드링거(Weidlinger)사에 노하우를 요청할 수밖에 없었다. 이런 노하우는 많은 탐색시행에서 얻은 자료와 구조역학적 계산능력이 쌓여서 형성될 수밖에 없다.

6.6 기업이 가진 노하우의 특성

하이버니아사가 탐색시행을 통하여 실험 전에는 알지 못했던 중요한 지식을 얻은 것처럼, *기업이 가지고 있는 지식 중에는 '이렇게도 해보고 저렇게도 해보는' 탐색시행의 결과로 얻어진 것이 많다. 이처럼 탐색시행 혹은 경험을 통하여 얻어진 지식을 노하우(know-how)라*

고 부른다. 그 탄생과정이 말해 주는 바와 같이, 노하우는 그 밑바탕을 이루는 근본원리에 대한 이해 없이도 존재할 수 있다. '우리 밀 칼국수' 케이스에서 살펴본 바와 같이 우리 나라의 선대 어머니들은 그 원인을 밝히지 못하면서도 우리 밀 칼국수의 품질을 높이는 노하우를 개발했다.

많은 세월이 흘러 오늘날 우리 나라의 식품학계에서는 우리 밀가루에 생 콩가루를 섞으면 효소의 작용으로 찰기가 좋아진다는 과학적 사실을 밝히는 데 성공했다. 그래서 볶은 콩가루는 (효소가 죽었으므로) 효과가 없다는 설명도 이제 가능하게 되었다. 이처럼 *노하우가 탄생하면 과학자들은 노하우의 밑바탕을 이루는 이유, 즉 인과관계(因果關係)를 설명하기 위한 이론(theory)을 탐구한다. 이렇게 밝혀진 이론적 지식을 우리는 노-화이(know-why)라고 부른다.*

노하우를 "어떻게(how) 하는지?"에 관한 방법론 차원의 지식이라면, 노-화이는 "왜(why) 그렇게 되는지?", 즉 인과법칙 차원의 지식이다. 집안 살림의 차원에서도 음식맛이 좋은 집은 좋은 맛을 내는 고유의 비결을 가지고 있듯이, 기업의 제품생산 차원에서도 제품의 질(quality)은 노하우수준의 지식에 의해 결정되는 경우가 많다. 물론 기업이 보유하고 있는 노하우 중에는 이미 존재하고 있는 학문적 이론으로부터 도출해낸 것도 있다. 즉, 노-화이가 선행한 후 노하우가 탄생하는 경우도 있다는 말이다.

그러나 기업 현장의 노하우들은 대부분 이론적 규명보다 먼저 탐색실험 또는 경험의 축적으로 탄생한 것들이다. 그래서 기업이 자기 노하우를 가지고 경쟁력 있는 제품과 서비스를 생산하면서도, 아직 그것을 설명할 수 있는 know-why는 가지고 있지 못한 경우도 많다. 심지어 어떤 기업은 자기들이 가진 know-how를 라이선스(license)계약으로 타기업에 이전하면서도, 타기업이 know-why를 요청하면 자기들도 모르기 때문에 주지 못하는 경우도 있다. know-why를 알고 있지만 핵심경쟁력을 빼앗기지 않기 위하여 그것을 숨기는 기업도 물론 있다.

그러면 기업이 ① 감수성으로 소비자의 필요를 알아내고, ② 상상력으로 (그 필요를 충족시킬) 제품 혹은 서비스를 구상(構想)하며, ③ 탐색시행으로 그 제품 혹은 서비스의 품질을 개선시키면 그 기업은 생존이 보장되는가? 불행히도 여기에 대한 답은 "아직 아니다(not yet)"이다. 다음에 또 만족시켜야 할 제약조건(constraints)이 기다리고 있기 때문이다. 장을 바꾸어 이 제약조건을 살펴보자.

제품과 서비스의 가치

7

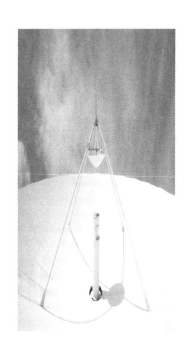

7.1 소비자의 입장

한국에서 10대 재벌그룹에 속하는 어느 건설회사가 휴양지에 콘도 (condominium)를 건축했는데 분양이 저조하자 건설현장 소장회의를 소집했다. 소장 1인당 콘도를 열 구좌(口座) 이상 판매하라는 것이 그 날 회의에서 요구사항이었다. 건설현장의 소장들은 결코 세일즈맨이 아니다. 그러나 그들은 휘하에 레미콘, 미장, 목공, 도배 등 단종 납품업자들을 거느리고 있기 때문에 회사가 이런 어이없는 요구를 했을 것이다.

한국 굴지의 건설회사가 왜 이런 엉터리 짓을 할까? 알고 보니 이 회사가 건설한 콘도는 17평형을 1구좌당 1,700만원에 20명이 공유하는 방식이었다. 따라서 그 콘도의 가격은 1,700(만원)×20(명)=3억4천만원인 셈이다. 소비자들은 (이 콘도를 살펴본 후) 그만한 가치가 없다고 느꼈기 때문에 구입을 기피했을 것이고, 이에 당황한 회사는 건설현장 소장들을 불러서 이런 궁여지책을 냈을 것이다.

그 회사에 계속 납품을 해야 하는 하청업체들은 (현장소장의 압력으로) 콘도를 구입할 경우, 억울함의 대가를 (앞으로 납품할) 제품의 품질을 속여서라도 보전(補塡)하려 할 것이다. 이런 악순환의 논리에도 불구하고 이 건설회사는 왜 이런 짓을 해야 하는가? 이 질문에 답할 수 있는 이론을 전개해 보자.

소비자는 기업이 공급하는 제품을 무조건 구입하지 않는다. 소비자는 그가 느끼는 제품의 가치(value, V)가 지불해야 할 가격(price, P)보다 크다고 느낄 경우에만 그것을 구입한다. 이 조건을 부등식(不等式, inequality) 형태로 표시하면 다음 식 (7·1)이 된다.

$$제품의\ 가치(V) > 제품의\ 가격(P) \qquad (7 \cdot 1)$$

앞에서 설명한 콘도의 경우 제품(17평형 1구좌)의 가격(P)은 1,700만원이었고, 소비자들은 이 콘도가 그만한 가치(V)가 없다고 느꼈기 때문에 분양이 저조했던 것이다. 소비자가 어느 제품에 관하여 느끼는 가치를 정확하게 수치(數値)로 표현하기는 어렵다. 그러나 *수치화가 어렵다고 그것이 존재하지 않는 것은 아니다.* 소비자가 느끼는 가치는 분명히 존재할 뿐만 아니라 제품을 사용해 보는 과정에서 변할 수도 있다.

예컨대, 가격(P)이 2,000만원인 어느 자동차를 사려는 소비자는 그 차를 구석구석 살펴보고, 시승(試乘)도 해본 후 최소한 2,000만원 이상의 가치(V)가 있다고 느껴야 그 차를 구입할 것이다. 구입 후 차가 고장이 잦고 보증수리(warranty)도 불만족스러워서 이 차가 2,000만원의 가치가 없다고 느낄 정도면, 그는 지불한 가격이 아깝다고 느낄 것이다. 만약 어떤 제품이 부등식 (7·1)을 만족시키면

$$V - P > 0 \qquad (7 \cdot 2)$$

이 성립하며, 이것은 소비자가 느끼는 가치(V)에서 지불한 가격(P)을 빼고도 남는 순가치(net value)이다. 따라서 *기업이 부등식 (7·2)를 만족시키면 그 기업은 제품을 팔 때마다 소비자에게 $V-P$만큼을 기증(donate)하는 셈이 된다.* 예컨대, 위에서 자동차를 산 소비자가 차를 사용해 보면서 "이런 차라면 2,500만원이라도 사겠다"라고 느낄 정도라면 그는

$$2,500만원 - 2,000만원 = 500만원$$

의 순가치를 기업으로부터 기증받은 셈이다. 일반적으로 어떤 제품이 소비자를 끌 수 있는 매력의 크기는 $V-P$, 즉 가치에서 가격을 뺀 *순*

가치(net value)에 비례할 것이다. 따라서 기업은 부등식 (7·1)을 만족시킬 수 있도록 제품의 가치를 높이고 가격을 가능한 한 내려야 한다. 그래야 제품이 팔릴 것이고 제품이 팔려야 기업도 생존할 수 있다. 부등식 (7·1)을 만족시킬 수 있는 기업의 해법(solution)을 *마케팅 솔루션(marketing solution)*이라고 부르자.

마케팅 솔루션은 다음 장에서 설명할 *수익성 솔루션(profit solution)*과 더불어 기업경영을 위한 두 가지 기본목표의 하나이다. 마케팅 솔루션을 해결하려면 기업은 우선 (자기가 공급하려는 제품으로부터) 소비자가 원하는 가치(V)가 무엇인지를 분명히 알아야 한다. 승용차의 타이어를 예로 들어 소비자가 타이어로부터 원하는 가치를 알아보자.

7.2 구체적(physical) 제품의 가치

자동차는 엔진의 힘으로 가는 것 같지만 궁극적으로는 타이어의 마찰력으로 간다. 엔진이 바퀴를 돌려도 (얼음 위에서처럼) 바퀴가 헛돌면 차는 가지 못한다. 따라서 자동차는 최종적으로 타이어와 노면(路面) 사이의 마찰력에 의해 간다고 할 수 있다. 타이어가 노면과 접촉하는 표면을 트레드(tread)라고 부른다(그림 7·1 참조).

트레드가 노면과 만들어내는 마찰력이 우수할수록 타이어의 가치는 높아진다고 말할 수 있다. 따라서 마찰력이 커지도록 트레드를 설계하는 일은 타이어회사의 주요 과제이다. 트레드의 마찰력이 특히 중요한 경우는 비가 오거나, 눈 혹은 얼음이 덮인 길 위에서이다. 빗물로 덮여 있는 노면 위를 차가 고속으로 달리면 트레드와 노면 사이에 수막(水膜)이 형성되어 마찰력이 소실되고, 따라서 사고로 이어진다. 따라서 타이어회사는 트레드 표면에 특정의 요철(凹凸)무늬를 넣

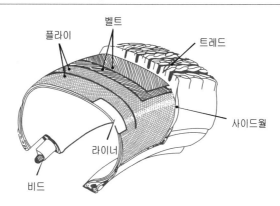

[그림 7·1] 타이어 각 부위의 명칭

플라이

벨트

트레드

사이드월

라이너

비드

음으로써 빗길 위에서 수막의 형성을 방지하고, 눈이나 얼음 위에서 도 타이어의 마찰력을 높이려고 노력한다.

한편, 차의 무게는 타이어 양측의 사이드 월(side wall, 그림 참조)을 통하여 트레드에 전달되므로 트레드는 이런 스트레스(stress)를 견뎌내 야 한다. 좌우 양측 사이드 월에서 오는 힘이 트레드를 휘게 하면 트 레드가 균등한 압력으로 노면과 밀착할 수 없게 된다. 이런 필요에서 타이어 설계자들은 트레드 위에 견고한 벨트(belt)를 깔아 트레드의 평 활성(flatness)을 높이는 방법을 개발해냈다.

벨트는 나일론(nylon)이나 강철 코드(steel cord)에 고무를 입혀 만들 며 여러 겹으로 겹쳐서 트레드 위에 깐다. 벨트를 깔아서 트레드의 평활성(flatness)을 높이면 타이어의 접지압력이 균일(uniform)해지고, 그 러면 고속 주행시 트레드와 노면 사이에 공기주머니(air pocket)가 형성 될 여지도 줄어든다. 공기주머니는 소음의 원인이 되므로 벨트기술은 승차감도 향상시킨다. 그러나 트레드와 벨트 사이의 접착이 불완전하 면 고속 주행시에 이 둘이 분리되어 사고가 발생할 수 있다.

2000년대 초 포드(Ford)자동차의 익스플로러(Explorer)모델에서 타이어 파열로 인하여 일어난 계속된 사고는 자동차와 타이어 모두를 리콜(recall)하는 사태로 이어졌다. 사고의 원인에 대한 책임공방이 일면서 포드자동차와 브리지스톤(Bridgestone) 타이어 두 회사는 100년 동안 유지해온 협조관계를 청산하기에 이르렀고, 주식시장에서는 브리지스톤의 주가가 추락했다(*Herald Tribune*지 보도; 2001년 5월 23일자). 타이어 제조기술 100년의 역사에도 불구하고 아직도 이런 문제가 발생한다는 것은 그만큼 타이어의 설계 및 생산이 어렵다는 이야기일 것이다.

자동차가 커지고 트럭, 버스, 항공기가 등장하면서 타이어에는 거대한 하중을 견뎌내야 하는 새로운 '필요'가 추가되었다. 따라서 타이어의 몸통이 파열되지 않도록 질긴 섬유조직으로 타이어를 둘러싸는 플라이(ply)에 관한 연구가 시작되었다. 플라이는 타이어의 사이드 월 내부에서 갈비뼈 역할을 하도록 보강된 층을 말한다. 사이드 월은 차량의 하중을 지탱할 만큼 견고하면서도, 유연하게(flexible) 휘어져서 (deflected) 노면의 충격을 흡수해야 차의 승차감이 좋아진다.

사이드 월의 견고성(toughness)과 유연성(flexibility)은 플라이를 만드는 코드(cord)지의 재질과 그 배열방법 여하에 따라 달라진다. 플라이는 섬유 또는 강철 코드지 양면에 고무를 입혀서 여러 겹으로 겹친 것이다. 플라이의 소재로 나일론(nylon) 코드를 사용하는 경우에는 두 장 또는 네 장의 코드지를 결이 지그재그(zigzag)로 겹치도록 붙인다.

만약 코드지의 배열이 (지그재그형이 아니라) 동일방향이 되면 강도가 저하된다. 이것은 목재로 합판(plywood)을 만들 때 나무의 결이 교차하도록 판자를 붙이는 이유와 같다. 합판은 평면상태에서 사용되므로 결의 교차각도가 90도이지만 사이드 월은 하중에 눌려서 압축된 상태에서 힘을 발휘해야 하므로 교차각도를 35도로 한다. 이렇게 만든 타이어를 바이어스(bias) 타이어라 부른다.

7.3 가치를 높이기 위한 기술

앞에서 살펴본 바와 같이 타이어회사는 제품의 가치를 높이기 위하여 많은 지식과 정보를 개발, 보유해야 한다. *제품의 가치를 높이기 위하여 요청되는 이러한 지식과 정보를 우리는 제품기술(product technology) 혹은 제품 노하우(product-related know how)라고 부른다.*

기업은 소비자들이 느끼는 '필요와 기호'가 무엇인지 밝혀내기 위한 연구를 한 후, 이들을 충족시키기 위해 제품을 어떻게 설계할 것인지를 또 연구해야 한다. 타이어의 가치를 향상시키기 위해 그 동안 쏟은 기술개발 노력을 살펴보자. 타이어회사들이 처음에 사용한 플라이(ply)의 소재는 면 코드(cotton cord)였다. 그러나 면은 부식되기 쉬우며 장력(張力, tensile force)이 약하다는 결점을 가진다.

장력이 약하면 코드층을 여러 번 겹쳐서 플라이를 만들어야 하고, 이렇게 되면 타이어의 사이드 월이 두껍고 무거워져서 유연성이 떨어진다. 유연성이 떨어지면 그만큼 승차감과 연료효율성(燃比)이 떨어지므로 플라이 연구진은 면 이외의 다른 섬유소재를 물색하던 중 섬유산업에서 레이온(rayon)이 등장했다.

1960년대까지 미국에서 레이온 코드에 투입된 R & D 연구비는 1억달러가 넘었다. 이 중 처음 투자된 6천만달러까지는 (코드의 장력을 기준으로 하여) 300%의 성능향상을 가져왔으나, 그 뒤 4천만달러에서는 30%에 그쳤다 한다.[1] *이렇게 연구비 투자에도 수확체감의 법칙(decreasing returns of R&D investment)이 작용한다.*

이처럼 레이온 코드의 성능향상에 포화점이 나타나자, 이를 극복할 새로운 소재개발이 다시 요청된다. 듀퐁(Du Pont)사는 제2차 세계

---

1) Foster, Richard, *Innovation*, McKinsey & Co, 1986.

대전 후부터 나일론 코드의 개발에 노력을 기울였다. 나일론 코드의 성능은 초기에는 레이온만 못했으나, 7천만달러의 연구비가 투입된 후 탄생한 '나일론2'부터는 그 성능이 레이온을 능가하기 시작했다.

그러나 나일론 코드는 겨울철에 고속 주행시 타이어 내부에서 소음을 발생시킨다는 문제를 낳았다. 타이어에서 오는 소음은 승차감에 악영향을 주므로 자동차회사는 타이어회사에게 나일론을 대체하는 다른 소재를 찾도록 요구했다.

Celanese사는 폴리에스터(polyester) 코드개발에 노력을 쏟았다. 폴리에스터 코드를 사용한 타이어는 나일론 코드를 사용한 경우보다 수명이 길고, 겨울철에도 코드의 유연성이 악화되는 일이 없으며 따라서 소음을 발생시키지 않는다. 종합평가 결과 폴리에스터 코드의 성능은 (장력지수 기준으로) 나일론 코드의 두 배까지 이르렀다.

Celanese사의 연구비 투자액은 듀퐁사의 50% 정도였으므로, Celanese사의 연구효율성은 이 문제에 관한 한 듀퐁사에 비해 4배를 실현한 셈이다. *기술선택의 성공에서 얻은 행운* 때문이었다. 그런데 이렇게 많은 노력을 기울여서 발전시켜 온 바이어스 타이어는 다음과 같은 두 가지 단점을 가진다는 사실이 드러났다.

첫째, 자동차가 시속 100Km 이상으로 달리면 사이드 월이 일분간에 850번 정도 굴신운동을 한다. 이 때 지그재그로 배열된 플라이의 겹 사이에서 '가위질 운동(scissors action)'이 일어나 마찰열을 발생, 타이어의 수명을 단축시킨다.

둘째, 섬유 코드는 열을 받으면 장력(tensile force)이 저하하기 때문에 사이드 월의 유연성을 감소시킨다. 바이어스 타이어의 이런 결점을 극복하기 위하여 *레디얼(radial) 방향의 플라이* 개념이 나타났다. 레디얼(radial) 플라이는 강철 코드를 사용하여 코드가 서로 교차하지 않도록 타이어의 반지름(radius) 방향으로 배열하기 때문에 가위질운동이 일어나지 않게 한 것이다. 또 강철 코드는 섬유보다 강하므로 여러 겹이 아닌 한 장으로도 만들 수 있어서 사이드 월의 유연성을 높일 수 있다. 이제 타이어라면 거의가 레디얼 플라이를 사용하고 있고, 프랑스의 *미셸린(Micheline)사는 레디얼 타이어의 개발로 세계 선두의 자리에 올랐다.*

최근에는 타이어도 첨단기술 쪽으로 가고 있다. 타이어에 구멍이 생겨 공기가 샐 경우 그것을 자동적으로 막을 수 있는 소재(신물질)를 개발하여 타이어의 내벽에 도포하는 방법이 연구 중이고, 타이어 내부의 압력을 측정하여, 고속 주행시에는 자동제어로 기압을 올려서 타이어의 직경을 크게 하고, 눈길이나 젖은 길, 또는 방향을 바꾸는 커브길에서는 압력을 낮춰 타이어의 접지 면적을 넓게 하는 제품기술도 연구 중에 있다.

◈ 컬러타이어의 실패

1970년대 후반 한국은 컬러TV를 생산하여 해외로 수출, 외화를 벌고 있었으나, 정작 국내에서는 컬러방송을 하지 않고 있었다. 이것은 당시 박정희 대통령이, 컬러TV는 사치품이어서 그것을 구입할 수 없는 저소득층에게 소외감을 조성시킬 것이라고 생각했기 때문이었다. 가난한 나라가 중진국으로 가는 과정에서 요청되는 정치철학이었다. 1979년 박대통령이 서거하고 1980년 신정부가 들어서면서 이제 컬러TV 시대를 열어도 된다는 판단에 따라 한국에서도 컬러TV 시대가 시작되었다. 아름다운 컬러TV의 색채는 사회 각계각층에서 컬러문화 시대를 열어가고 있었다.

이런 분위기 속에서 M타이어(익명)사의 K씨(익명)는 "자동차의 색깔은 다양한데 왜 타이어는 검어야만 하는가? 컬러 시대에 컬러 타이어를 만들면 히트상품이 될 것이다." 하고 생각했다. M타이어회사는 당시 제안(提案)왕으로 이름을 떨치던 K씨의 제안을 받아들여, 제품개발실에 컬러타이어 개발지시를 내렸다. 1980년 돈으로 약 18억원의 개발비가 투입된 후 빨강, 노랑, 파랑의 컬러 타이어가 생산되었다. 컬러를 내기 위해서는 카본블랙(carbon black)이라는 검정 원료 대신에 이산화규소(SiO₂)나 이산화티타니움(TiO₂) 등을 배합해서 써야 했다.

그러나 이렇게 개발된 타이어는 고무의 인장강도가 약해서 마모가 빨랐고, 따라서 현대, 대우, 기아 등 자동차회사에서는 컬러타이어의 채택을 거절했다. 뿐만 아니라 컬러타이어는 전시실에서는 아름답게 보였으나 자동차에 끼고 도로를 달리면 흙과 먼지를 뒤집어쓰기 때문에 컬러의 효과가 돋보이지도 않았다.

광고를 본 소비자들도 컬러타이어를 찾지 않았고, 결국 컬러타이어는 생산 중단되면서 회사는 18억원의 개발비만 날린 것이다. *컬러 시대를 맞아 좀더 '아름다운' 제품을 소비자에게 만들어 주려고 시도했던 기업의 노력이 실패로 끝난 것이다.* 이 사례가 던지는 메시지는 다음과 같다. 소비자는 제품의 미관도 중시하지만 그것은 어디까지나 제품의 기본적 기능 혹은 성능에 배치되지 않는 한계내에서만 가치를 가진다는 사실이다.

7.4 인터넷 제품의 가치

역사를 거슬러 올라가 보면, 벨(Alexander G. Bell, 1848~1922)에 의해 1876년 전화가 보급되기 시작하면서 (가정용, 상업용, 관공서나 기타 주요 기관용으로 분포된) 전화번호를 분류하고 그것을 전화번호부(telephone numbers directories)로 만들어내는 일이 전화회사들의 주요 과제로 등장했다. 옐로우 페이지(yellow pages) 전화번호부는 이러한 노력의 결과로 나타난 것이다.

또 학문이 발전하고 도서관에 소장하는 책의 분량이 증가하면서 이 많은 책을 어떻게 분류할 것이며, 어느 특정 책을 어떻게 찾아낼 것이냐의 문제를 해결하는 것도 비슷한 과제였다. 이 문제를 해결한 방법의 하나가 듀이(Dewey)의 10진 분류법이다.

20세기 후반에 등장한 인터넷(internet)의 발전도 비슷한 문제를 낳았다. 인터넷이 보급되면서 유용하고 흥미로운 웹(web)사이트(sites)들이 우후죽순처럼 나타났고, 이들을 분류하고 검색하기 위한 소프트웨어를 개발하는 일이 시대의 필요(needs)로 대두된 것이다. 이 필요를 충족하는 일에 누구보다도 일찍 뛰어들어 비즈니스에 성공한 사람이 스탠포드(Stanford)의 두 대학생, 파일로(David Filo)와 양(Jerry Yang)이었다.

이 두 사람은 1993년 늘어나는 웹사이트를 주제(themes)별로 정리하고, 원하는 사이트를 쉽게 찾을 수 있는 소프트웨어를 개발, 이것을 자신의 웹페이지에 올려놓고 사람들이 무료로 사용하게 했다. 1994년 양과 파일로는 자신의 웹페이지에 야후(Yahoo!)라는 이름을 붙이고, 이용자들이 인터넷 속의 자료를 찾아 각자의 필요에 맞도록 배치 및 편집까지 할 수 있는 맞춤형 소프트웨어로 발전시켰다.

야후의 인기가 치솟자 1995년 넷스케이프(Netscape)의 창업자인 마크 안드레슨은 야후의 파일(file)을 넷스케이프의 대용량 컴퓨터에 옮기고, 네비게이터 웹브라우저(Navigator web-browser)에 야후를 디폴트 디렉토리(default directory)로 만들자고 제안해 왔다. 이 제안을 양과 파일로가 받아들이면서 야후의 발전은 급류를 타기 시작했다. 세계적 벤처 캐피털리스트인 시쿼이어 캐피털(Sequoia Capital)의 마이크 모리츠, 일본 소프트 뱅크사의 창업자인 마사요시 손(손정의)도 자금지원에 나섰다.

자금조달(funding)의 문제를 쉽게 해결한 양과 파일로는 전문경영인 영입에 나섰다. 이 두 창업자는 자기들은 경영에는 약하다고 생각하고 회사운영은 전문경영자에게 맡기기로 했다. 이렇게 함으로써 자기들은 야후제품의 성능과 품질을 더욱 높이는 일에 몰두할 수 있다고 믿었다. 이리하여 이들은 1995년 8월 팀 쿠글(Tim Coogle)을 CEO(chief executive officer)로, 제프리 말렛(Jeffrey Mallet)을 COO(chief opera-ting officer)로 영입하게 되었다.

야후는 초창기부터 자기의 존재의미, 즉 회사의 이념을 분명히 정립했으니, *인터넷의 이용자가 인간적 친밀함(human touch)을 느낄 수있고 편안히 사용할 수 있는 웹서비스*를 제공하는 것이 그것이었다. 첨단기술만으로 인간적 매력을 유지하기는 어렵다는 생각에서 야후는 사이트를 가능한 한 *단순하고 소박하게* 만들어 이용자가 야후에 들어오면 편안함을 느끼도록 노력한 것이다. 그래서 야후는 다른 포탈사이트(portal sites)와는 달리 그래픽도 많이 넣지 않고 복잡하게 보이지도 않는다.

경쟁사이트들이 첨단의 서버(server)컴퓨터와 워크스테이션(work sta-tion)을 자랑할 때 야후는 이런 하드웨어(hardware) 운영은 아웃소싱(외부위탁운영)으로 넘겨버렸다. 그 대신 야후는 그의 제품을 노동집약적형태로 만들어낸다. *웹 건축가(The Architects of the Web)*의 저자인 로버트 리드는 그의 책에서 "야후의 분류체계는 수작업(手作業)으로 이루어진 도구이다"라고 평했다. 이렇게 노동집약적인 사이트를 만들기위해서는 많은 편집자가 필요하다. 그래서 야후에서 인터넷사이트를 분류하고 범주화하는 일에 종사하는 인력이 생물학에서 생물분류에 종사하는 사람수보다 많다고 한다.[2]

예술과 인문학, 비즈니스와 경제, 컴퓨터와 인터넷, 교육, …… 등

---

2) Vlamis, A. & Smith, R., *Business the Yahoo! way*, Capstone Publishing Ltd., 2001.

주제별 계층별로 야후는 14가지 카테고리 아래 120만개의 웹사이트를 정리했다. 검색엔진의 속도와 성능은 이미 충분히 발전해 있다. 그래서 누구나 야후에 들어오면 따뜻한 마음과 애정을 느끼는 서비스를 받게 한다는 것이 야후의 이념이다. 이런 서비스를 야후는 무료로 제공한다. *서비스의 가치를 높이면 (야후의 브랜드와 신뢰도가 높아져서) 많은 사람들이 야후사이트를 방문, 오래 머물 것이고, 이렇게 되면 야후사이트에 광고를 게재하고 싶어하는 광고주가 증가할 것이라는* 논리가 야후의 비즈니스모델이다.

인터넷이용자들은 유용하게 분류, 조합, 연구된 정보에 끌려 계속 야후에 접속했고, 1996년 가을 야후는 1일 페이지 뷰(page-view) 900만을 돌파했다. 야후에 접속하는 고객을 노리는 기업이나 스폰서들이 접근하기 시작했으며 광고를 제공했다. 제리 양은 "야후는 광고를 팔 수 있는 미디어(media)가 되었다. 이것은 야후를 중심으로 한 커뮤니티(community)가 형성되었음을 의미한다."고 말했다.

1997년 1월 야후는 550에 이르는 광고주를 확보했고, 광고주는 노출빈도와 이용자수에 따라 책정된 배너(banner) 광고료를 낸다. 1997년 1/4분기에 야후는 9만2,000달러의 수익을 기록했으며, 그 해 5월 야후는 전세계적으로 10억 페이지 뷰를 달성했다고 발표했다. 야후는 전략적 제휴를 통해서 그의 서비스를 실시간 뉴스, 커뮤니케이션, 전자상거래 등 새로운 영역으로 확장하면서, 인터액티브(interactive)한 커뮤니티 개념으로 발전하고 있다.

2000년 8월 '*닐슨/넷레이팅*'은 야후를 6,200만 이상의 순이용자를 보유한 세계최고의 인터넷사이트로 발표했다. 오늘날 웹에서 유용한 컨텐츠(contents)는 수십억 페이지에 이르고, 해마다 3배로 증가하고 있다 한다.[3] 오늘날 야후의 뒤를 이어 인터넷기업들이 우후죽순처럼 뛰

---

3) Vlamis & Smith, 전게서, p. 57.

어들고 있지만 경영, 브랜드, 선점(先占)효과, 벤처정신, 전략적 제휴, 비즈니스모델 등 필요한 요소들을 제대로 갖추지 못한 기업들은 도산을 맞고 있다.

7.5 │ 정보기술(IT)을 이용한 서비스의 가치향상

오늘의 정보기술이 소비자가 느끼는 가치증진에 어떻게 활용되고 있는지를 살펴보자.[4] 소비자들의 욕구는 계속 다양해지고 있을 뿐만 아니라 소비생활을 통해 자신의 취향과 가치관까지도 반영하려 하고 있다. 이처럼 *다양한 소비자의 수요를 기업이 미리 예측하여 제품을 생산한 후 재고로 보관해 놓고 소비자가 원하는 대로 공급하려면 그 코스트가 너무 높다.* 이러한 어려움을 해결할 수 있는 솔루션(solution)으로 등장한 개념이 대량주문생산(mass customization)시스템이다.

이것은 회사가 자사제품에 필요한 부품들을 미리 모듈(module)화(化)해 놓고, 이들의 조립방식을 웹사이트(website)에 올려놓은 후 소비자들이 웹사이트의 주문시스템을 통하여 모듈의 결합사양(configuration)을 결정하고 주문하게 하는 방식이다. 다시 말하면 *제품의 '설계(design)'를 소비자가 할 수 있도록 웹사이트가 도와주는 방식이다.*

웹사이트에는 즉석 가격문의(rapid request for quotation) 버튼(button)이 준비되어 있어서 소비자가 '설계'한 제품을 주문하려면 가격이 얼마인가를 즉석에서 알 수 있고, 대금(代金)을 미리 결제하는 방식도 마련되어 있다. 이런 방식을 세계최초로 시도하여 세계적 대기업이 된 델(Dell) 컴퓨터회사의 케이스를 살펴보자.

---

4) A long march, *The Economist*, July 14-20, 2001, pp. 63-65.

📀 델(Dell) 컴퓨터 케이스

델 컴퓨터회사의 설립자인 마이클 델(Michael Dell)은 1983년 텍사스 주립대학에 입학한 후, 그 지역 컴퓨터 판매상으로부터 재고를 원가에 넘겨받아, 기계를 업그레이드(upgrade)한 후 전화를 통해 일반 판매상보다 저렴한 가격에 팔았다. 컴퓨터의 직접판매(direct sales)에 대한 장래성을 확신한 그는 이 사업을 위해 학교를 중퇴했다.

인터넷이 확산되기 시작하면서 델은 고객들이 어떤 방식으로 인터넷을 사용할 것인지 알아보기 위해, 우선 자기가 파는 PC에 대한 제품정보를 제공하고 간단한 주문의 접수, 고객들의 피드백(feedback)을 요청하기 위한 초기 웹사이트를 개설했다. 고객들은 요청한 주문의 진전상황을 알고싶다는 등 많은 제안을 해왔고, 델은 이러한 제안을 수용하기 위해 자신의 웹사이트를 수백 차례 갱신해 나갔다.

이렇게 하여 델은 연간 수익 180억달러가 넘는 세계적인 PC전자상거래회사가 되었고, 1996년부터는 소비자가 웹을 통해 자기 컴퓨터의 모듈(module)과 소프트웨어를 직접 결정하는 BTO(built to order)생산을 시작하게 되었다. 이렇게 되면 *소비자는 자기의 필요와 기호에 맞는 제품을 가질 수 있고, 기업은 대량생산체제의 효율을 그대로 유지할 수 있다.*

델회사가 개척한 생산 및 판매방식을 요즘 경영학자들은 대량주문생산(mass customization and personalization)시스템이라고 부른다. 이 방식을 채택하려면 기업은 우선 *제품 아키텍처(product architecture, PA)*를 정립해야 한다. 제품아키텍처를 만드는 예를 손목시계의 경우로 설명해보자. 시계회사는 시계의 주요 부품들(예, 시계의 케이스, 글자판, 시분침, 초침, 시계줄 등)과 이들 부품의 소재 및 사이즈 등을 모듈(module)화(化)해 놓고, 이들을 시계의 용도, 즉 신사용, 숙녀용, 전문가(professionals, 예, 수영선수)용, 특수취미용 등에 맞춰서 소비자가 선택할 수 있도록 사양(configuration)을 결정하는 방식을 웹에 올려야 한다.

이미 자동차, 가전제품, 기성복회사들은 물론 일부 제약회사와 식품회사들이 (종합비타민 혹은 아침식사용 시리얼 등) 그들의 제품을 소비자가 필요 혹은 입맛에 맞게 주문할 수 있도록 하고 있다.

대량주문생산시스템이 얼마나 성공할 것인지는 아직 두고봐야 될 일이지만 기업이 개별 소비자의 욕구를 이렇게까지 수용할 수 있게 된 것은 정보기술(IT)의 발달에 의한 것이다.

제품과 서비스의 코스트

8

8.1 | 기업의 입장

앞 장에서 인터넷기업 야후가 소비자에게 서비스를 무료로 제공하고 수익은 야후사이트에 광고를 게재하는 광고주로부터 확보하는 비즈니스모델을 살펴보았다. 그러나 이런 비즈니스방식은 광고를 게재할 수 있는 미디어에 한정된다. 미디어가 아닌 대부분의 기업은 소비자에게 제품을 공급하고 받은 가격에서 그에 소요된 코스트를 제하고 남은 이익으로 살아간다. 따라서 이런 기업은 제품단위당 받는 가격(price, P)이 그 공급에 소요된 코스트(cost, C)보다 커야 살아갈 수 있다. 이 조건을 부등식으로 표시하면 식 (8·1)이 된다.

$$\text{제품의 가격(price, } P) > \text{제품의 코스트(cost, } C) \qquad (8 \cdot 1)$$

위 부등식 (8·1)이 만족되면

$$P - C > 0 \qquad\qquad (8 \cdot 2)$$

이 되어, 기업은 (P에서 C를 제한 차액만큼의) 이익(profit)을 얻게 된다. 기업은 이익을 내야만 국가에 세금을 낼 수 있고, 주식시장에서 주식을 사준 주주들에게 배당도 하고, 기타 기업의 발전을 위해 필요한 여러 가지 일을 할 수 있다. 기업이 이익을 내지 못하고 적자를 내면 기업은 그만큼 금융기관으로부터 차입을 증가시켜야 하고, 이렇게 부채가 누적되면 금융기관까지 부실화시켜 (우리가 IMF구제금융 위기 때 경험한 것처럼) 국민경제에 막대한 해를 끼치게 된다. 간단히 말해서 기업이 적자를 내면 그 기업이 망함과 더불어 사회에 대해서도 해악을 끼치게 된다.

8.2 코스트의 개념과 계산의 어려움

부등식 (8·1)의 우변, 즉 제품의 코스트는 그 개념이 복잡하고 정확한 계산도 어렵다. 1951년 미국회계학회(AAA)가 마련한 원가개념 및 기준에 의하면 *코스트란 "특정 목적을 달성하기 위하여 발생한 또는 발생할 희생(forgoing)을 화폐단위로 측정한 것"* 이다.

이 정의에 의하면 ① 코스트는 특정 목적을 달성하기 위하여 발생하는 것이므로 경영주체가 관심을 갖는 특정 대상(對象, objects)에 관하여 파악되어야 한다. 경영자들은 일반적으로 *제품별, 서비스별, 고객별, 프로젝트별, 사업부문별, 혹은 브랜드별로 코스트를 파악하여, 제품의 가격결정, 아웃소싱(outsourcing) 의사결정, 제품믹스(product mix), 유통채널 믹스(channel mix), 고객믹스(customer mix) 등에 관한 의사결정에 사용한다.*

또 위의 코스트 정의에 의하면 ② 코스트는 본질적으로 개인 또는 조직이 보유하고 있는 *자원의 희생(foregoing or sacrifice)*을 의미한다. 코스트로 희생되는 자원 중에는 원재료, 노동력, 에너지 등은 물론 기계시설 및 공장건물의 감가상각(減價償却, depreciation)이 있다.

그런데 이렇게 (주어진 목적을 위하여 자원이 희생되면서) 실제로 발생하는 코스트 이외에 관념적으로만 발생하는 코스트가 있다. 예컨대, A라는 학생이 대학에 입학하여 경영학 학사가 되는 데 소요되는 코스트를 생각해 보자. 대학 4년 동안 실제로 발생하는 코스트는 등록금, 책값, 교통비 등이 될 것이다. 그러나 만약 A가 대학에 가지 않고 어느 직장에 취직했더라면 4년 동안 월급을 받을 수 있었을 것인데 (대학에 다니기 위해 못 받았으므로) 이것도 역시 코스트로 생각해야 한다. 또 A는 시(詩, poetry)를 좋아했기 때문에 국문학과에 가서 시인이 되고 싶었는데, 부모의 권유로 경영학과에 왔다면 국문학 공부를 못한 것도 코스트 개념에 포함되어야 한다.

이처럼 *어떤 일 X를 하기 위해 다른 일 Y를 하지 못했을 때 Y로부터 놓친 이득을 X의 기회 코스트(opportunity cost)라고 부른다.* 뿐만 아니라 A가 대학 입학시험에 합격함으로써 다른 누구 한 사람이 떨어져야 했다면 사회전체의 관점에서 이것도 (고차원적 의미의) 기회 코스트가 되는 것이다. 기업이 제품이나 서비스를 생산하는 경우에도 원자재, 부품, 노동력 등에 실제로 투입된 자원을 다른 곳에 사용했을 경우에 얻을 수 있는 이득을 놓쳤으니 그만큼 기회 코스트가 존재하는 셈이다. *기회 코스트는 그 범위가 불분명하며 계산이 어렵지만 개념적으로는 가장 진실한 의미의 코스트일 것이다.*

코스트는 이렇게 개념적으로 어려울 뿐만 아니라 기업의 현장에서 정확히 계산하기도 어렵다. 개별 제품의 코스트에는 (원재료처럼) 생산량에 비례하여 발생하는 변동비(variable cost) 외에도 생산량에 무관하게 발생하는 고정비(fixed cost, 예, 공장의 감가상각비)가 포함되어야 한다. 뿐만 아니라 개별 제품의 코스트에는 셋업 코스트(set-up cost, 예, 제품 1을 생산하다가 제품 2를 생산하기 위해 설비를 재조정하는 데 요하는 인력, 장비 및 시간) 같은 제조간접비도 포함되어야 한다. *변동비부분은 비교적 그 추적이 쉽지만 고정비나 제조간접비부분은 경제적인 방법으로 그것을 정확히 추적하여 각 제품에 반영하기가 어렵다.*

예컨대, 까다로운 검사를 요하고, 주문량이 적기 때문에 셋업한 후 몇 개밖에 생산하지 못하는 제품 X와 검사가 용이하고 한 번 셋업하면 대량생산을 할 수 있는 제품 Y를 비교해보자. 이들에 대한 제조간접비 배분을 *생산량에 비례하게 한다면*, 검사가 까다롭고 소량생산품인 X에는 (실제검사 및 셋업활동에 소비된 코스트에 비하여) 실제로 발생한 것보다 적은 간접비가, 그리고 검사가 쉽고 대량생산품인 Y에 대해서는 실제보다 큰 간접비가 배분된다. 이런 현상을 코스트의 왜곡(cost distortion)이라고 부르는데, 이런 일은 제조간접비뿐만 아니라 판매 및 일반관리비의 할당에서도 일어난다. 다음과 같은 예제를 사용하여 코스트 왜곡이 기업의 정당한 의사결정을 얼마나 그르칠 수 있는지 살펴보자.

(단위 : 억원)

매출액에 따른 판매 및 관리비 할당			실제활동의 코스트에 따른 할당		
	제품 1	제품 2		제품 1	제품 2
매출액	100	100	매출액	100	100
매출코스트	80	80	매출코스트	80	80
매출총이익	20	20	매출총이익	20	20
판매 및 관리비	15	15	판매 및 관리비	25	5
순이익	5	5	순이익	−5	15

위 예제의 경우 제품 1과 제품 2는 매출액 및 매출 코스트는 같고 따라서 매출총이익도 모두 20억원으로서 같다. 그러나 제품 2(예컨대, 과자종류)는 정상적인 유통채널을 통하여 팔 수 있는 제품인 반면, 제품 1(예, 우유)은 판매방식이 특정 시간대에, 특정 장비를 사용하여, 특정 장소를 방문해야 하는 활동(activity) 코스트가 큰 경우에 해당된다.

매출액에 비례하여 판매 및 일반관리비를 할당하는 전통적인 코스트 계산방법에 의하면 제품 1과 제품 2는 각각 5억원의 순이익을 낸다. 그러나 (실제로 요구되는 번거로움과 활동코스트에 따라) 판매 및 일반관리비를 산출하여 각 제품에 할당할 경우 제품 1에는 25억원이 할당되어야 한다면, 제품 1은 5억원의 적자를 내는 제품이 된다.

회사가 이러한 사실을 인식하지 못하면 마케팅 판촉요원들이 (제품 1도 5억원의 이익을 내는 줄로 착각하고) 제품 1을 위한 판촉활동도 대등하게 벌일 것이고, 그러면 다시 간접비가 발생하고, 이 간접비를 다시 매출액기준으로 배분하면 코스트 왜곡은 더욱 증폭된다. 이러한 증폭현상을 쉥크(Shank) 교수는 수익성 저하의 악순환(downward spiral of profitability)이라고 불렀다.

코스트 왜곡은 각 제품의 정당한 *가격결정이나 제품믹스 혹은 아웃소싱에 관련된 의사결정*을 그르칠 뿐 아니라, 회사가 성과실적주의를 채택할 경우 각 제품을 담당하는 *팀 사이에 불공정*을 야기하여 조직구성원들의 사기저하로 이어질 수 있다. 이러한 이유에서 활동(activity)을 중심으로 간접비를 계산해야 한다고 주장하는 ABC(activity-based costing)방식이 설득력을 얻고 있다.[1]

8.3 생산기술을 통한 코스트 절감

기업이 부등식 (8·2)를 만족시킬 수 있는 최선의 길은 코스트 C를 낮추는 데 있다. 조선(造船, ship building)분야에서 생산기술을 개발하여 코스트를 절감한 예를 살펴보자. 소위 블록(block) 건조(建造)기법이 개발되기 전에는 선박건조에 필요한 일체의 작업을 드라이 도크(乾船渠, dry dock)내에서 해야 했다. 드라이 도크의 좁은 공간에서 선박을 건조하려면 공간적 제약조건 때문에 A라는 일이 끝나기를 기다려서 B라는 일을 시작해야 하는 등 불편이 많았다.

이런 시간낭비를 줄이고자 고민하던 신토 히사시(1934~81) 씨는 선체(船體)를 몇 개의 블록으로 나누어 각 블록을 별개의 작업장에서 완성한 후 드라이 도크에 가져와서 조립하는 기법을 개발했다. 이 기법으로 인하여 전에는 평균 18개월 걸리던 작업이 7개월로 단축되었

---

1) 신홍철 저, *전략적 관점을 강조한 관리회계*(제7장), 경문사(2001), 참조.

고, 이로 인하여 선박건조 코스트는 파격적으로 인하될 수 있었다. 오늘날 대부분의 조선소는 대형선박 건조에 이 기법을 채택하고 있다.

이처럼 생산할 제품이 결정되면 제조기업의 다음 과제는 이 *제품을 가장 경제적인 코스트로 생산할 수 있는 기술*을 채택하는 일이다. 이 기술을 *생산기술*(生産技術, production technology)이라고 부르는데, 생산기술과 제품기술은 서로 독립된 별개의 것이 아니고 전체로서 하나의 관계를 이루며 발전한다. 앞 장에서 예제로 채택한 승용차타이어의 경우 이 관계를 살펴보자(그림 8·1 참조).

타이어 제조를 위해 필요한 첫 공정은 믹싱(mixing)공정으로서 여기서는 주원료인 천연고무와 합성고무에 각종 화학약품을 첨가하여 타이어가 필요로 하는 고무의 물성(物性)을 생성한다. 앞 장에서 살펴본 바와 같이 타이어는 트레드(tread), 사이드 월(side wall) 등 여러 부위로 구성되며 각 부위마다 필요로 하는 물성이 다르기 때문에 그 부위를 만들기 위한 주원료와 그에 배합되는 화학약품의 종류 및 섞는 비율도 다를 수밖에 없다(이러한 데이터가 타이어의 품질을 결정하기 때문에 이와 관련된 노하우는 각 기업의 산업비밀이다.).

이렇게 만들어진 각 부위들, 즉 반제품(半製品)을 조립하여 타이어

[그림 8·1] 타이어의 제조공정 약도

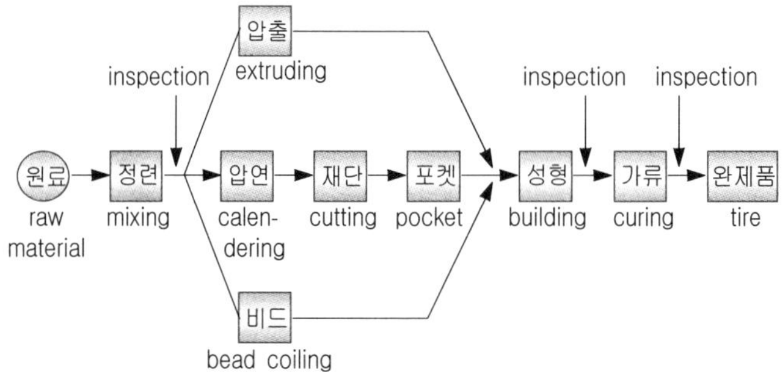

8.3 생산기술을 통한 코스트 절감 <u>119</u>

의 형태를 만들어내는 과정을 성형(成形)공정이라 한다. 성형공정에서 만들어진 타이어를 가류기(加硫機, curing machine)라 불리는 기계 속에 넣고 일정한 시간 동안 압력, 온도를 유지하며 가열하면 원료고무에 첨가된 약품들이 화학작용을 일으켜 (탄성고무인) 타이어가 되는데, 이 과정을 가류(고무가 유황과 결합하는 화학작용)공정이라고 한다.

가류된 고무가 우수한 물성을 가지도록 하기 위해서는 다음과 같은 두 가지의 기술적인 문제들을 해결하여야 한다.

첫째, 고무는 가능한 한 낮은 온도에서 짧은 시간 동안 가열하여야 하는데, 이것은 생고무의 물성이 높은 온도(약 170도 정도)에서는 열악(劣惡)해지기 때문이다. 승용차용 타이어의 경우는 180도에서 10분 정도, 버스나 트럭용의 경우 150도에서 20분 정도 가열하는 것이 좋다.

둘째, 타이어의 각 부위는 고무의 두께가 다르지만 가류는 동일한 시간에서 행하여지기 때문에 균일한 가류가 어려워진다. 예를 들면, 사이드 월은 얇기 때문에 10분이면 충분히 가류가 되지만, 트레드와 사이드 월이 만나는 어깨(shoulder)부위는 두텁기 때문에 10분만에 충분히 가류되지 않는다.

그래서 제품설계시에 어깨부분에 가류 촉진제, 연화제 등을 얼마만큼 넣어야 얇은 부분과 두꺼운 부분이 같은 시간 동안에 가류될 것인가를 연구해야 한다. 이것은 타이어의 각 부위가 균등하게 가류되어야 한다는 품질상의 이유와 생산코스트를 절감하기 위해 생타이어를 가류하는 시간은 가능한 한 단축되어야 한다는 공정상의 이유 때문이다.

8.4 생산코스트 절감의 역사적 사례

1999년 20세기를 마감하면서 세계적으로 저명한 언론기관들은 20세기가 낳은 가장 위대한 기업가가 누구인가를 투표로 뽑았다. 대부분의 투표에서 헨리 포드 1세가 1위로 선발되었다. 그러면 포드 1세가 1910년대에 어떤 방법으로 이렇게 역사에 남을 위업을 달성했는지 살펴보자.

🔹 포드(Ford) 1세의 T모델

20세기 초반까지도 자동차는 일반대중을 위한 상품이 아니었다. 돈 많은 부호나 귀족들만이 자동차를 소유할 수 있었다. 이런 상황에서 헨리 포드(Henry Ford) 1세는 일반대중이 구입할 수 있는 낮은 코스트로 자동차를 생산하여 수요를 창조하고, 소비자의 삶의 질을 향상시킨 기업가가 되었다.

20세기 초반까지 자동차의 제작은 장인(匠人, craftsman)들의 수작업 (手作業)에 의해 이루어졌다. 그러나 주문에 따른 수작업방식은 여러 가지 문제점을 드러내기 시작했으니, 그 하나는 *규모의 경제*를 살리지 못한 데 있었다. 부품의 표준화가 되어 있지 않았기 때문에 한 대를 만드나 열 대를 만드나 원가는 떨어지지 않았고, 생산원가는 높을 수밖에 없었다. 헨리 포드 1세는 이 점에 착안하여 *부품의 표준화 (standardize)에서 생산성 향상과 원가절감의 원천(source)을 찾았다.* 각종 부품의 규격을 표준화하여 동종(同種) 부품 사이에 호환성(互換性, interchangeability)을 실현하면 자동차조립에서 생산성을 높일 수 있고, 코스트가 낮아져서 자동차의 가격을 일반대중의 구매력범위 이내로 내릴 수 있다는 것이 포드의 비전(vision)이었다.

또 부품 사이에 호환성이 실현되면 소비자는 필요한 부품만 사서 자기 차를 직접 수리할 수도 있다는 것이 Ford의 예측이었다. 부품의 호환성이 생산자에게는 생산성 향상과 원가절감을, 소비자에게는 유지보수의 경제성과 사용상의 편의성(便宜性)을 가져다 줄 수 있다는 인과관계(因果關係)를 파악하고 이 비전을 끝까지 추진한 사람이 당시 Ford밖에 없었다는 사실이 흥미롭다. 다행히도 1908년에 정밀공작(工作)기계가 출현했고, 포드는 이를 사용하여 그의 20번째 모델인 T형 자동차생산에 필요한 부품표준화를 실현할 수 있었다.

부품의 표준화를 성공시킨 Ford의 제2혁신과제는 부품의 단순화 (simplify)였다. 예를 들면, 당시 4기통(汽筒) 엔진은 4개의 실린더(cylinder)를 제작한 후 이들을 볼트(bolts)로 조립해서 만들었으나, Ford는 4기통 엔진 블록(engine block)을 단일 주조물(鑄造物)로 만드는 데 성공했다. 이와 같이 부품의 단순화를 통하여 Ford는 당시 자동차에 필요한 8,000여 개의 부품을 5,000개 정도로 감축시키는 데 성공함으로써 생산원가 절감에 박차를 가할 수 있었다.

Ford는 이어 제3의 혁신과제로서 작업의 전문화(specialization)를 추구했다. Ford가 1903년 A모델을 조립할 때는 한 명의 장인이 고정(固定)된 작업대에서 한 대의 자동차를 조립했고, 이 때 걸린 작업주기 (週期)는 514분, 즉 8.56시간이었다. Ford는 복잡한 조립작업을 여러 개의 단순작업으로 세분화한 후, 전문화(specialize)개념을 도입하여 한 작업자가 한 가지 작업만을 전문적으로 수행하게 하였다.

이렇게 전문화된 작업자들이 여러 작업대를 순회하면서 자기가 맡은 작업만을 수행하자 작업주기가 (1913년 8월에는) 2.3분으로 단축되었다. Ford는 여기서 멈추지 않고 1913년 가을 하이랜드 파크(Highland Park)공장에 이동식(移動式) 작업대(conveyor belt)를 설치했다. 작업자들이 한 자리에서만 자기 작업을 하게 함으로써 여러 작업대를 옮겨 다니는 시간을 절약할 수 있었고, 이로써 작업주기는 다시 1.19분으로 단축되기에 이르렀다.

표준화, 단순화, 전문화와 이동식 작업대의 속도에 맞추어 모든 작업을 동시화(同時化, synchronize)하는 4S과정을 통하여 포드는 T모델의 생산원가를 계속 절감시킬 수 있었다. *생산원가*의 절감에 따라 Ford사는 T모델의 *가격을 인하*할 수 있었고, 가격의 인하는 *수요의 확대*로 이어졌으며, 수요의 확대는 다시 *대량생산의 경제성*으로 이어졌다.

이처럼 생산성 향상⇒가격인하⇒수요확대⇒대량생산의 경제성으로 이어지는 *선순환(善循環, benevolent circle)*에 힘입어 T모델의 이윤은 계속 증가해 갔으며, 이에 따라 포드사는 *종업원의 급여*를 (日當 최저임금 $5) 당시 자동차업계 최고의 수준으로 인상했다. 드디어 포드의 대량생산방식은 생산직 근로자도 (자기가 만든) 자동차를 살 수 있게 되는 *풍요의 시대*를 탄생시켰고, 다른 산업분야에서도 적용되기 시작했으며, *이후 50여 년간 공산품(工産品) 생산방식의 주종*을 이루게 되었다.

생산기술에는 생산성과 품질향상을 위한 조직기법과 관리기법이 포함된다. 생산성 향상을 위한 조직원리로서 어떤 방식이 더 좋으냐 하는 것은 시대와 장소, 그리고 문화환경에 따라 달라지는 것 같다. 최근 유럽에서는 컨베이어벨트 생산방식으로부터 *그룹작업방식*으로 전환을 시도하는 회사들이 있다. 컨베이어벨트 앞에서 매일같이 문짝만 달던 사람이 작업조(作業組)의 동료들과 돌아가며 나사도 조이고 바퀴도 끼는 등 일의 내용을 '단순성'에서 '다양성'으로 바꾸었다.

1개 작업조의 규모를 8~15명으로 하여, 그 동안 컨베이어벨트에 종속된 개인 단위의 작업조직이 조(組)단위로 바뀐 것이다. 작업자가 *로봇의 신세를 벗어나 인간으로 되돌아 왔다*고 해서 많은 근로자들이 기뻐하고 있다 한다. 그리고 이런 그룹작업방식을 시작한 회사에서는 생산성이 향상되고 완성차의 불량률이 눈에 띄게 줄어들었다고 한다. 20% 가까이 되던 근로자들의 결근율도 10% 이하로 떨어졌다 한다. 근로자들로부터 작업아이디어가 쏟아져 나오고 창의성과 참여의식이 또한 놀랍도록 높아졌다 한다. 일부 언론들은 이 같은 그룹작업체제 도입을 두고 '가히 혁명적'이라는 표현까지 쓰고 있다고 한다.

그러면 80여 년 전 포드(Ford)가 창안한 컨베이어벨트방식이 유럽에서 서서히 깨지기 시작할 것인가? 개인주의가 강한 서구인들에게서 그룹작업방식이 성공할 수 있을 것인가? 그러나 그룹작업방식에 반대하는 의견도 적지 않다. 이들은 그룹작업을 두고 '사회주의자들의 공연한 소동'이라고 비난한다. 이들의 주장이 근거가 없는 것은 아니다. *그룹작업은 원래 '노동의 인간화'를 내세워 능률보다는 작업의 즐거움을 강조하는 좌파(左派) 사람들의 발상이었다.* 사회주의적 전통이 강한 스웨덴의 볼보사가 그룹작업을 취하고 나온 것도 이런 배경에서이다.

그런데 재미있는 것은 그룹작업 아이디어가 노조가 아니라 경영진에서도 나온다는 점이다. *경영진들은 '노동의 인간화'가 아니라 '생산성 향상'을 위한 고유지책으로 그룹작업을 시도하고 나섰다.* 그러나 이 방식이 컨베이어벨트방식보다 더 높은 생산성을 실현할지는 아직 더 두고봐야 알 것 같다. *어느 방식이 더 좋으냐 하는 것은 그 당시 채택가능한 기술과 조직문화 등 여건에 따라 달라질 수 있을 것이다.*

8.5 정보기술에 의한 코스트 절감

여기서는 정보기술(information technology, IT)이 고객 및 협력사와의 관계를 혁신시킴으로써 코스트 절감에 어떻게 기여하는지 살펴보자.[8]

21세기 소비시장의 4대 추세는 ① 제품의 다양성 증대(increasing pro-
duct variety), ② 제품의 수명주기 단축(shorter life cycle), ③ 제품단가의
절하(lower unit cost), 그리고 ④ 제품의 품질향상(higher product quality)
에 있다고 한다. 이처럼 복잡해지는 소비시장의 수요를 기업이 미리
예측하여 제품을 생산, 그것을 재고로 보관해 놓고 소비자가 원하는
대로 공급하려면 재고비용은 물론 팔리지 않은 제품의 폐기 코스트가
천정부지(天井不知)로 치솟을 것이다. 이러한 어려움을 해결할 수 있
는 솔루션(solution)으로 등장한 개념이 대량주문생산(mass customization)
시스템이다.

이것은 회사가 제품에 필요한 부품과 그 조립과정을 모듈(modules)
화(化)하여 웹사이트에 올려놓은 후, 소비자들이 웹사이트의 주문시스
템을 통하여 자기가 원하는 모듈의 결합사양(configuration)을 결정하고
주문하게 하는 방식이다.

앞 장에서 설명한 델(Dell)컴퓨터 회사의 경우, 모듈형태로 재고에
보관되는 주요 부품은 칩(chip)이나 하드 드라이브(hard drive) 등이고,
소비자의 주문을 받고 이들 부품을 조립하는 데 걸리는 시간은 4분
("4 minutes flat," *The Economist*, July 14, p. 64), 소프트웨어 장착에 요하
는 시간은 90분이라고 한다. 기타 필요한 시간을 합하여 델회사가 주
문받은 PC를 만드는 데 요하는 시간은 겨우 4시간이고, 주문받은 후
보통 3~5일 이내에 고객에게 전달된다고 한다.

델회사의 코스트 절감은 재고 코스트를 줄이는 데서 왔다. *간접판
매를 하는 경우에는 보통 80일분의 재고량을 보유하는 데 비해, 웹
기술을 기반으로 델회사는 단지 8일분의 재고만을 보유한다.* 이렇게
재고를 줄이면 운전자금을 그만큼 수익발생분야로 돌릴 수 있게 된
다. 실제 델컴퓨터회사는 이런 혁신 후 수억달러의 자산을 예금형태

---

2) A long march, *The Economist*, July 14-20, 2001, pp. 63-65.

로 전환하게 되었다.

이와 관련하여 마이클 델(Michael Dell)은 다음과 같이 말했다. "과거에는 물리적 자산(physical assets)이 확실한 힘이었지만, 이제 그것은 부채에 지나지 않는다. *수요에 대한 정보에 완벽히 다가갈수록 재고는 0에 가까워진다.* …… 우리는 물리적 자산을 정보로 대체하고 있다."

웹기술을 이용한 델컴퓨터사의 코스트 절감은 간접 지원부문에서도 왔다. 매주 약 5만명의 고객들이 자기들 *주문의 진전상황*을 점검하기 위해 델 웹사이트를 이용하는데 만일 이들이 (온라인 서비스가 아닌) 전화를 이용한다면 수신자로서 비용을 부담해야 하는 델회사는 1통화당 1달러를 가정해도 1주에 5만달러의 전화료를 부담하게 될 것이다. 또 델 웹사이트에서는 매주 약 9만 개의 소프트웨어 파일(software files)이 다운로드(download)되는데 만약 이런 요청을 9만 번 받아서 우편으로 소프트웨어를 발송한다면 델회사는 매주 15만달러를 써야 할 것이다.[3]

소비자 개개인의 필요와 기호를 모르고 제품을 생산하기 때문에 나타나는 경제적 낭비가 자동차산업의 경우에는 연간 800억달러에 달한다고 한다.[4] 닛산(Nissan) 자동차회사는 만약 소비자의 주문에 의해서만 차를 만든다면(built to order, BTO), 자동차 한 대당 약 3,600달러를 절약할 수 있을 것이라고 계산했다. 이러한 절약은 불필요한 재고비용, 팔리지 않는 차를 헐값에 처분하는 비용 등을 고려하여 계산된 것이다.

이런 문제는 기성의류(旣成衣類)시장에서도 마찬가지이다. 의류회사가 기성복을 만들어 제값을 받고 파는 비율은 보통 30%도 안 된다

---

3) Gates, William H., *Business @ the Speed of Thought*, Warner Books, Inc., N. Y., 1999.
4) Agrawal, Kumaresh, and Mercer, "The False Promise of Mass Customization," McKinsey Quarterly, 2001 Number 3.

고 한다. 나머지는 계절(season)이 끝날 무렵 헐값 세일, 그래도 안 팔린 것은 다음해까지 재고에 보관하는 비용, 1년 후 (유행에 뒤진) 옷을 다시 손질하여 더욱 헐값에 파는 손실, 그리고 소매점포에서 (도둑으로 인해) 없어지는 손실 등을 합치면 그 경제적 손실은 자동차업계의 경우에 버금갈 것이다.

그래서 의류업계에서도 신용과 브랜드(brand)를 확립한 일부 기업들은 자기들이 만들 옷의 색상, 디자인, 사이즈 등을 모듈화하여 웹사이트에 올려놓고, BTO(built to order), 즉 소비자가 직접 색상, 디자인, 각 부위별 사이즈를 결합(configurate)하여 옷을 주문하게 한 후, 기성복보다 높은 가격에 (신용카드로 선불을 받고) 팔고 있다.

이 방법이 (앞에서 설명한 바와 같이) 안 팔린 옷의 헐값처리, 재고비용 및 분실로 인한 손실을 합친 경우보다 오히려 경제적으로 이익이 될 수 있다고 한다. 그래서 이것을 *소비자와의 교류에 의한 경제성(the economy of customer interaction)이라고 정의*하면서, 90여 년 전 Henry Ford가 창설한 대량생산의 경제성 시대로부터 그 이전 시대, 즉 주문생산시대로의 역행(逆行)이라는 의미에서 역행경제(reverse economy) 시대의 도래(到來)라고 부르는 학자들도 있다.

델 컴퓨터회사는 웹 기반 기술을 사용하여 마케팅 솔루션(제7장 참조)을 해결했을 뿐만 아니라 재고비용 및 거래비용(transaction cost)을 절감하여 기업의 이익도 거둘 수 있었다. 기업이 마케팅 솔루션 개발에 성공하여 소비자가 요구하는 가치를 충족시켜도 수익성 솔루션에서 실패하면 기업은 문을 닫을 수밖에 없다. 인터넷 시대를 맞아 인터넷 관련 기업들이 전세계적으로 우후죽순처럼 나타났지만 그들 중 수익성 솔루션에 성공한 기업은 극소수이다. 그만큼 부등식 (8·1)을 만족하기가 어렵다는 말일 것이다.

WTO체제가 경제적 의미의 국경을 무너뜨리면서 무한경쟁이란 유행어가 등장한 후, 생존을 위한 경쟁이 국가간, 기업간에는 물론 같은 직장내의 동료 사이에서도 심각해졌다. 한편, 소비자들은 기업에 대한 기대와 요구수준을 계속 높여 가고 있다. 이러한 시대의 변천이 기업과 개인의 생존을 심각한 곤경(困境, aporia) 속으로 떨어뜨릴 때 우리는 현실을 경외의 눈으로 바라보게 되며, 이미 우리가 알고 있는 지식은 결국 무지(無知)를 폭로하는 것임을 느끼게 된다. 우리가 자만하던 단편적 지식이 침묵하는 수밖에 없을 때 우리는 더욱 철저한 앎(知)에 대한 갈망을 느낀다. 그래서 우리는 인문, 사회, 자연의 모든 계열을 동원한 학제적 접근법(學際的 接近法, interdisciplinary approach)을 생각하기도 한다.

21세기에 우리가 풀어야 할 삶의 문제들은 그 내용이 계속 복잡해져서 인문, 사회, 자연의 모든 지식을 결합한 종합적 접근을 필요로 할 것이다. 인간이 필요로 하는 제품과 서비스의 수준이 어디까지 치솟아야 하는가를 우리는 인문사회과학에서 찾아야 할 것이고, 60억이 넘는 인류의 필요, 아픔, 정서를 만족시키면서 환경과 에너지 코스트를 낮출 수 있는 생산방식은 자연과학에서 찾아야 할 것이다.

그러나 우리가 아무리 현명한 솔루션을 추구한다 해도 그것은 결국 제7장의 부등식 (7·1)과 제8장의 부등식 (8·1)의 지배를 벗어날 수는 없을 것이다. 제9장에서는 이들 두 부등식을 결합하여 기업이 가야 할 길을 모색해 보자.

제품의 가치, 가격, 원가 사이의 관계

9.1 생존부등식

제품을 구입하는 소비자의 입장, 즉 제7장의 부등식 (7·1)과 제품을 공급하는 기업의 입장, 즉 제8장의 부등식 (8·1)을 결합하면 부등식 (9·1)이 탄생한다.

$$제품의 가치(V) > 제품의 가격(P) > 제품의 원가(C) \qquad (9·1)$$

위의 부등식 (9·1)에 의하면 소비자가 제품으로부터 느끼는 가치는 그 제품의 가격보다 커야 하며, 또 그 가격은 공급자에게 소요(所要)된 원가(코스트와 동의어로 사용함)보다 커야 한다. 이것은 공급자와 소비자가 서로 반대급부(反對給付)를 주고받으면서 '너 살고 나 살고'의 삶을 실현하기 위한 필요조건이다. '주고받음'의 삶을 가능하게 하는 이 조건을 '생존부등식(the inequality for survival)'이라고 부르자.

생존부등식은 (제품 혹은 서비스에 대해서 뿐만 아니라) 개인 하나하나의 인생살이에도 적용된다. 어느 직장에 취직해 있는 개인은 노동(labor)이라는 서비스를 직장에 '주고(제공하고)', 그 직장으로부터 봉급(俸給)이라는 반대급부를 '받는다.' 이 때 직장은 이 개인이 고용할 만한 '가치(V)'가 있다고 느껴야 그를 계속 고용할 것이고, 이 개인은 그가 받는 봉급(가격, P)이 그의 생계비(코스트, C)보다 커야 살아갈 수 있다. 생존부등식을 만족시키지 못하면 기업이 패망하는 것처럼, 생존부등식을 만족시키지 못하면 개인도 결국 직장을 잃을 수밖에 없을 것이다.

기업이 부등식 (9·1)의 좌측 부등호를 얼마나 잘 만족시키느냐에 의해 그 기업의 효과성(效果性, effectiveness)이 결정된다. 기업이 아무리 열심히 제품을 만들어도 그 제품에 대해 소비자가 별 가치(V)를 느끼지 않으면 기업이 일한 성과는 무효나 다름없기 때문이다. 기업이 생존부등식의 우측 부등호를 얼마나 잘 만족시키느냐에 의해 그 기업의 효율성(效率性, efficiency)이 결정된다. 기업이 비효율적이면 코스트(C)가 그만큼 커지고 따라서 제품의 가격(P)이 높아져야 한다. 그러나 가격이 너무 오르면 그 제품은 소비자로부터 거부당하여 기업이 살아갈 수 없다.

일시적으로는 소비자가 속아서 상품을 구입할 수도 있고, 생산자가 밑지면서 제품을 팔 수도 있다. 그러나 소비자를 기만하는 일이 오래 지속될 수 없고, 공급자가 밑지면서 파는 데도 한계가 있다. 장기적이고 안정적인 차원에서는 생존부등식의 두 부등호가 모두 만족되어야만 기업과 소비자 모두의 생존이 가능하다. 생존부등식의 좌측 부등호가 만족되면 소비자가 느끼는 제품의 가치(V)에서 가격(P)을 제한값이 0보다 크기 때문에 $V-P>0$이 성립한다.

$(V-P)$를 소비자 순혜택(consumer's net benefit)이라고 부르자.

생존부등식의 우측 부등호가 만족되면 기업이 제품을 공급하고 그 대가로 받은 가격(P)에서 코스트(C)를 제한값이 0보다 크기 때문에 $P-C>0$이 성립한다.

$P-C>0$을 공급자 순혜택(supplier's net benefit)이라고 부르자.

기업이 생존부등식을 만족시키면 그 기업은 제품 한 단위를 팔 때마다 [그림 9·1]에 나타난 것처럼, 소비자 순혜택 $V-P$를 소비자에게 '주고', 공급자 순혜택 $P-C$를 '받음'으로써 '주고받음'의 삶을 실현하게 된다.

따라서 생존부등식을 만족시키는 기업은 *소비자 순혜택*($V-P>0$)을 소비자에게 '주는' 은혜로운 존재이며, 그가 '받는' *공급자 순혜택*($P-C>0$)은 도덕적으로 정당한 부(富)의 원천이 된다. 그래서 금세기의 산업과 경제발전을 평하는 어느 연설에서 철학자 화이트헤드(Alfred N. Whitehead)는 "*기업인들이 그들의 기능(機能)을 위대하게 생각하는 사회는 위대하다(The society is great in which men of business think of their function greatly)*"고 말했다.

기업을 부도덕한 이윤추구집단으로만 매도하는 경향이 있는 오늘날 화이트헤드의 이 말에 정당성을 부여할 수 있는 이론이 생존부등식이다. 생존부등식의 좌우 두 부등호는 상호독립(相互獨立, mutually independent)이 아니다. $V>P$가 성립하여 제품의 판매량이 충분히 증가하면 규모의 경제가 성립하여 코스트(cost)가 내려갈 수 있고, 그러면 $P>C$가 실현될 수 있기 때문이다.

생존부등식의 좌측 부등호, 즉 $V>P$가 만족되지 못하면서 우측 부등호 $P>C$가 만족되는 일은 (소비자가 기만당하는 경우를 제외하고는) 있을 수 없다. 또 어느 기업이 그의 제품가격을 낮게 책정하여 $V>P$를 만족시킨다고 해도, P가 너무 낮아서 $P>C$가 실현되지 못하면 그 기업은 적자의 누적으로 인하여 결국 패망하게 된다. 이처럼 생존부등식의 좌우 두 부등호는 서로 연결되어 있으면서 공급자와 소비자 모두에게 '너 살고 나 살고'의 삶을 실현할 수 있게 하는 제약조건 역할을 한다.

따라서 기업의 목표는 ① $V-P>0$을 실현하기 위하여 제품의 가치 V를 높이고 가격 P를 낮추는 일과, ② $P-C>0$을 실현하기 위하여 제품의 가격 P를 높이고 코스트 C를 낮추는 일이 된다. 여기서 가격 P는 ①에서는 낮춰야 하고, ②에서는 높여야 하는 진퇴양난(進退兩難)에 부딪친다. 그러면 가격(P)은 어떻게 결정되는지 살펴보자.

9.2 | 가격(P)은 어떻게 결정되나

영국 런던에 있는 어느 한국음식점에 한국 모기업의 K회장이 들렀다. 현지의 지사 직원들과 식사를 하러 온 K회장은 메뉴를 훑어보고, "어유, 왜들 이렇게 비싸?" 하며 놀랐다. 그도 그럴 것이 된장찌개 하나가 미화로 환산하여 20달러가 넘었기 때문이다. "이렇게 받아도 적자여요" 하고 여주인이 울상을 지으며 말했다. "이렇게 받으니까 적자지!" K회장은 단호하게 대답했다. K회장의 불만은 엄포가 아니었고, 그는 값이 비교적 싼 비빔밥 한 그릇만을 들고 나왔다. 같이 온 다른 사람들도 마찬가지였다. 한국 굴지 기업의 회장으로부터 큰 매상을 올릴 줄 알았던 음식점 주인도 실망했을 것이다.

그러면 "이렇게 (비싸게) 받으니까 적자지!" — 이 말의 의미는 무엇인가? 값을 얼마로 받아야 이익이 난단 말인가? 단순히 생각하면 비싸게 받을수록 이익이 커질 것 같다. 그러나 경제학의 기본원리의 하나인 수요와 공급의 법칙에 의하면 *어떤 상품의 값이 비싸질수록 그에 대한 수요량은 줄어든다.* 한국요리가 비싸면 런던에 온 한국인들조차 중국음식이나 기타 다른 요리를 먹을 것이다. 또 음식값을 싸게 받으면 그만큼 손님이 많아지고 매상이 늘 것이다.

매상이 늘면 규모의 경제로 코스트가 낮아질 수도 있고, 그러면 적자가 아닌 이익이 날 수도 있다. "이렇게 (비싸게) 받으니까 적자지!"라고 한 K회장의 말에는 이런 경제원리에 대한 이해가 담겨 있었을 것이다. 한국 대기업의 회장이 비싼 음식 못 먹을 형편도 아니었겠지만, 한국 교민에게 비즈니스의 원리 하나를 깨우치게 하기 위하여 비빔밥 한 그릇으로 불만을 표시하고 나왔을 것이다.

그러면 기업은 제품가격을 어떻게 책정하는 것이 좋은가? 만약 예의 한국음식점 주인이 K회장을 찾아가서 음식값을 어떻게 정하면 좋겠냐고 자문을 요청하면 K회장은 답을 줄 수 있을까? 유감스럽게도 K회장뿐만 아니라 어느 누구를 불러와도 시원스런 해답을 얻을 수는 없을 것이다. 그렇다고 가격결정에 관한 이론이 없는 것도 아니다. 우선 이에 관한 이론을 살펴보자.

<이론 1> : 원가기준 가격결정법(cost-plus pricing) ·················

생존부등식 (9·1)의 우측 부등호가 만족되어야 기업이 살아갈 수 있으므로 원가(cost, C)에 일정수준의 이익을 가산하여 가격을 정해야 한다는 이론이 있다. 예컨대, 어떤 제품의 변동비가 1만원이고, 고정비가 2억원, 예상판매량이 4만개라고 해보자. 그러면 이 제품의 단위당 원가는

$$변동비(1만원) + (2억원 ÷ 4만개) = 1만5천원$$

원이다. 만약 이 회사가 판매가격의 20%를 이익으로 남기고자 한다면 이 제품의 가격은

$$1만5천원 ÷ (1 - 0.2) = 1만8천750원$$

이 되어야 한다.

그런데 이러한 원가기준 가격결정법은 논리적 결함을 가지고 있다. 제품의 단위당 원가는 (규모의 경제원리가 작용하므로) 판매량의 증감에 따라 달라지며, 또 판매량은 (예의 런던 음식점 경우에서 설명한

것처럼) 가격에 따라 달라지기 때문이다. 그러나 군수납품(軍需納品)이나 건설수주(受注)처럼 계약에 의해 *판매량이 확실하게 결정되는 경우*에는 이 방법이 타당할 수 있다.

<이론 2> : 목표수익률에 의한 가격결정법(target-return pricing) ·······

기업은 투자된 자금의 총액으로부터 어떤 수준의 수익률을 기대하게 마련이다. 기업은 자금을 조달할 수 있는 금융환경 여하에 따라 상이한 투자수익률을 기대할 것이다. 예컨대, (신용이 확실한 은행으로부터 10%의 이자를 받을 수 있는 금융환경 속에 있는) 기업은 최소한 10% 이상의 수익률을 기대해야 어떤 투자를 할 것이다. 앞의 <이론 1>에 예로 든 기업이 최소한 10%의 투자수익률(return on investment, ROI)을 원한다고 가정해보자. 이 기업의 투자액이 총 4억원이라면 이 기업은 제품 한 단위당

단위원가 + (투자수익률 × 투자금액 ÷ 예상판매량)

즉,

1만5천원 + (0.1 × 4억원 ÷ 4만개) = 1만6천원

의 가격을 받아야 된다. 이러한 목표수익률에 따른 가격결정법은 투자자에게 적절한 이익을 제공해야 할 의무를 지는 기업(예, 정부투자기업)이나 *경쟁자가 없는 독점기업*에서 주로 사용된다.

그러나 이상 두 가지 방법은 모두 경쟁사의 가격정책을 고려하지 않았고, 소비자의 입장을 무시했다는 비판을 면할 수 없다. 그래서 경쟁가격을 고려한 가격결정법과 소비자가 느끼는 가치를 기준으로 하는 가격결정법이 나타났다.

<이론 3> : 경쟁가격을 고려한 가격결정법(going-rate pricing) ··········

이 방법은 같은 업종분야에서 경쟁을 벌이고 있는 다른 경쟁회사

들의 가격에 따라 자사제품의 가격을 정하는 방법이다. 비행기의 항공요금에서부터 라면 한 봉지의 가격에 이르기까지 시장이 몇몇 기업에 의해 과점(寡占)되어 있는 경우에는 이런 방식에 의해 가격이 정해지고 있다. 이 몇몇 회사들이 경쟁을 회피하기 위하여 가격담합을 한다면 이것은 소비자에게 피해가 되기 때문에 국가로부터 제재(制裁)를 받게 된다.

(과거 우리 나라의 자동차 휘발유 소매시장에 쌍룡정유가 뛰어들었을 때처럼) 과점시장에 어느 회사가 신규로 진입하거나 시장점유율을 늘리기 위해 공격적 경쟁을 펼칠 경우에는 경쟁회사보다 싼 가격으로 제품을 내는 수도 있다. 그러나 이런 정책은 자사의 *자금여력과 원가절감능력 여하*에 의해 제약된다.

<이론 4> : 소비자가 느끼는 가치에 의한 가격결정법(perceived-value pricing)

이것은 소비자가 제품으로부터 얻게 되는 가치(value, V)를 고려하여 그 제품의 가격(price, P)을 결정하는 방식이다. 이 방식을 (비록 가명을 사용했지만 실재했던) 한국기업의 사례를 통하여 살펴보자.

• *AKC사 케이스*

한국의 A중공업(익명)은 선박과 산업기계를 생산하는 세계적 규모의 제조기업으로서, 1989년 독일 클뢰크너(Kloeckner)사의 기술을 도입하여 사출성형기(射出成形機)를 제조하기로 하고, 동사와 50 대 50의 합작법인 AKC사를 설립했다. 사출성형기는 플라스틱원료를 가열, 용융(熔融)하여, 원하는 모양의 금형(金型)에 고압으로 주입, 냉각, 응고시킨 후 금형을 개방(open)하여 플라스틱 성형품을 생산해내는 기계이다.

사출성형기의 핵심기술은 제어(control)장치 속에 있으며, A중공업은 클뢰크너 사출성형기 속에 들어 있는 제어기술을 배워서 A중공업의 주력제품인 선박 및 산업기계의 기술수준을 첨단화한다는 것이 사업진출 목표였다. 플라스틱컵이나 생활용품수준의 물건을 찍어내는 사출성형기는 정밀도가 크게 문제되지 않는다.

그러나 정교한 제품의 플라스틱부품을 생산하려면 높은 정밀도를 갖는 사출성형기가 필요하다. 나뭇조각이 건조되면서 조금씩 뒤틀리듯, 사출되어 나온 부품이 식으면서 10분의 1mm 정도만 뒤틀려도, 이 부품이 완제품의 조립공정에 투입되었을 때 자동조립라인을 정지시키는 문제가 발생하기 때문이다.

따라서 정밀도를 요하는 플라스틱부품을 성형해내는 사출성형기는 압력, 온도, 속도 등의 상태변수(state variables)를 엄격히 통제하면서 작동되어야 한다. 어떤 외부적 요인(예, 온도나 기압의 변화)에도 불구하고 사출성형기가 상태변수를 일정하게(constantly) 유지하는 제어(control)능력을 *항상성(恒常性, homeostasis)*이라고 부른다. 클뢰크너사 사출기는 *내부자동제어(內部自動制御, closed-loop control system, CLCS)*기술

잠깐 쉬어갑시다

인간이 만들어내는 모든 기계의 원리는 알고 보면 인체(human body)의 모방이다. 카메라는 사람 눈의 모방이고, 건설현장의 굴삭기(excavator)는 손과 관절의 모방, 컴퓨터는 두뇌의 모방이다. 인체내의 혈당 제어방식을 예로 들어 내부자동제어(closed-loop control system)와 외부개입제어(open-loop control system)를 설명해보자.

내부자동제어는 인체 내부에 있는 센서(sensor), 즉 신경계가 체내의 혈당수준을 측정해서 췌장으로 하여금 인슐린(insulin)을 분비하게 하여 자동으로 혈당수준을 제어(control)하는 (자연의) 원리이다. 그러나 인체의 이러한 자동조절장치에 고장(당뇨병)이 생기면 인슐린 조절이 자동으로 되지 않기 때문에, 인체 외부에서 의사가 개입하여 혈당치를 측정, 인슐린 주사를 놓아주는 것이 외부개입제어 원리인 셈이다.

에 의한 우수한 항상성을 지니고 있었다. 정밀도가 낮은 보통수준의 사출성형기들은 *외부개입제어(外部介入制御, open-loop control system)*기술에 의존한다.

CLCS기술을 장착한 사출성형기에서는 상태변수의 변동을 기계 속에 내장된 센서(sensor)가 스스로 감지(感知)하여 그 오차를 스스로 교정함으로써 상태변수의 항상성(homeostasis)을 유지한다. 항상성이 좋은 사출성형기는 제품의 불량률을 낮출 뿐만 아니라, 기계 옆에 작업자가 붙어 있을 필요가 없으므로 인력절감효과가 크고, (자동화효과로) 단위시간당 생산성도 높다.

이러한 불량률 및 노동력절감, 생산성 향상 등을 화폐가치로 환산할 때 (기존의 OLCS사출기보다) 클뢰크너 사출기가 3,000만원의 가치(value)가 더 있다고 AKC사는 계산했다. OLCS 제품들이 당시 3,000만원에 팔리고 있었으므로 AKC사의 CLCS 제품에 대해서는 소비자가

$$3,000만원 + 3,000만원 = 6,000만원$$

의 가치를 느낄 것이라고 AKC는 생각했다. 그리고 독일에서 수입해 오는 주요 부품을 단계적으로 국산화하면 클뢰크너 사출기의 단위당 총원가는 3,500만원 정도가 될 수 있다고 AKC는 계산했다. 따라서 당사는 신제품의 가격(P)을

$$6,000만원 > 가격(P) > 3,500만원$$

사이에서 결정할 수 있다고 생각했다. 여러 가지 전략적 고려에서 AKC는 최초의 보급가격을 5,000만원으로 정했고, 따라서 생존부등식 이론에 의하면 AKC사는 6,000만원－5,000만원＝1,000만원의 순가치(net value)를 소비자에게 '주고(기증하고)', 5,000만원－3,500만원＝1,500만원의 이익을 '받을 수(거둘 수)' 있다고 생각했다. AKC사의 사출성

형기사업이 그 뒤에 어떻게 되었는지는 뒷장에서 살펴보기로 하자.

AKC케이스처럼 고객이 느끼는 가치를 기준으로 제품가격을 결정하는 방법은 고객측 사정을 고려할 뿐만 아니라 *경쟁제품의 가격과 자사제품의 원가를 모두 고려*한다는 점에서 가장 합리적인 방법이다. 그러나 소비자가 느끼는 가치를 계산하기가 현실적으로는 어렵고, 자사 제품의 원가가 산출량에 따라 변한다는 문제가 근본적으로 해결된 것도 아니다. 이처럼 가격을 결정하는 이상적인 방법을 발견한다는 것은 실제적으로 어려운 것이다.

따라서 기업은 제품의 가치를 높이기 위한 노력을 계속하면 $V-P$ 가 커지고 그러면 매출이 증가해서 규모의 경제로 $P-C$가 커진다는 우직한 믿음을 따르는 것이 오히려 현실적인 길 같다. 기업의 역사를 살펴봐도 장기적으로 성공한 제품은 $V-P$를 크게 한 제품이었다. 사례를 통해 이 사실을 확인하자.

9.3 | V-P가 큰 제품이 장기적으로 성공한다

기업이 제품의 가치(V)를 높이고 가격(P)을 싸게 하여 소비자 순혜택($V-P$)을 가능한 한 높이면 매출액이 증가한다는 것은 경영의 기본이다. 라면의 역사를 통하여 이 사실을 확인하자. 라면은 1958년 일본에서 개발되었고, 1963년 삼양식품(주)에 의해 우리 나라에 최초로 도입되었다. 당시에는 라면이 생소한 상품이었기 때문에 라면회사는 서울역 광장에 가마솥을 걸어놓고 라면을 끓여서 지나가는 사람들에게 시식시키면서 제품을 나눠주기도 했다.

오늘날 우리 나라 국민의 일 년간 라면 소비량은 38억개 정도이므로 1인당 연간 84개를 소비하는 셈이다. 라면이 이렇게 성공적인 제품이 된 이유 중 하나는 가격(P)이 저렴하다는 데 있을 것이다. 라면 가격과 경쟁제품 자장면의 가격을 비교하면서 자장면에 비해 오늘날 라면의 소비가 월등히 많은 이유를 설명해 보자. 1986년 처음 판매될 당시 200원 하던 '신라면' 한 봉지의 가격은 15년이 지난 2001년 480원이 되었다.

통계청 자료에 따르면 1986년 자장면 한 그릇의 가격을 전국 평균하면 647원으로서 이것은 '신라면' 한 봉지의 3.235배이다. 15년이 지난 2001년 자장면 한 그릇의 전국평균가격은 2,474원이므로 이것은 '신라면' 5.154 봉지값인 것이다. 자장면의 가격보다 라면의 가격이 상대적으로 훨씬 싸졌고, *이런 경제성원리가 라면이 자장면을 제치고 한국에서 가장 사랑받는 분식제품이 되게 했을 것이다.*

저렴한 가격정책은 후발 경쟁기업의 난입을 막는 방파제 역할도 할 수 있다. 스낵제품 '새우깡' 케이스를 가지고 이 사실을 설명하자. 새우깡은 설탕과 기름의 함유가 적어서 많이 먹어도 배탈날 염려가 없는 스낵이라는 주제(theme)로 1971년 개발된 제품이다. 새우깡의 성공은 오늘날까지 30여 년을 이어오고 있지만 그 동안 새우깡의 가격은 계속 *'입석 시내버스요금보다 싸게'*라는 수준에서 유지되고 있다.

예컨대, 시내버스요금이 600원이면 새우깡 한 봉지의 가격은 500원수준이다. 이 케이스는 기업이 신제품개발에 성공했다 하여 가격을 최대한으로 높여 받음으로써, 단기적 이익을 극대화하는 것이 현명한 방법이 아니라는 진리를 말해준다. 새우깡의 가격을 싸게 유지했기 때문에 다른 기업들이 모방제품을 만들어 대항하려 했으나 규모의 경제에 도달하지 못하여 대개 실패하고 말았다.

가격이 싼 제품은 시장점유율(market share)을 먼저 높여놓은 기업이 규모의 경제를 독점하기 때문에 후발기업이 (특별히 다른 이점이 없는 한) 따라오기 어렵게 한다. 만약 새우깡의 가격을 높이 받는 전략(strategy)을 택했다면 당시의 이익은 극대화시킬 수 있었겠지만 오늘까지 30년 이상 장수하는 베스트셀러를 유지하기는 어려웠을 것이다. 그러나 이러한 이론은 새우깡이나 라면처럼 시장이 안정된 전통제품 영역에서나 가능하다. 첨단기술제품에서는 다음과 같이 문제가 달라진다.

1980년대 이후 메모리 반도체업체들은 약 18개월 간격으로 차세대 제품을 출시했다. 이러한 첨단기술분야에서는 제품의 짧은 수명주기 동안에 개발 및 생산비를 확보하고 이익을 극대화해야 하므로 저렴한 가격정책을 쓰기 어렵다. 그래서 *첨단기술분야에서는 소위 '시장에의 진입시간(time to market)'을 최소화해서 독점가격의 혜택을 최대화하는 전략*이 많이 채택된다.

이와 관련하여 재미있는 케이스 하나를 살펴보자. 2001년 6월 15일자 *USA TODAY*지는 제1면에 [그림 9·2]와 같은 컬러사진을 실었다. 이것은 일본의 시코쿠(Shikoku)지방에서 어느 농부가 생산한 6면체(面體)모양으로 자란 수박이다. 이 농부는 수박이 둥글기 때문에 굴러다녀서 보관이 어렵다는 문제를 해결하기 위해 수박을 육면체의 플래스

◯ **[그림 9·2] 일본에서 개발된 육면체 수박**

틱 용기에 넣어 키웠다고 한다. 기발한 아이디어였다. 그런데 이 농부는 이 수박을 (미화로 환산하여) 무려 82달러의 독점가격으로 시장에 내놓았다. 아마 노력 코스트가 그만큼 많이 들어갔기 때문인 것 같다.

그러나 그 뒤로 이 수박이 많이 팔렸다는 소식은 들리지 않았다. 보관이 쉽다는 6면체 수박의 가치(V)가 82달러의 높은 가격(P)을 넘지 못할 것이다. 소비자는 제품의 가치(V)만 보고 구매를 결정하지 않는다. *소비자에게 중요한 것은 가치에서 가격을 뺀 격차, 즉 $V-P$인 것이다.* 따라서 (제품의 라이프사이클이 짧은 첨단기술분야를 제외하고는) 기업이 개발한 신제품을 장기적으로 성공시키려면 $V-P$를 최대화하려고 노력해야 할 것 같다.

9.4 | 기업의 길(운동궤도)

이상에서 살펴본 바와 같이 기업이 V를 충분히 높이고 C를 충분히 낮출 수 있으면, V와 C 사이의 간격이 넓어지고, 이렇게 되면 기업은 이 사이 어느 점에 P를 전략적으로 위치시킬 수 있다. 그러므로 기업의 기본적 목표는 V를 높이고 C를 낮추는 두 가지 일로 압축된다. 산업과 경제의 발전이 미진한 후진국 시절에는 일반적으로 수요에 비해 공급이 부족하다.

이런 상태에서 소비자는 까다로울 수 없고 제품 혹은 서비스가 불만족스러워도 그대로 참는다. 그러므로 후진국 기업인들은 (V를 높이는 일보다는) C를 낮추는 일에 몰두한다. 그래서 1980년대 초까지도 우리 나라 기업의 주관심사는 원가절감, 생산성 향상에 있었다. 그러나 세월이 흐르면서 산업과 경제가 발전하게 되면 시장에 물건이 범람하게 된다.

동종의 제품은 물론 서로 대체(代替)가능한 제품들이 쏟아져 나오면서 제품끼리 경쟁이 심해지고, 소비자들은 가격뿐만 아니라 제품의 품질과 성능을 비교하면서 선택에 임한다. 이렇게 되면 생존부등식의 좌변 *V*가 우변 *C*에 못지 않게 중요해진다.

여기서 우리는 생존부등식의 좌변, 즉 가치(*V*)창조의 경영과 우변, 즉 원가(*C*)절감의 경영 중에 어느 쪽이 더 중요하냐고 물을 수 있다. 여기에 대한 답은 타원(橢圓)의 개념을 사용하여 설명할 수 있을 것이다. 타원은 두 개의 초점(focus)으로부터 거리의 합(合)이 같은 점(point)의 운동궤도(locus)이다.

● [그림 9·3] 기업의 운동궤도(길)

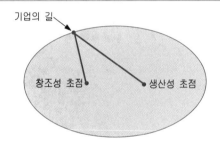

기업은 가치창조(*V*↑)를 하나의 초점으로 하고, 원가절감(*C*↓)을 또 하나의 초점으로 하는 타원의 궤도 위에 있다고 말할 수 있다. 따라서 기업이 가치창조(*V*↑) 위주의 경영을 하기 어려운 입장에 있으면 원가절감(*C*↓)에라도 충실해야 한다. 가치창조(*V*↑)와 원가절감(*C*↓) 모두로부터 멀어지면 기업은 운동궤도를 이탈하게 되므로 생존불능에 빠진다.

독일 베를린(Berlin) 근교에 있는 작은 도시 바이마르(Weimar)에는 문호 괴테(J. Goethe)와 쉴러(F. Schiller)가 다정히 손을 잡고 서 있는 동상이 있다. 괴테와 쉴러는 동시대인(同時代人)으로서 18세기 독일 문단의 두 거장이었다. 생존시에 이 두 사람은 서로 우열을 가리기 어려울 만큼 난형난제(難兄難弟)의 라이벌이기도 했다.

그래서 어느 누가 괴테에게 물었다 한다. "당신들 괴테와 쉴러 두 사람 중 누가 더 위대한 작가요?" 이 질문에 괴테는 "더 위대한 어느 하나보다, 누가 더 위대한지 모르는 둘이 더 좋지 않소!" 하고 대답했다고 한다. 기업이 잘 되기 위해 생존부등식의 좌변 가치창조(V↑)형 경영과 우변 원가절감(C↓)형 경영 중 어느 것이 더 중요하냐고 묻는다면, 여기에 대한 답도 괴테의 답변과 같게 될 것이다.

기업경영의 실제(1):
주제의 정립과 관리

10

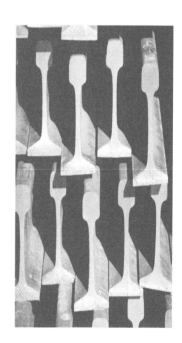

10.1 창조의 원점에는 주제가 있다

우리 나라가 저렴한 인건비로 경쟁력을 유지할 수 있었던 1980년
대 중반까지 경영자들의 주요 관심사는 생산성 향상에 있었다. 그러
나 인건비 우위가 사라진 오늘날 우리 기업은 (생산성 향상 노력은 계
속하면서) 창조성 발휘, 즉 가치의 창조에서 새로운 활로를 모색해야
한다. 그러나 그 동안 우리가 생산성 문제에만 열중해 왔기 때문에
창조성에 대해서는 아직 방법론조차 정립되어 있지 않다.

이 장에서는 창조성 발휘의 출발점이라고 말할 수 있는 주제(主題,
theme, motif)의 정립과 그 관리에 관하여 논의하자. 우리 가곡 '그리운
금강산'의 첫 구절은 *"누구의 주제런가, 맑고 고운 산 ……"*으로 시
작된다. 이 세상에는 무수히 많은 산들이 있고, 그 중에는 별 특징이
없는 밋밋한 것들도 많다.

그러나 금강산의 아름다움은 누구(아마도 조물주?)의 독특한 주제
하에서 창조되었기에 오늘 저렇게 존재할 것이라고 (작사자) 한상억 시
인은 느낀 것 같다. 베토벤(Beethoven)의 '운명' 교향곡도 "운명이 이렇
게 문을 두드린다"라고 알려진 첫 소절의 주제(motif)로 인하여 오늘날,
특히 더 사랑받는 것 같다. 이처럼 예술세계에서 창조의 출발점에 주제
의 정립이 있는 것이 분명하지만, 창조는 예술분야에만 머물지 않는다.

어느 민족의 역사를 그 민족의 창조물이라고 보면 우리 민족의 역
사에도 주제가 있었다. 일본 통치하에 있던 36년 동안 우리 민족이
추구한 주제는 *항일독립*이었다. 이 주제는 당시 애국지사, 독립운동가
는 물론 예술가, 문인, 일반백성에게 이르기까지 그 시대를 풍미(風靡)
한 민족의 정신이었다. 김영랑(金永郎) 시인의 '모란이 피기까지는'에
나오는 *"찬란한 슬픔의 봄"*이란 시구(詩句)에도 항일독립의 주제가 숨

어 있다.

일제의 강점(强占)으로부터 해방이 없는 한 이 땅에 봄이 오고 모란이 피어도 그것은 "찬란한 슬픔의 봄"에 불과하다는 정서가 이런 시구를 탄생시켰을 것이다. 1945년 해방이 되고 남북이 분단, 6·25 전쟁으로 이어지면서 남한의 정치적 주제는 *반공*(反共, *anticommunism*)이었다. 그 때는 반공이라는 명분하에 독재정치까지도 정당화되던 시절이었고, 그 독재정치가 드디어 4·19혁명을 불러왔다.

박정희 대통령이 부임하면서 새로운 주제가 정립되었으니 그것은 *가난퇴치*였고, 이 주제는 우선 '보릿고개'의 퇴치로 이어졌다. 당시 우리 나라 재래종 볍씨로는 300평(1단보)당 400kg의 수확밖에 올릴 수 없었기 때문에 단위면적당 더 많은 수확을 거둘 수 있는 볍씨를 개발하는 것이 문제를 푸는 방법론이었다.

그래서 박정희 대통령은 중앙정보부(中央情報部, 오늘의 국가정보원)의 해외 주재원에게 지시하여 단위면적당 수확량이 많은 볍씨를 수거(收去)해 오도록 지시했다. 이렇게 하여 선정된 볍씨가 이집트의 '나다'였고, 정부는 이 볍씨에 '희농(熙農) 1호'라는 이름을 붙여 실험재배에 들어갔다. 그러나 우리 나라는 이집트보다 온도가 낮고 태풍이 많기 때문에 희농 1호는 *냉해*(冷害)와 *풍해*(風害)로 인해 기대수확량을 거두지 못했다.

결국 우리 풍토에 맞는 품종을 우리 스스로 개발해야 한다는 신념하에 우리 나라의 농학자(農學者)들은[1] (일 년 내내 미작재배 실험이 가능한) 필리핀의 국제미작연구소(International Rice Research Institute)에 가서 300평당 624kg의 수확을 올릴 수 있는 신품종 IR667 개발에 성공했다. 이것이 통일벼이고 이 볍씨로 1974년에 3천만 석을 수확했고, 매년 파종면적을 넓혀가면서 1977년에는 4천1백8십만 석을 수확하여 쌀

---

1) 서울대학교 농과대학 허문회(許文會) 박사 등.

이 남아도는 시대를 창조했다.

경제개발이라는 시대적 주제는 '새마을운동'과 결합하여 증산, 건설, 수출 운동으로 이어지면서 세계를 놀라게 하는 경제성장을 가져왔다. 그러나 경제규모 *세계 12위라는 자만*에 빠진 우리는 1980년대 중반에 접어들면서 주제가 분열되기 시작했다. 정치가들은 경제논리보다는 정치논리로, 국민은 근검보다 과잉소비로, 기업은 내실보다 외형과시로, 노동조합은 생산성을 무시한 임금인상으로 질주하면서, 과연 무엇이 우리 시대의 중심 주제인지를 망각한 채로 18년을 지냈다.

헤겔(Georg Wilhelm Friedrich Hegel, 1770~1831)이 그의 역사철학에서 사용한 용어를 빌면 이것은 '시대정신(Zeitgeist)'의 상실이었고, 그 결과 우리는 1997년 IMF 구제금융 위기를 맞았는지 모른다.

10.2 조직의 경영에서 주제의 역할

기업이나 국가 같은 조직을 이끌어 가는 데 있어서도 주제는 그 조직의 성패(成敗)에 중대한 영향을 미치는 것 같다. 국가의 예로서 주제정립이 분명한 나라의 하나에 스위스를 꼽을 수 있고, 스위스는 영세 중립을 국정의 주제로 채택하고 있다. 스위스는 경작가능한 땅이 국토의 5%밖에 되지 않는 악조건하에서 독일, 프랑스, 이탈리아, 오스트리아 등 강대국 틈에 끼어 있다.

이런 강대국들 사이에서 독립을 유지하기 위해 스위스는 영세중립을 선언하고 UN에는 물론 EU에도 가입하지 않고 있다. 이런 정치적 기구에 가입하면 투표에 참여해야 하고, 그렇게 되면 완전한 중립을 지키기가 어렵기 때문이다. 이렇게 주제를 정립한 스위스는 온 국민이 일치단결, 경제발전에만 노력한 덕분에 1인당 국민소득 세계제일의 나라를 만들었다.

기업 차원에서 주제를 분명히 정립한 예로서 거버(Gerber)주식회사를 살펴보자. Gerber사의 창업자인 거버(Den Gerber)는 자기자신의 첫 아기에게 이유식으로 무엇을 먹어야 할지 몰라서 안타까워 하다가, 이런 부모들이 많을 것이라는 생각으로 소아과의사에게 문의하여 배운 지식을 가지고 이유식(離乳食)사업을 시작했다. 그는 *아기에게 옳은 것(what is right to babies)*을 사업의 주제로 선정하여 살충제나 제초제가 검출되지 않는 식품에 착안했다.

Gerber사는 지금도 유아의 영양과 안전연구에서 세계 제일의 연구소를 가지고 있고, 이 분야에서 미국시장의 70%를 점유하고 있다. Gerber사처럼 기업이 주제를 정립하고, 그 주제를 고수한다는 것은 *"선택과 포기를 분명히 한다"*는 의미가 된다. 선택과 포기는 이율배반적 개념 같지만 선택은 선택하지 않은 것의 포기를 수반한다는 의미에서 동전의 양면과 같은 개념이다.

잠깐 쉬어갑시다

선택과 포기의 문제와 관련하여 교훈적인 동화 한 편을 살펴보자. 중세 유럽의 한 소녀에게 청혼이 들어왔다고 한다. 청혼자의 한 사람은 왕관을 물려받을 어느 나라의 황태자였고, 또 한 청혼자는 당시 여성들에게 선망의 대상이 되어 있는 기사(knight)였으며, 또 다른 한 사람은 부유한 상인의 아들이었다고 한다. 이 소녀는 세 사람 모두가 마음에 들어 선택을 못하고 망설이며 시간만 끌게 되었다. 소녀가 시간만 끌자 청혼자들은 모두 화를 내며 떠났다.

청혼자들이 떠나가 버리자 소녀는 병을 얻어 앓다가 죽게 되었고, 그의 무덤에서 꽃이 한 송이 피어났다 한다. 그 꽃의 봉오리는 황태자가 물려받을 왕관을, 꽃잎은 기사의 칼을, 그리고 뿌리는 상인의 아들이 물려받을 금괴를 닮았다고 한다. 이렇게 튤립(tulip)이 된 소녀의 비극은 선택과 포기를 제대로 하지 못한 결과이다. 선택과 포기는 주제를 정립하고 그 주제에의 집착을 가능하게 하는 두 기둥이다.

선택과 포기를 분명히 하여 세계적 기업이 된 케이스로서 인텔 (Intel)사를 들 수 있다. 오늘날 마이크로프로세서(microprocessor)시장의 80%를 점유하고 있는 인텔사는 1970년대부터 마이크로 프로세서와 메모리 반도체 칩(DRAM chip) 두 가지를 모두 생산하고 있었다. 그런데 1980년대가 되면서 일본이 메모리 반도체 칩을 생산하여 미국시장에 싼 가격으로 덤핑하기 시작했다.

메모리칩은 만들기가 비교적 쉬운 제품이므로 일본뿐만 아니라 다른 개발도상국에서도 많이 뛰어들 것이라고 판단한 인텔은 마이크로 프로세서에만 전념하기 위하여 *1985년 메모리 칩의 생산을 포기했다.* 기업의 자원과 노력을 마이크로프로세서에만 투입함으로써 인텔은 386, 486, 펜티엄(pentium) 칩을 개발함으로써 마이크로프로세서 시장의 80%를 점유하게 되었다.

이처럼 *주제를 분명히 한다는 것은 선택을 분명히 한다는 것이고, 선택은 선택 안 한 것에 대한 포기를 분명히 하는 것이다.* 인간에게 포기가 선택보다 더 어려운 때가 많다. 그래서 흔히들 선택은 하되 포기를 거부하다가 어느 분야에서도 뒤지는 결과를 초래하기 쉽다. 이제 우리 나라 기업도 튤립이 된 소녀의 비극, 인텔의 성공방식을 교훈으로 삼아 주제를 분명히 하면서 그 주제에서 벗어나는 일은 과감하게 포기하는 길을 가야 할 것이다.

10.3 주제의 정립과 그 관리

인생 혹은 기업경영에서 주제를 정립하는 일도 중요하지만, 정립한 주제를 (시간의 흐름 위에) 일관되게 이끌어나가는 일도 중요하다. 영화 '*바람과 함께 사라지다(Gone With the Wind)*'의 성공요인을 분석하면서 주제의 관리방식을 살펴보자.

🎬 영화, 바람과 함께 사라지다

이 영화는 1939년에 나왔으니까 60년이 넘었음에도 불구하고 지금도 계속 우리의 사랑을 받고 있다. 그 이유가 무엇일가? 우선 '바람과 함께 사라지다'는 주제가 분명했다. 셰익스피어의 '햄릿(hamlet)'에는 "*약한 자여 그대 이름은 여자니라(Frailty, thy name is woman.)*", 즉 여자를 약한 존재로 인식하는 구절이 나온다. 그러나 영화 '바람과 함께 사라지다'는 그 반대의 여성, 즉 강인한 여성을 주제로 제시하고 있다.

의지, 욕망, 자존심이 너무나 강하기 때문에 현실 속에서 좌절, 환멸, 그리고 거부당하는 여성 ― 이렇게 독특한 주제를 정립하고 그 주제를 살려내기 위해 기울인 제작진의 용의주도한 노력이 이 영화를 불후의 명작으로 만든 것 같다. 영화의 제작진은 우선 주제에 맞는 인상(impression)과 분위기를 풍기는 여주인공을 선택하는 데서부터 철저했다. 1930년대 후반 미국에는 베티 데이비스(Betty Davis), 캐서린 헵번(Catherine Hepburn) 등 뛰어난 여배우들이 많았다.

그러나 이들을 불러서 스크린 테스트 해본 결과 의지, 욕망, 자존심이 강한 인상, 그리고 좌절, 환멸, 거부당하여 흐느끼는 분위기를 보여주는 타입이 아니라는 결론을 얻었다. 그래서 이들을 포기하고 고민하던 끝에 영국까지 건너가 비비안 리(Vivian Leigh)라는 이름의 여주인공을 발견한 것이다. 배역선정 다음에 문제되는 것은 주제를 살리는 대본(script)의 작성에 있었다. 영화의 원본은 마가렛 밋첼(Margaret Mitchell)여사의 소설이었다.

따라서 대본집필자(script writer)가 소설의 내용을 영화의 대본형식으로 바꿔 써야 했다. 빅터 플레밍(Victor Fleming) 감독은 작가가 써온 대본을 읽어 본 후 (주제의 분위기를 살리기에 부족하다는 이유로) 대본을 집어던지며 "*어디 피를 토하면서 쓴 대본을 좀 가져오시오*" 하고 외쳤다 한다. 이렇게 고통스런 과정을 거쳐서 "*하나님 내 말을 잊지 마세요! 도둑질, 강도질, 살인을 해서라도 나는 결코 굶어죽지 않으리다*" 등 (소설에는 안 나오지만) 강한 의지, 욕망, 자존심의 분위기를 살리는 대본을 얻어냈다고 한다.

영화 제작진이 주제를 살리기 위해 애쓴 또 다른 노력은 의상(衣裳)의 선택에서 나타났다. 당시 원추(圓錐)처럼 밑이 넓어지는 무도복(舞蹈服)을 받쳐주는 내복(內服)에는 두 가지 모델이 있었다 한다. 하나는 밑이 부풀어지도록 레이스를 다섯 겹으로 장식한 고급이었고, 또 다른 것은 대나무 껍질로 만든 원추를 이용한 경제적 모델이었다.

제작진은 비비안 리에게 레이스를 다섯 겹이나 달아낸 고급내복을 입혔고, 이를 질시한 조연 여우들은 "속옷은 밖에서 보이지도 않는데 왜 저런 데 돈을 쓰느냐"고 불평을 했다 한다. 그러자 플레밍 감독은 "*밖에서는 보이지 않지만 그 옷을 입은 본인은 프라이드(pride)를 느낀다*"고 말함으로써 자존심이 강한 연기를 해야 하는 여자의 심리(psychology)를 살리기 위해 노력했다.

뿐만 아니라 영화제작진은 좌절, 환멸, 거부당하여 흐느끼는 여자의 분위기를 최대화하기 위하여 비비안 리를 실제로 좌절시켰다. 당시 비비안 리는 영국의 남성배우 로렌스 올리비에(Lawrence Olivier)와 연애중에 있었고, 그가 비비안 리를 만나기 위해 미국까지 찾아왔었다. 이 때 *제작진은 두 사람의 만남을 허락하지 않음으로써 비비안 리를 실제로 비통에 잠기게 만들었다.*

이처럼 주제를 정립한 후, 이 주제를 살려낼 수 있는 인상과 분위기를 풍기는 *배우의 선정, 대본작성, 의상선택, 배우의 심리형성* 등 치밀한 노력으로 일관한 작품이 성공한 것은 우연이 아니다. 우리 나라 역사 속 후삼국 시대에 혜성처럼 나타난 지도자 궁예(弓裔)는 '미륵 정치'라는 멋진 주제로 백성들의 호응을 받아 북원(北原)과 명주(溟州)를 무혈입성하는 등 처음에는 승승장구했다.

그러나 그 후 궁예는 *자기가 정립한 주제를 스스로 망각*하여 폭정을 일삼다가 결국 비참한 최후를 맞았다. 이처럼 *주제는 선택도 중요하지만 그것을 끝까지 살려 나가는 후속 노력이 더욱 중요하다.* 다음 절에서는 구체적 제품을 제조하는 기업에서 주제의 역할을 살펴보자.

10.4 제조기업의 주제관리

1970년대 초반 일본의 소니(SONY)사는 (진공관 대신) 트랜지스터를 사용하여 테이프 리코더(portable tape recorder)를 생산, 판매하고 있었지만 이 기기(機器)의 음은 스테레오(stereo)가 아닌 모노럴(monaural)이었다. 그래서 소니의 다음 과제는 테이프 리코더의 음을 스테레오로 바꾸는 것이었지만, 일에 진전이 없어 고전하고 있었다. (모리타와 더불어 소니 창업자의 한 사람인) 이부카(井深)는 1978년 당시 소니의 명예회장이었는데, 명예회장이란 실권은 없지만 공장이나 연구실을 이곳저곳 돌아볼 수 있는 자리였다.

이부카는 테이프 리코더사업부에 들렀다가, 이들이 우수한 음질의 스테레오제품을 개발은 했으나 휴대용으로 쓸 만큼 부피를 최소화하지 못하여 고심하는 것을 보았다. 이부카는 며칠 후 다른 연구그룹에 들렀다가 이들이 경량의 헤드폰(headphone)을 개발하고 있다는 사실을 알았다. 당시 일본의 음악 애호가들은 (진공관을 사용한) 오디오시스템(audio system)에서 나오는 스테레오(stereo)를 즐기고 있었고, 이들 중에는 스피커에서 나오는 소리보다 헤드폰 소리를 더 좋아하는 사람들이 많았다.

그런데 당시의 헤드폰은 부피가 크고 무거웠기 때문에 이것을 경량화하려는 것이 이 연구그룹의 목표였다. 같은 회사내에 있으면서도 테이프 리코더그룹과 헤드폰그룹은 전혀 별개의 연구조직으로서 이들 사이에 상호 교류나 왕래는 전혀 없는 것이 당시 소니의 조직문화였다.

명예회장 신분으로 이들 두 그룹을 모두 방문한 이부카의 머릿속에는 아직까지 세상에 존재한 적이 없는 새 제품에 관한 주제(theme)가 형성되기 시작했다. 테이프 리코더에서 녹음용 회로와 두 스피커를 제거하면 부피와 무게가 대폭 줄어들 것이고, 여기에 경량 헤드폰을 꽂으면 돌아다니면서도 스테레오를 들을 수 있다는 것이 그의 아이디어였다. 오늘날에는 당연한 것으로 받아들여지는 이 아이디어가 당시 소니의 엔지니어들에게는 이단이나 다름없었다.

녹음기능을 제거한 녹음기? 스피커가 없는 음향기? 발상 자체가 제정신이 아니라고 모두 떠들어댔다. 기존의 제품에 새로운 기능을 추가하여 제품의 가치를 높이는 일에만 익숙해진 사람들에게, 이미 존재하는 주기능을 제거하면서 신제품을 만든다는 것은 상상도 할 수 없는 역행(逆行)이었다. 이렇게 말도 안 되는 제품개발에 돈을 쏟아넣으려는 자금담당자가 없었고, 이 일에 몰두할 연구개발 담당자가 없을 뿐만 아니라, 이런 개념의 제품에 판매담당자들도 냉담했다.

결국 이부카는 자기와 공동창업자이면서 나이가 12년이나 아래인 회장 모리타를 찾아갔다. 당시의 테이프 리코더는 포터블(portable) 개념이기는 하지만 특정 장소에 옮겨놓고 그 자리에서 음악을 듣는 것이었다. 여기에 이부카가 제시하는 신제품 아이디어는 *몸에 지니고 돌아다니면서 음악을 듣는* (한 걸음 더 나가는) 개념임을 간파한 모리타는 "앞서가는 기업은 타인이 하지 않는 일을 해야 한다."고 말하며 이 재생전용(play only) 카세트 플레어(cassette player)의 개발을 적극 추진하기로 했다.

녹음이 불가능한 테이프 리코더는 실패가 분명하다고 믿으면서도 회장의 명령이니까 어쩔 수 없이 따른다는 분위기 속에 1979년 2월 신제품의 프로토타입(prototype)이 나왔고, 헤드폰을 부착한 소매가격은 5만엔은 되어야 한다는 계산도 나왔다. 모리타 회장실에서 마케팅회의가 소집되었고, 여기서 모리타는 "이 제품은 음악 없이는 못 사는 10대 젊은이를 겨냥해야 한다. 가격은 그들의 구매력범위인 3만3천엔으로 하고, 우선 6만대를 만들어라" 하고 명령을 내렸다.

1979년 테이프 리코더사업부의 생산팀 리더였던 오소네 고조는 사출성형기에 우선 2천만엔을 투자해야 했고, 이렇게 되면 1개를 팔 때마다 7천엔의 손해를 보게 된다는 계산을 하고 있었다. 그래서 오소네는 한 가지 방법을 생각해냈다. 부품업자로부터 (6만대분의 부품을 주문하지 않고) 우선 3만대분만 받고 나머지는 매출동향을 봐서 보충생산을 하기로 하면 3만대분의 손실을 절약할 수 있으리라고 생각한 것이다.

제품발표 날 소니는 10대 남녀들이 헤드폰을 끼고 비트 음악에 몸을 흔들며 롤러스케이트를 타고 동경의 요요기공원을 빙빙 돌게 한 후, 이 곳으로 언론매스컴의 멤버들을 초대했다. 매스컴은 다음날 이 사실을 대대적으로 보도했고 대대적 광고가 몇 주일간 지속되었다. 그러나 신제품의 매기는 생각만큼 일지 않았다. 음악 없이는 살 수 없다고 생각했던 10대의 젊은이들이 *자신만의 음악을 듣는다는* 새로운 *주제(theme)의* 제품에 왜 달려들지 않았을까?

그러나 한 달이 지나면서 매기가 불붙기 시작했다. 주고객은 10대가 아닌 평균연령 28세의 *유복하고 행동적인* 중류층이었다. 이들은 드라이브, 조깅(jogging), 지하철 통근, 골프 등을 하면서 스테레오 사운드를 즐기기 시작했다. 소니가 처음에 겨냥했던 10대의 젊은이들은 제품이 출시된 후 18개월만인 1981년 1월부터 달려들었다. 여기서 소니는 그 동안 가지고 있던 마케팅지식을 수정해야 했다. 지갑사정이 빡빡한 10대는 패션(fashion)의 주도자가 될 수는 없고, 소비사회에서 유행을 추종할 수 있을 뿐이라는 것이 그것이었다.

소니가 이 신제품에 붙인 제품명은 워크맨(walkman)이었는데, 이 제품이 해외로 수출되면서 영어권시장에서 워크맨이라는 이름이 우습다는 비판이 일었다. 소니는 판매상들로부터 이름변경을 강요당하자 영국에서는 '스토어웨이' 미국에서는 '사운더바우트'라는 이름으로 판매를 시작했다. 그러나 이들 나라에서 일본을 방문했던 관광객들이 워크맨을 사 가지고 돌아가 광고대리점보다 빨리 본래의 이름을 보급시켰기 때문에 소비자들은 소매점에 와서 워크맨이라는 이름으로 물건을 찾았다.

제품명에 혼란이 생기자 1980년 5월 모리타는 "우습거나 말거나 워크맨이라는 이름으로 통일되어야 한다"고 이 문제를 해결했다. 몸에 지니고 다니면서 *혼자만의 음악세계를 갖는다는 주제(theme)*의 힘은 제품명칭에 관한 혼란도 누르고 새로운 라이프스타일로 새로운 듣기문화를 창조했다.

10.5 │ 주제도 진화한다

괴테(Goethe)는 파우스트(Faust)에서 *"인간은 노력하는 한 방황한다 (Es irrt der Mensch, so lang er strebt.)"*고 말했다. 주제를 정립한다는 것은 결국 노력의 방향을 정하는 일이고, 노력의 방향은 시대와 환경이 변하고, 인간의 지혜가 발전함에 따라 진화(evolve)하지 않을 수 없을 것이다. 다음 사례에서 이 사실을 살펴보자.

💠 마스시타 케이스 : 콘덴서에서 비디오테이프로

1965년 마스시타(松下)전기의 산업기기(産業器機)사업부에서는 콘덴서(condenser)를 만들고 있었다. 당시의 콘덴서는 알루미늄이나 아연을 증착(蒸着)시킨 테이프로 만들었으며 부가가치가 낮은 상품이었다. 그래서 산기사업부는 제품의 부가가치를 높이기 위해서 (알루미늄과 아연뿐만 아니라) 다른 금속도 증착할 수 있는 고성능의 증착기가 필요하다고 느끼기 시작했다. 그러던 중 1973년에 마스시타 본사로부터 "사업부 단위에서는 재정적으로 감당하기 어려운 새로운 개발사업을 지원하겠다"는 반가운 소식이 왔다.

산기사업부는 고성능 증착기를 구입하고 싶다는 요청을 냈고, 1974년 12월 드디어 7,500만엔짜리 증착기가 들어왔다. 7,500만엔이라면 당시 산기사업부의 반년 연구비에 해당하는 거액이었다. 그런데 이렇게 비싼 증착기를 가지고 아무리 노력을 해도 기대했던 성능의 콘덴서는 나오지 않았다. 이렇게 실의와 좌절에 빠져 있던 1976년 1월 아까이시 고로(明石五郎)라는 Fuji필름의 기술자가 자기기록(磁氣記錄)기술에 관한 연구발표회가 있었다. 당시 오디오 혹은 비디오테이프는 산화철 같은 자성(磁性)물질을 점결재(粘結材, binder)와 섞어서 폴리에스터 베이스 필름(base film) 위에 도포(塗布)해서 만들었다.

이렇게 만든 테이프는 도포층(塗布層)의 30% 정도만이 자성체이고 나머지는 점결재로 되어 있어서 품질과 성능에 결함이 많았다. 이러한 결함을 극복하려면 (코발트와 니켈의 합금 같은) 자성체 금속을 진공 속에서 용융(熔融), 증발시켜 베이스 필름에 증착시켜야 한다는 것, 이렇게 하면 (점결재가 필요 없으므로) 도포층의 100%가 자성체로 되어 있어서 치밀한 기록밀도를 유지할 수 있고, 도포층의 두께는 50분의 1 정도로 얇아지고 기록밀도는 8배 정도 높아지므로 성능향상은 물론 테이프의 부피도 소형화된다는 것이 발표의 내용이었다.

콘덴서와 녹음테이프 사이는 거리가 멀지만 이 연구발표는 고급 증착기를 가지고 성과를 올리지 못해 고민하던 마쓰시다 산기사업부의 관심을 자극했다. 그들의 증착기는 어떤 금속이라도 증착이 가능했으며, 전자총(電子銃)에서 전자빔(electron beam)을 발사하면 전자가 금속분자와 함께 뛰어 올라 베이스 필름에 금속을 부착시켜 주는 것이었다.

마스시타 산기사업부팀은 전자빔에 의한 부착력을 보강하는 실험에 성공, 오디오테이프에 금속을 증착시키는 데 성공하였고, 이 결과가 1976년 1월에는 마스시타 고노스케(松下幸之助) 회장에게까지 보고되기에 이르렀다. 그 때는 VTR이 세계시장에서 주목을 끌기 시작하던 무렵이었으므로 회장은 큰 관심을 보여 1년 이내에 양산(量産)체제에 들어갈 수 있도록 하라고 당부했다. 이 때부터 연구개발비는 본사에서 직접 지원받게 되었고, 1977년 10월부터 10억엔이 투자되어 파일럿 플랜트(pilot plant)가 건설되기 시작, 1년만에 완공됐다.

이 플랜트에서 그들은 양산가능성뿐만 아니라 첫 상품으로서 초소형 오디오테이프를 생산하기로 하여 전화기 속의 녹음장치에 사용되는 '온그롬'이라는 이름의 제품이 1979년 9월부터 발매에 들어갔다. 마스시타 본사는 온그롬을 발판으로 비디오테이프 개발에 들어가라고 독려했고, 1979년 2월 15명의 산기사업부 개발팀이 본사의 중앙(재료)연구소로 이전되었다.

소리만 싣는 오디오테이프와 천연색 그림을 싣는 비디오테이프 사이에는 기술조건에 큰 차이가 있었다. 비디오테이프는 덱크(deck)기술, 베이스 필름기술, 금속정련기술, 진공증착기술 등 여러 면에서 오디오테이프와는 차원이 다른 고도의 기술을 요했다. 비디오용 베이스 필름은 표면의 평활성(平滑性, smoothness)에 있어서 오디오용보다 10배

이상의 정밀도를 요구했다. 그래서 그들은 베이스 필름 메이커인 T사를 설득해야 했고 (그 동안 오디오용 필름만 생산해 오던) T사도 막대한 신규투자를 해야 했다. 이러한 난관을 극복하면서 1984년 8mm용 비디오테이프가 탄생했고, 그 동안 이에 관련하여 마스시타가 취득한 특허는 300건이 넘었다.

10.6 기술에 의한 푸쉬와 수요에 의한 풀

순수예술작품의 주제는 예술가의 상상력에서 탄생한다. 뛰어난 상상력으로 매력적인 주제를 선정하여 위대한 작품을 탄생시키는 예술가들을 우리는 경이의 눈으로 바라본다. 역사창조의 주제는 시대의 요청에서 탄생하는 것 같다. 일제강점 시대에 항일독립, 6·25전쟁을 치르면서 반공(反共), 보릿고개 시절의 가난퇴치 등의 주제는 그 시대의 필요에서 자연발생적으로 탄생했다.

그러나 세계역사를 보면 3, 4백년씩 다른 나라의 지배를 받으면서도 우리처럼 독립운동을 시대적 주제로 삼고 투쟁한 나라가 많지 않다. 이런 사실로 보면 우리 민족이 (독립정신에 있어서는) 특히 주제지향적인 것 같다. 그러나 관광상품을 파는 상점을 다녀보면 경주에서 파는 것이나 부여에서 파는 것이나 서로 대동소이하다. 상품개발에서는 우리 민족의 주제의식이 약한 것일까? '*아기에게 옳은 것(right things to babies)*'이라는 거버(Gerber)사의 주제, '벽 없는 경영'이라는 제너럴일렉트릭(GE)사의 주제는 그들의 경쟁력을 세계정상에 올려놓는데 분명 일조를 했을 것이다.

일반적으로 기업경영의 영역에서 주제는 두 유형으로 나뉜다. 하나는 기술에 의한 푸쉬(technology push)형이고 또 다른 하나는 시장으로부터의 풀(market pull)형이다. 소니의 워크맨은 제품의 컨셉에서 판매개시까지 전과정에 1년이 채 안 걸렸다. 이렇게 빠른 속도가 가능했던 이유는 이 일이 소니가 이미 가지고 있는 기술로부터 특정 주제를 실현하기 위한 제품을 생산하는 *기술의 푸쉬(technology push)*였기 때문이다.

스테레오 사운드를 낼 수 있는 테이프 리코더기술과 경량 헤드폰 기술을 소니는 이미 가지고 있었다. 이 두 기술이 이부카의 주제(theme)에 의해 제품으로 실현된 것이 워크맨이다. 기술 푸쉬와 반대되는 과정인 *마케트 풀은 소비자의 필요에서 출발하여 주제를 정립하고, 이 주제를 실현할 제품 혹은 서비스를 창출하는 과정이다.* 거버(Gerber)의 이유식이 여기에 해당하는 예이다. 이유식을 만드는 지식은 이미 소아과 의사들이 가지고 있었고, 거버는 이 지식을 종합하여 제품화에 성공했다.

일반적으로 기술 푸쉬의 경우보다 마케트 풀의 경우가 성공률이 높다고 한다. 인간의 필요충족이 기업목표의 궁극에 자리하고 있으므로 필요가 변천하면 기업의 주제도 진화해야 하는 것은 자연스런 섭리 같다.

기업경영의 실제(2):
자산의 구성과 관리

11

11.1 기업의 주제를 실현하는 수단

경영자의 머릿속에 (생존부등식을 만족시킬 만한) 사업의 주제(theme)가 형성되면 다음 단계는 이것을 실천에 옮길 구체적 수단(means)을 확보해야 한다. 기업경영에서는 이러한 수단을 *자산(assets)*이라고 부른다. *자산이란 기업이 (생존부등식을 만족시켜) 수익을 창출할 수 있게 하는 능력을 보유한 모든 것의 총칭*이다. 경영학에서 자산의 개념은 물리학에서 에너지(energy)에 유사(類似)한 개념이다.

물리학에서 에너지란 '어떤 일을 할 수 있는 능력'을 가진 것이다. 높은 곳에 있는 물은 내려오면서 수차(水車)를 돌릴 수 있는 능력을 가진다. 그래서 높은 곳의 물은 (위치)에너지를 가진다. 태초에 인간은 맨손으로 일을 하다가 도구를 사용하는 지혜를 터득했을 것이다. 도구의 사용이 생산성 향상으로 이어진다는 경험을 터득한 인간은 도구의 발명에 노력을 기울였고, 이것이 석기(石器), 청동기(靑銅器), 철기(鐵器)문명으로 이어졌다. 인류문명의 발달과정을 이처럼 도구의 소재를 중심으로 분류할 만큼 도구는 우리의 삶에서 중요하다.

이러한 도구의 발달과정에서 특히 의미 있는 대목의 하나가 지렛대(lever)의 발명이다. 지렛대는 그것 없이는 불가능한 일을 가능하게 해주는 간단한 도구이다. 그리스의 현인(賢人) 아르키메데스(Archimedes, 287~312, BC)는 "*나에게 지렛대와 지렛목(pivot)을 놓을 자리만 준다면 지구라도 움직일 수 있다*"고 말했다. 인간이 맨손으로 일할 때보다 도구나 기계를 사용할 때 생산성이 오르고 품질도 향상되는 것은 *지렛대의 원리(leverage principle)*와 본질적으로 같다.

생산활동의 효율을 올리기 위해서 쓰이는 도구나 기계 등 설비를 (회계학에서는) *고정자산(fixed assets)*이라고 부른다. 그런데 이러한 도구나 장비는 감가상각 코스트(depreciation costs), 보수 및 유지 코스트 (repair and maintenance costs), 세금 등 *고정 코스트(fixed costs)*를 발생시 킨다(앞으로 고정 코스트, 변동 코스트 등의 용어는 고정비, 변동비 등의 용어와 같이 혼용함.). *도구나 장비 같은 고정자산은 (지렛대효과를 발생하여 생산성을 높이는 반면에) 그것이 발생시키는 고정 코스트로 인하여 기업에 재무적(financial) 부담을 준다.* 이 부담은 고정자산이 생산해내는 제품의 *공헌이익(contribution margin)*으로 해소(解消)되어야 한다.

제품의 공헌이익이란 제품의 매출가격(sales price)에서 그것을 생산하기 위해 들어간 *변동 코스트(variable costs)*를 제하고 남은 잔여(殘餘)이다. 어느 제품의 변동 코스트란 원료, 에너지, 직접노무비 등과 같이 그 제품의 생산량에 비례하여 증가하는 코스트를 말한다. 고정자산이 고정 코스트를 야기한다는 사실은 고정자산 투자의 위험성(risk)과 *손익분기점(損益分岐點, break-even point, BEP)*의 개념을 탄생시킨다.

11.2 고정자산투자의 위험성

어느 제품을 생산하기 위해 고정자산을 구입했을 때 이 고정자산이 발생시키는 고정 코스트를 완전히 해소하려면 그것이 생산해낸 제품이 '충분히' 팔려서 공헌이익의 합이 고정자산의 코스트와 같아져야 한다. 이 '충분한' 수준의 매출액을 손익분기점(BEP)이라고 부른다. 매출액이 **BEP**에 이르지 못하면 고정 코스트로 인한 손실이 계속되고, 매출액이 **BEP**에 도달하면 (고정 코스트가 완전히 해소되어) 손실이 제로(0)가 된다. 따라서 이익이 나기 시작하는 것은 **BEP** 이후의 매출액부터가 된다. 이 사실을 그래프(graph)로 표시하면 다음 [그림 11·1]과

[그림 11·1]

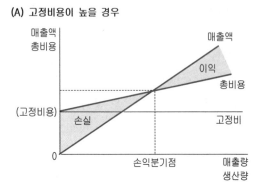

(A) 고정비용이 높을 경우

매출액
총비용

(고정비용)

0

손실

손익분기점

매출액

이익

총비용

고정비

매출량
생산량

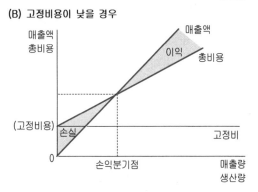

(B) 고정비용이 낮을 경우

매출액
총비용

(고정비용)

0

손실

손익분기점

매출액

이익

총비용

고정비

매출량
생산량

같다.

그러면 구체적인 수치를 사용하여 BEP를 계산해 보자.

매월 300만원의 고정 코스트를 발생시키는 생산설비가 있다 하자. 이 설비를 이용하여 생산되는 제품은 단위당 1만원에 팔리는데 원료, 인건비 등 변동 코스트는 7,000원이라면 이 제품의 공헌이익은 10,000원－7,000원＝3,000원이다. 단위당 3,000원의 공헌이익으로 매월 300만원의 고정 코스트를 해소(cover)하려면 3,000,000÷3,000＝1,000(개)이다. 다시 말하면 이 생산설비에서 생산되는 제품이 매월 최소 1,000개가 팔려야 고정 코스트가 해소되는 것이다. 만약 이 제품의 월간 평균매출이 900개밖에 안 된다면 이 기업은 이 설비로부터 300만(원)−3,000(원)×900(개)=30만원의 적자를 보게 된다.

반대로 월간 평균매출이 1,500개라면, 3,000(원)×1,500(개)−300만(원)=150만(원)의 이익을 내게 된다. 손익분기점은 고정 코스트를 분자(分子)로 하고 공헌이익을 분모(分母)로 하여 계산되므로 *고정자산의 투자규모가 커지면 이에 비례하여 손익분기점도 커진다는* 결론이 얻어진다. 그러면 기술 선진국으로부터 최첨단 생산설비를 수입했으나 시장의 수요가 손익분기점에 미치지 못하여 기업이 위기에 빠진 케이스를 살펴보자.

💿 케이스 : 한국기계공업주식회사

1960년대 후반까지도 한국의 기계공업은 낙후성을 면치 못했고, 주요 기계류는 수입품으로 충당되고 있었다. 기계류의 점진적 국산화가 필요하다고 느낀 한국정부는 기계류 중에서도 우선 수송용 장비의 디젤엔진에 주목했다. 당시의 한국경제는 계속되는 경제개발정책으로 1962년 이후 연평균 10.8%의 성장률을 보였으며, 1968년에는 13%, 1969년에는 15.5%로 가속화되고 있었다. 이렇게 경제가 성장하면 산업용 수송설비의 수요도 급성장을 하게 되고, 따라서 버스, 트럭, 선박 등에 사용할 디젤엔진이 필요하다고 느꼈기 때문이다.

당시 경기도 인천의 만석동에 자리하고 있는 '한국기계공업주식회사(지금 대우중공업의 전신)'는 일제시대인 1937년에 창업된 한국 최대의 기계류 제조회사였다. 그리하여 한국정부는 '한국기계'로 하여금 외국기술을 도입하여 디젤엔진을 국산화하도록 독려하고, 이에 필요한 외자(外資) 차관을 정부가 보증해 주기로 했다.

일은 순조롭게 진행되어 한국의 '산업은행(KDB)'이 구서독의 KFW

(Kreditanstalt für Wiederaufbau) 차관을 도입, 한국기계에 조달해 주고, 구서독의 비즈니스컨설팅회사(consulting firm)인 AGEPLAN(Aktiengesellschaft für Entwicklungsplanung)이 경제적 타당성조사(economic feasibility study)와 기술의 기본설계를 맡았으며, 생산시설은 구서독의 디젤엔진 제작사인 MAN에서 도입하기로 하였다.

MAN사의 R&D팀은 고도로 자동화된 (그 당시로서는) 최첨단기술을 장착한 디젤엔진 생산설비를 설계하여 보유하고 있었다. 아직 상용화해본 적이 없는 이 최첨단설비를 한국기계에 보여주자 한국기계는 기꺼이 이 설비를 받아들였고, 생산할 엔진의 규격은 130~190마력(HP)급으로 정했으며, AGEPLAN의 시장수요조사에 따라 생산규모는 연간 24,000대로 했고 손익분기점은 20,000대로 계산되었다.

MAN으로부터 도입할 설비를 가동, 운전, 유지 및 보수할 엔지니어들과 제품을 생산할 기능공들이 독일 MAN공장에 파견되어 기술을 습득하고 귀국했으며, 생산설비가 한국에 도착되어 인천공장에 설치되고, 생산은 1975년부터 시작되었다. 그러나 24,000대를 생산할 수 있는 생산설비에서 첫 해에는 겨우 1,120대가 생산되었고, 불량률은 30.78%나 되었으며, 판매량은 285대에 불과했다. 제2차년도인 1976년에도 생산량은 2,578대, 판매량은 319대에 불과했고, 불량률도 27.15%로서 여전히 높았다.

막대한 내자(內資)와 외자(外資)를 들여 건설한 생산설비가 이처럼 높은 불량률, 생산과 판매에서 저조한 실적을 보이자 한국기계는 눈덩이처럼 불어나는 적자로 신음하게 되었다. 결국 한국기계는 산업은행의 관리를 거쳐서 몇 년 후 다른 기업에 의해 인수되는 비운을 맞았다.

여기서 독일 같은 기계공업 선진국에서 도입한 최첨단설비가 높은 불량률과 생산 및 판매에서 저조한 실적을 보이게 된 원인을 저자가 분석한 바는 다음과 같다.

첫째, 한국기계가 도입한 설비는 MAN 본사에서도 아직 상용화(商用化)해 보지 않은 첨단설비였다. 따라서 비록 한국기계의 엔지니어들과 기능공들이 MAN에 가서 훈련을 받았다고 해도 그것은 당시 MAN이 사용하고 있는 재래식(在來式) 설비에서 받은 것이었다. 이들이 귀국하여 대하게 된 인천공장의 설비는 독일 MAN에서 파견 나온 엔지니어들조차 처음 대하는 첨단설비였기 때문에 불량률이 높고 생산성이 저조할 수밖에 없었다.

둘째, AGEPLAN 같은 전문컨설팅회사가 범한 어이없는 실수와 한국기계의 기획팀에서 이런 실수를 알아채지 못한 것이 초창기 판매부진의 원인이었다. 디젤엔진은 그 자체로서 완성된 독립제품이 아니고, 버스나 트럭에 장착되어야 기능을 발휘하는 거대부품이다. 따라서 당시 한국에서 생산 및 사용되는 버스 및 트럭의 차대(chassis)와 차체(body)에 디젤엔진이 구조적으로 맞아야 한다. 그러나 한국기계가 생산하게 된 모델은 그 구조가 독일차에 맞게 설계된 제품이었기 때문에 한국의 버스와 트럭에 맞는 것이 거의 없었다. 이 문제는 결국 (한국기계가 부도나고 산업은행 관리를 거쳐서 다른 기업에 넘어간 후) 한국의 KIST와 MAN사의 협조를 얻어 몇 년 후 설계변경으로 해결되었다.

셋째, 1970년대 후반 한국의 경제적 여건에 비추어 볼 때 한국기계에 도입된 기술과 설비는 너무 오버 엔지니어링(over-engineering)되어 있었다. 당시 한국의 노임은 저렴했고 반대로 에너지(전력) 코스트는 상대적으로 고가였다. 이런 사정을 감안할 때, 지나친 자동화 및 자본집약도가 높은 하드웨어는 금융비용을 과중하게 했을 뿐만 아니라 운전 코스트(operating cost)를 높였다. 당시 우리 나라의 자본 코스트는 연간 24~25%이었으므로, 선진국에 비해 약 300% 이상 높은 상태였다. 뿐만 아니라 오버 엔지니어링된 설비는 유지 및 보수 코스트를 높게 했고, 높은 기술수준의 인력을 요하여 기술요원의 교육훈련비를 높였다.

세계 어느 곳에서나 엔지니어들은 (경제적 수익성보다는) 기술적 모험성을 좋아한다. 엔지니어들의 이런 성향은 경제적 수익성을 중시하는 경영자들과 잦은 충돌을 일으킨다. MAN사에서도 엔지니어들이 개발해 놓은 첨단설비가 오버엔지니어링(over-engineering)되어 있어서 (경제성이 떨어지기 때문에) MAN사가 채용하지 않고 있었는데, 이것을 (하룻강아지 범 무서운 줄 모르는) 한국기계가 '예(yes)'하고 도입한 것이다.

또 AGEPLAN컨설팅사도 한국관련 프로젝트를 해본 적이 없었기 때문에 한국사정을 잘 몰랐고, 따라서 (사례에 나타난 바와 같은) 실수를 한 것이다. 자기 가려운 곳을 남이 알아서 긁어주기를 바랄 수 없는 것이 이 세상이다.

회사의 주인까지 바뀌게 한 디젤엔진 생산설비의 실패는 고정자산에 대한 한국기계의 투자실패에서 왔다. 한국의 경제적 실정과 한국기계의 능력에 맞지 않는 설비, 즉 자동화수준과 자본집약도가 너무 높고 고가인 설비를 선택한 데 원인이 있다. 고정자산은 손익분기점 이후부터는 '황금알을 낳는 거위'가 될 수 있으나 손익분기점에 이르지 못하는 매출에서는 적자를 누적시켜 기업을 위험에 빠트릴 수 있다는 것은 영원한 진리로 남을 것이다.

11.3 | 고정자산의 지렛대효과

고정자산에의 투자가 커지면 손익분기점이 높아져서 기업을 위태롭게 한다는 사실만으로는 고정자산에의 투자는 작을수록 좋다는 결론이 얻어진다. 그러나 *고정자산은 기업의 수익성(profitability)을 높여*

주는 지렛대효과(operating leverage)를 발휘한다. 고정자산이 발생시키는 이러한 효과를 영업레버리지(operating leverage)라고 부른다. 영업레버리지는 조업도(操業度), 즉 매출액의 변동이 이익(혹은 손실)의 변동에 미치는 정도를 알려주는 정보이다.

요즘처럼 시장의 수요가 불안정할 때는 미래의 매출액이 일정 비율(%) 증가 혹은 감소할 때 이익은 얼마(몇 %)나 증가 혹은 감소할 것인가를 알려주는 정보가 중요하다. 이렇게 중요한 정보를 제공하는 영업레버리지의 개념을 다음 예제를 통하여 살펴보자.

어느 자동차제조회사가 용접(welding)공정을 로봇(robots)시설로 대치하는 경우(A)와 용접 기능공을 사용하는 경우(B)의 두 가지 대안 중에서 선택하려고 한다. 현재의 월간 매출액 100억원수준에서는 이 두 경우의 이익이 아래와 같이 같다고 하자.

	경우(A)	경우(B)
매 출 액	100억원	100억원
−변 동 비	−20억원	−60억원
공헌이익	80억원	40억원
−고 정 비	−60억원	−20억원
이 익	20억원	20억원

그러나 미래에 시장수요가 성장하여 매출이 30% 증가하는 경우에 손익이 어떻게 변동하는지 살펴보자.

	경우(A)	경우(B)
매 출 액	130억원	130억원
−변 동 비	−26억원[1]	−78억원
공헌이익	104억원	52억원
−고 정 비	−60억원	−20억원
이 익	44억원	32억원

매출이 30% 증가할 경우 고정자산 투자가 큰 경우(A)는 고정자산 투자가 작은 경우(B)보다 44억원－32억원＝12억원 더 많은 이익을 낸다. 영업레버리지를 계산해 보면,

경우(A) : (44억원－20억원)÷(130억원－100억원)＝0.8

로서, 매출이 1억원 늘 때마다 이익은 0.8억씩 는다는 의미가 된다.

반면에 경우(B)에 대해서는 :

(32억원－20억원)÷(130억원－100억원)＝0.4

즉, 매출이 1억원 늘 때마다 이익은 0.4억원밖에 늘지 않는다.

다음에는 소비시장이 불황이 되어 매출이 30% 감소할 경우를 살펴보자. 이렇게 되면 예상손익계산서는 다음과 같다.

	경우(A)	경우(B)
매 출 액	70억원	70억원
－변 동 비	－14억원	－42억원
공헌이익	56억원	28억원
－고 정 비	－60억원	－20억원
이 익	－4억원	＋8억원

매출이 30% 줄 경우 고정자산투자를 많이 한 경우(A)는 4억원의 적자를 내지만, 고정자산투자를 적게 한 경우(B)는 그래도 8억원의 흑자를 냈다. 여기에 *고정자산의 양면성(兩面性)*이 있다. *고정자산은 시장의 호황으로 매출액이 클 경우에는 (지렛대의 효과를 발휘하여) 이익을 크게 확대하지만, 불황으로 매출액이 작아질 경우에는 그만큼 손실도 확대시킨다.* 고정자산의 투자규모를 얼마로 하는 것이 좋다는

---

1) 변동비는 매출액에 비례하여 변하므로 매출액이 30억원 증가하면 그의 20%인 6억원의 변동비가 증가하기 때문이다. 경우 (B)에 대해서도 같은 논리가 성립한다.

일반이론(general theory)은 존재할 수 없다. 그러나 *경영자는 (고정비와 변동비로 구성되는) 자사의 원가구조(cost structure)를 파악하여 영업레버리지효과를 알고 있어야 한다.* 호황시에는 오버 타임(over-time)작업, 아웃소싱(외주조달, outsourcing) 등의 방법을 사용해서라도 과도한 고정자산투자로 인한 불황시의 위험에 대비해야 할 것이다.

우리 나라가 IMF 구제금융 위기를 겪을 때 도산한 회사들도 대부분 고정자산투자를 많이 한 기업들이었다. 세계적 명성을 자랑하던 인터내셔널 하베스터(International Harvester)회사가 1979년의 석유위기 직후 도산위기를 맞은 것도 고정자산에의 과다한 투자 때문이었다. 그러나 *지나치게 보수적인 고정자산투자는 호황시에 시장점유율을 경쟁사에게 빼앗기게 하는 원인이 될 수 있다.* 고정자산에의 투자는 많든 적든 간에 이처럼 기업을 위험(risk) 속에 빠트릴 수 있으므로 기업가는 언제나 고정자산투자에 신중해야 한다. 그러나 기업은 이러한 위험부담의 대가로 초과이윤(超過利潤)을 얻을 수 있다.

11.4 유동자산의 관리

기업은 고정자산과 더불어 유동자산도 보유해야 한다. 유동자산은 창고에 보관되어 있는 원료나 부품, 또는 완제품 같은 재고(inventory)자산, 고객에게 제품이나 서비스를 (신용으로) 제공한 후 아직 대금을 받지 못한 매출채권(accounts receivable) 등 비교적 단기간(보통 일년)내에 현금으로 전환할 수 있는 자산을 의미한다. 기업은 부(負), 즉 마이너스(−)의 유동자산도 보유하게 된다. 원료나 부품 공급자들로부터 (신용으로 제품과 서비스를) 공급받고 아직 대금을 지불하지 못한 매입채무(accounts payable)가 여기에 해당한다.

기업이 이러한 *유동자산을 보유하는 이유는 그것이 기업의 운영을 원활하게 해주고 따라서 매출액과 이익규모를 늘려줄 수 있기 때문이다.* 기업이 매출채권과 매입채무를 보유하게 되면 현금유입(cash inflow)과 현금유출(cash outflow) 사이의 시간차이(time lag)로 인하여 *현금흐름주기(cash flow cycle)가* 생긴다.

예를 들어 설명해 보자. 기업이 원료를 구입하고 10일 후 지불하는 약속어음을 끊어주면 매입채무(account payable)가 발생하지만 현금유출은 없다. 구입한 원료가 재고자산에 편입, 생산활동에 투입되어도 현금유출은 없다. 그러나 원료구입 후 10일이 되면 매입채무는 변제되어야 하고 이 때 현금유출이 발생한다. 생산된 제품이 유통업자에게 넘겨지면서 30일 기간의 약속어음을 받으면 매출채권(account receivable)이 발생하지만 현금유입은 없다. 30일이 지나 이 매출채권이 회수될 때 현금유입이 발생한다.

따라서 기업은 현금유입과 현금유출 사이의 시차를 극복하기에 충분한 현금(이것도 유동자산이다)을 가지고 있든지, 아니면 어떤 자금공급자에게 신용한도(credit line)를 확보해 놓고 있어야 한다. *이러한 현금흐름주기의 관리에 차질을 일으키면 기업은 흑자를 내면서도 부도위기에 처할 수 있다.* 1979년 시장가치가 무려 10억달러에 이르렀던 미국의 석유재벌 차터(Charter)그룹이 1984년 4월 파산법(chapter 11)에 의한 법정관리를 받게 된 것도 현금흐름주기관리의 잘못 때문이었다.

일정기간 동안 현금유입과 현금유출의 차이를 순현금흐름(net cash flow)이라고 한다. 경영자가 유의해야 할 것은 순현금흐름과 이익은 동일개념이 아니라는 것이다. *고정자산의 감가상각비(depreciation cost)나 선수금(先受金) 등으로 인하여 실제이익은 적자인데도 순현금유입은 플러스(+)일 때도 있기 때문이다.*

기업의 규모가 커지고 사업내용이 복잡해졌거나 계절적 수요변동이 큰 기업의 경영자는 현금흐름관리의 특성과 심각성을 제대로 인식해야 재무위기를 면할 수 있다. 오늘날은 정보기술(IT)의 발달로 컴퓨터와 소프트웨어를 사용하여 현금흐름관리를 할 수 있다. 그러나 제품이 생존부등식을 만족시키지 못하면 기업의 순현금흐름이 만성적으로 마이너스를 면할 수 없고 이런 기업은 구제불능이 된다.

개발도상국에서는 일반적으로 최종소비재산업이 먼저 발전하고 원자재산업이 시차(時差, time lag)를 두고 뒤를 따른다. 이런 때는 원자재의 재고확보가 곧 기업의 수익성으로 이어지기도 한다. 낮은 인건비로 인하여 한국의 경공업제품이 세계시장에서 경쟁력을 자랑하던 1970년대, 한국시장에서 수출용 원자재의 도매물가지수는 연간 40% 이상으로 뛰고 있었다. 이 때 봉제(縫製)의류를 수출하는 회사는 섬유의 원단(原緞)을 가능한 한 많이 확보하여 재고로 보관하는 것이 확실한 투자의 방편이었다. 매일 재고자산의 가치가 치솟기 때문이었다.

그러나 시간이 흘러 원자재산업도 발전하면 원자재값이 안정되면서 적정재고(適正在庫, optimal inventory)의 개념이 경영자의 관심을 끌게 된다. 적정재고의 문제는 재고비용(inventory cost)의 총합(total)을 최소화하기 위한 경제적 주문량(economic order quantity, EOQ)을 구하는 문제로 시작된다. 어느 품목의 EOQ는 일정기간(예, 연간) 동안 그 품목의 평균수요, 그 품목을 한 번 주문하는 데 요하는 코스트, 그리고 그 품목을 재고로 보관하는 데 요하는 코스트를 알면 공식을 사용하여 구할 수 있다.[2]

산업기술(industrial technology)이 발전하면서 처음 등장하는 첨단제품의 경우, 재고관리는 기업에 특수한 부담을 주기도 한다. 요즘은 1

---

2) 일정기간 동안 어느 품목의 평균수요(average demand)를 D, 그 품목을 한 번 주문하는 데 요하는 코스트(ordering cost)를 O, 그리고 이 품목을 재고로 보관하는 데 요하는 코스트(holding cost)를 H라 하면, 이 품목의 EOQ는 $(2D \times O \div H)$의 제곱근(root)이 된다.

달러에도 못 미치는 볼펜(ball point pens)이 처음 시장에 나온 1950년대에는 한 개가 (그 당시 돈으로) 50달러에 팔렸었다. 시장에 처음 진입한 첨단제품을 처음 소유하는 데서 프라이드(pride)와 기쁨을 느끼는 소비자가 다수 존재하는 한, 첨단제품의 고가정책(高價政策, price skimming)은 경영전략의 하나로 계속 남을 것이다.

그러나 이렇게 고가로 팔리는 제품이 나타나면, 특허(patents)를 교묘히 피하면서 경쟁상품, 유사상품이 개발되게 마련이고, 저가(低價)공세로 마케팅전략을 전개하는 후발(後發)경쟁기업들이 다수 나타난다. 이렇게 되면 고가에 팔리던 제품의 가격은 급락하고, 제품가격이 급락하면 제품을 만드는 데 소요되는 원자재나 부품의 가격까지도 급락하여 재고자산의 가치가 구입 코스트 이하로 내려갈 수도 있다. 실재했던 케이스를 살펴보자.

1970년대 초반 미국에서 휴대용 계산기의 선두주자는 보마르 인스트루먼트(Bowmar Instruments)사였다. 1971년의 매출액이 불과 1,300만달러였으나 그것이 1973년에는 6,500만달러에 이를 만큼 이 회사의 성장은 고속이었고, 주가는 하루에 5달러씩 오르기도 했다. 그러나 텍사스 인스트루먼트(Texas Instruments), 휴렛 패커드(Hewlett Packard) 같은 경쟁자가 나타나면서 공격적으로 제품가격을 끌어내렸다.

가격이 급락하면 공헌이익(contribution margin)이 급락하고, 공헌이익의 급락은 손익분기점(BEP)을 급상승(急上昇)시켜서, (그 동안 이익을 내던) 매출량이 손익분기점 이하로 내려가게 되어 손실을 내는 일이 생긴다.

보마르 인스트루먼트사는 급성장하는 시장수요에 대비하기 위해 (당시로서는 값이 비싼) 집적회로를 사용한 반제품 및 완제품 재고를 많이 보관하고 있었다. 이들 재고자산의 가치폭락과 매출손실이 맞물리면서 보마르사는 자기자본을 잠식, 1975년 2월 파산하고 말았다.

재고자산은 이처럼 가치폭락의 위험요인을 내포하면서, 한편 금융코스트를 유발하므로 기업은 재고자산을 가능한 한 최소화하려고 노력한다. 일본의 도요타(Toyota) 자동차회사는 부품생산을 계열화(系列化)하여 자사의 조립공정에서 부품이 소진되는 시점에 맞추어, 계열사의 부품이 적시(適時, just in time, JIT)에 도착하게 함으로써 부품의 재고를 최소화하는 기법을 개발했다.

그러나 이런 기법은 결국 부품의 재고부담을 계열기업에 전가하는 것이 되고, 계열기업은 교통혼잡 등 어려움을 뚫고 부품공급시간을 맞추려고 많은 스트레스(stress)를 받는다. 뿐만 아니라 이렇게 재고를 최소화하는 시스템은 (시장수요의 급변동, 부품공장에서의 화재나 노동쟁의 등) 기대치 않았던 어떤 사고가 날 경우 생산라인이 중단되는 위험(risk)을 내포한다. 따라서 재고자산의 관리도 코스트의 절감과 생산라인의 보호라는 두 가지 가치 사이의 조화(harmony) 점에서 설계되어야 한다.

원자재생산에서 중간재와 부품생산을 거쳐서 완제품의 생산에 이르는 연속된 과정을 공급사슬(supply chain)이라고 부른다. 정보통신기술(information technology, IT)의 발달로 인하여 공급사슬을 구성하는 기업들 사이에 엑스트라네트(extranet)를 구축하여, 새 시대의 새 요구에 맞는 공급사슬관리(supply chain management)시스템이 개발되고 있다.

기업경영의 실제(3) : 자금의 구성과 관리

12

12.1 무에서 유가 나오지 않는다

  기업이 제품이나 서비스를 산출하여 소비자에게 공급하려면 그 수단(means)으로서 고정자산과 유동자산을 필요로 한다는 사실을 (제11장에서) 살펴보았다. 그러면 기업은 이러한 자산은 어떻게 확보할 것인가? 무(無, nothing)에서 유(有, something)가 나올 수 없다는 진리는 기업경영에서도 예외가 아니다. 기업은 자산을 확보하기 위하여 자금(資金, funds), 즉 돈을 필요로 한다. 100만원짜리 자산은 100만원의 돈을 들여야 구할 수 있다.

  따라서 *기업이 확보한 모든 자산가치의 총합(total sum)과 그에 소요된 자금의 총합 사이에는 언제나 등가(等價, equality)관계가 성립한다.* 이러한 등가관계를 자산은 좌변(left-hand side)으로, 그에 소요된 자금은 우변으로 분류하여 정리해 놓은 표를 *대차대조표(貸借對照表, balance sheet)*라고 부른다.

  대차대조표의 좌변을 회계학에서는 *차변(借邊)*이라고 부르며 여기에는 고정자산과 유동자산이 분류되어 기록된다. 대차대조표의 우변은 *대변(貸邊)*이라고 불리며, 여기에는 좌변의 자산을 확보하기 위해 소요된 자금의 총합이 (자금의 출처에 따라 부채와 자기자본으로 나뉘어) 기록된다.

  다시 말하면 대차대조표의 우변은 타인으로부터 차입한 부채(debt)와 주주(株主, stockholders)들이 공급한 자금, 즉 자기자본(自己資本, owner's equity)으로 구성된다(앞으로는 자기자본을 간단히 자본이라고 부르자.). 기업은 자금을 확보하여 자산을 구입하고, 이 자산을 활용하여 (제품이나 서비스 등 가치를 창출, 고객에게 공급한 대가로) 이익을 얻는다. 이렇게 얻은 이익의 일부는 다시 대차대조표의 우변으로 들어가 자기자본에 편입된다. 따라서 기업이 (창업기를 벗어나) 본 궤도에 오르면 차변, 즉 자산의 총액에서 대변의 부채를 제하고 남는 잔액이 자기자본(自己資本)이 된다. 이런 현상은 차변과 대변의 등가원리에 기인한다.

우리는 제11장에서 기업에서 수익(profit)을 낼 수 있는 능력을 가진 것을 자산(assets)으로 정의했다. 물리학에서는 *어떤 일(work)을 할 수 있는 능력을 가진 것을 에너지(energy)*라고 정의한다. 그런데 아인슈타인(A. Einstein, 1879~1955)은 상대성이론(相對性理論, The theory of relativity)에서 에너지와 질량(mass), 즉 물질(matter) 사이에 존재하는 등가관계, 즉 $E = mC^2$을 발견했다. 여기서 E는 에너지의 양(量), m은 물질의 양, 즉 질량(質量)이고 C는 광속도(光速度)를 의미한다. 이 계산에 의하면 1그램(gram)의 물질로부터 얻을 수 있는 에너지는 아파트 1백 채를 10년 동안 난방(煖房)할 수 있는 양이다.[1]

오늘날 우리 나라가 생산하는 전력(electric power)의 30~40%가 이렇게 얻어낸 에너지이다. 인류에게 식량을 공급하는 식물이 탄소동화작용에 사용하는 태양에너지는 수소의 질량이 에너지로 전환된 것이다.

우주, 즉 대자연 속에는 물질과 에너지 이외에도 많은 등가관계가 존재한다. 1928년에 물리학자 디락(P. Dirac)은 상대성이론과 양자역학(量子力學, quantum mechanics)을 수학적으로 결합하여 전자(electron)에 적용했다가 마이너스(-)의 질량을 가지는 전자의 존재를 이론적으로 도출했다. 뒤에 이 존재는 실험을 통해 확인되었고 반전자(反電子, anti-electron 혹은 陽電子, positron)라고 명명(命名)되었다. 디락은 이 공로로 1933년 노벨 물리학상을 수상했다.

반전자의 발견 이후 다른 소립자(elementary particles)들에 대해서도 반입자들이 줄줄이 발견되면서 우주 속에는 물질(matter)과 반물질(反物質, antimatter)이 등가를 이루며 존재한다는 이론이 등장했다. 자연계와 인간사회에 이러한 등가관계가 공존하는 것은 자연도 인간도 모두 우주의 창조를 원점(origin)으로 하는 같은 뿌리에서 왔기 때문일까?

경영자가 기업의 자금을 고정자산과 유동자산에 배분(配分)하여 투자한 의사결정(意思決定)의 결과가 대차대조표의 좌변이다. 우변은 자산형성에 필요한 자금을 부채와 자본으로 나누어 조달한 의사결정(decision making)의 결과이므로 좌변의 자산에 대한 청구권을 밝히는 역할을 한다. 기업이 주식을 발행해서 자금을 조달하면 (주주들에게 배당금을 지급하게 될 뿐만 아니라) 주주들은 회사의 의사결정에 관여할 권리를 가지게 된다.

따라서 회사의 소유자나 최고경영자들은 그들의 경영권을 방어하기 위해 소요자금을 (추가적인 주식발행보다는) 부채를 통하여 조달하고 싶어할 것이다. 기업이 부채를 쓰면 채권자에게 이자를 지급할 의무를 지기 때문에 회사가 충분한 이익을 내지 못할 때 *재무위험*을 발생시킨다. 그러나 *부채를 사용하여 기업이 거둘 수 있는 수익률이 부채의 이자율보다 높으면 기업은 부채를 통하여 지렛대효과를 거둘 수 있다.* 그러면 절을 바꾸어 부채의 지렛대효과, 즉 재무레버리지를 살펴보자.

12.2 | 재무레버리지

고정자산이 기업의 수익성 증대에 지렛대효과(leverage effect)를 발휘하는 것과 같이(제11장 참조), 기업이 쓰는 부채도 주식 1주당 이익을 증대시키는 효과를 발휘할 수 있다. 이 효과를 *재무레버리지(financial leverage)*라고 부른다. 예제를 사용하여 이 사실을 확인하자.

어느 기업에서 새로운 사업을 시작하는 데 200억원의 자금이 필요하다고 하자. 이 자금의 20%를 부채로 조달하고 나머지를 자기자본

---

1) 김제완(金濟琬) 저, *겨우 존재하는 것들*, 민음사, 1993, p. 36.

으로 구성하는 경우(A)와 80%를 부채로 하고, 나머지를 자기자본으로 구성하는 경우(B)로 나누어, 손익계산서와 재무레버리지를 비교해 보자. 두 경우 모두 자산구성은 유동자산 40%, 고정자산 60%로 되어 있다. 그러면 두 경우의 대차대조표는 다음과 같을 것이다.

• 경우(A)의 대차대조표 :

자 산		부채 및 자기자본	
유동자산	80억원	부　　채	40억원
고정자산	120억원	자기자본	160억원
총　계	200억원	총　계	200억원

• 경우(B)의 대차대조표 :

자 산		부채 및 자기자본	
유동자산	80억원	부　　채	160억원
고정자산	120억원	자기자본	40억원
총　계	200억원	총　계	200억원

부채에 대한 이자율이 연 14%라면 (매출액 규모에 관계없이) 경우 (A)는 5.6억원, 경우 (B)는 22.4억원의 이자를 부담해야 한다. 또 1주 당 가격이 1만원이라면 경우 (A)는 160만주, 경우 (B)는 40만주의 주식을 발행하게 된다. *영업이익은 조달자금의 구성비율 여하에 영향을 받지 않기 때문에 두 경우 모두 동일하다.* 그러면 연간 매출액이 150 억원, 125억원, 100억원으로 변화할 때 이 기업의 손익계산서(profit/loss statements)가 어떻게 변하는지 살펴보자.

• 매출액이 150억원이면 손익계산서는 :

	경우 (A)	경우 (B)
매출액	150억원	150억원
(−)생산 및 영업비용	−98억원	−98억원

영업이익	52억원	52억원
(−)이자비용	−5.6억원	−22.4억원
순이익	46.4억원	29.6억원
주당이익	2,900원	7,400원

• 만약 매출액이 125억원이면 손익계산서는 :

	경우 (A)	경우 (B)
매출액	125억원	125억원
(−)생산 및 영업비용	−90억원	−90억원
영업이익	35억원	35억원
(−)이자비용	−5.6억원	−22.4억원
순이익	29.4억원	12.6억원
주당이익	1,837.5원	3,150원

• 매출액이 100억이 될 경우에 손익계산서는 :

	경우 (A)	경우 (B)
매출액	100억원	100억원
(−)생산 및 영업비용	−82억원	−82억원
영업이익	18억원	18억원
(−)이자비용	−5.6억원	−22.4억원
순이익	12.4억원	−4.4억원
주당이익	775원	−1,100원

이상 손익계산서에서 알 수 있는 바와 같이 매출액이 클 경우에는 부채를 많이 사용한 경우 (B)의 주당이익(earning per share, EPS)이 부채를 적게 사용한 경우 (A)보다 크다. 그러나 매출액이 작아질수록 부채를 적게 사용한 경우 (A)의 주당이익이 (부채를 많이 사용한 경우에 비해) 상대적으로 유리해지다가, 매출액이 100억원까지 줄어들면 부채를 많이 사용한 경우 (B)는 주당 (1,100원의) 손실을 나타내고, 부채를 적게 사용한 경우 (A)는 아직 775원의 이익을 내고 있다.

재무레버리지(financial leverage)란 주당이익 성장률을 영업이익 성장률로 나눈 것, 다시 말하면 영업이익이 1% 성장(혹은 감소)할 때 주당이익(혹은 손실)이 몇 % 변화하는가를 나타내는 지수(indicator)이다. 매출액이 125억원에서 150억원으로 증가할 때 경우 (A)와 경우 (B)의 재무레버리지를 계산하면 다음 표와 같다.

	경우(A)	경우(B)
주당이익변화	$2,900 - 1837.5 = 1062.5$원	$7,400 - 3,150 = 4,250$
백분율(%)변화	$1062.5 \div 1837.5 = 57.8\%$	$4,250 \div 3,150 = 134.9\%$
영업이익변화	$52 - 35 = 17$억원	$52 - 35 = 17$억원
백분율(%)변화	$17 \div 35 = 48.6\%$	$17 \div 35 = 48.6\%$
재무레버리지	$57.8 \div 48.6 = 1.19$	$134.9 \div 48.6 = 2.78$

위에 계산된 재무레버리지에 의하면 부채를 적게 사용하는 경우 (A)에는 영업이익 1% 상승시 주당이익이 1.19% 상승하고, 부채를 많이 사용한 경우 (B)에는 영업이익 1% 상승시 주당이익은 2.78% 상승한다. 그러나 매출액이 감소하여 영업이익이 감소하면 주당이익은 각각 같은 비율로 감소한다. 다시 말하면 재무레버리지는 호황시에 좋은 효과를 내는 만큼, 불황시에는 나쁜 효과를 낸다. 이러한 양면성(兩面性, duality)은 영업레버리지에서도 마찬가지였다(제11장 참조).

영업레버리지와 재무레버리지가 발휘하는 이러한 양면성은 우리를 생각에 잠기게 한다. 이 세상에는 거저(as free lunch) 얻을 수 있는 것은 없다. 반드시 그에 상응하는 반대급부(反對給付)를 지불해야 하는 것 같다.

12.3 기업의 재무위험

앞 절에서 살펴본 바와 같이, 기업이 부채를 사용할수록 재무레버리지가 커지고, 재무레버리지가 커지면 시장수요가 호황을 이룰 때 주당이익이 커진다. 그러면 기업은 부채를 얼마까지 사용하는 것이 좋은가? 이 문제에 대한 답을 이론적으로 살펴보자. 기업이 필요한 자금을 부채로 충당하면 이자비용이 증가하고 그만큼 순이익을 감소시킨다. 그러나 부채의 사용은 (부채로 충당한 만큼) 발행주식수를 감소시키기 때문에 주당이익을 증가시킬 수 있다. 주당이익은 이익을 분자(分子)로 하고 발행주식수를 분모(分母)로 하여 계산되기 때문이다. 따라서 주당이익은 (부채의 증가, 즉 재무레버리지의 증가에 의해) 분자와 분모 중 어느 쪽이 더 빨리 증가 또는 감소하느냐에 의해 그 최대값(maximal value)이 결정될 것이다.

그러나 기업이 부채를 계속 늘리면 채권자(금융기관)들이 불안을 느끼고 기업에 제동을 건다. 이 제동은 대출이자율(interest rate)을 높이는 방향으로 나타날 것이고, 이자율의 상승은 기업의 이익을 떨어뜨려서 주당이익을 감소시킬 것이다. 따라서 *주당이익이 최대화되는 부채의 규모, 즉 재무레버리지의 크기가 이론적으로는 존재할 수 있으나 그것을 실제현실 속에서 찾아내기는 어렵다.*

다음에는 기업의 부채가 야기하는 재무위험(financial risk)에 대해 논의하자. 앞 절에서 살펴본 바와 같이 기업의 부채, 즉 재무레버리지는 매출액의 증감에 따라 '좋은 일'과 '나쁜 일'을 다 할 수 있는 양면성을 가진다. 시장이 호황이어서 매출액이 증가하고, 투자수익률(return on investment, ROI)이 부채의 이자율보다 높으면 부채를 많이 쓸수록 주당이익은 상승한다.

그러나 시장의 수요가 하락하거나 경쟁제품의 등장, (원자재나 석유파동 같은) 원가상승요인이 발생할 때 부채는 기업에 파산위험을 가져온다. *기업의 위험은 영업위험과 재무위험으로 나눌 수 있다.* 영업위험은 (부채사용 여부와 관계없이) 영업 자체에 내재되어 발생하는 위험을 말한다.

신제품이나 기술개발의 실패, 수출입업무에서 발생하는 환차손(換差損), 노사관계의 실패 등 (부채와 관계없이) 기업경영에서 발생하는 영업위험은 다양하고 많다. 재무위험은 (이러한 영업위험 이외에) 부채를 사용할 경우 추가적으로 발생하는 위험이다. 재무위험이 문제되는 것은 그것이 기업의 부도 또는 도산을 가져올 수 있기 때문이다. 외상채무의 결제나 부채의 원리금상환 등 기업을 부도로부터 막을 수 있는 능력을 가진 것은 현금이고, 재무위험이란 곧 현금의 고갈위험을 의미한다.

이런 의미에서 '현금은 왕(Cash is king)'이라는 표현이 기업경영에 관한 한 타당한 말이다. 기업은 재무위험을 감시하기 위하여 자사의 주요 재무비율(financial ratios)을 동종산업의 다른 기업들과 횡적으로 비교해 봐야 한다. 또 부채비율 같은 주요 재무비율을 시계열(time series)적으로 파악하면서 어떤 것에 큰 변화가 나타나면 그 원인이나 배경을 분석하여 적절한 대책을 세워야 한다.

12.4 기업의 실패

인간의 생명을 위협하는 질병(疾病)은 암, 고혈압, 당뇨병, 외상(外傷) 등 많고 다양하다. 그러나 어떤 원인으로 죽음에 이르든 간에 인체의 생명은 심폐(心肺)기능, 즉 혈액과 산소 공급의 정지(停止)로 끝난다. 기업의 경우도 마찬가지이다. *영업위험에서 발생한 모든 실패는 결국 현금의 유출로 연결되고 현금결제가 불능에 빠지면 기업은 사망한다.* 제9장에 소개한 AKC사가 그 뒤 어떻게 되었는지 살펴보자.

🔘 AKC사의 실패 케이스

AKC(제9장 참조)가 창립된 1989년 당시 한국에는 사출성형기를 생산하는 회사가 20여 개 사에 달하고 있었지만 정밀 플라스틱부품을 생산할 수 있는 고급기계는 수입에 의존하고 있었다. AKC는 클뢰크너기술로 고급사출기를 생산하여 수입품시장을 공략한다는 전략을 수립하고, 연도별 매출계획을 수립, 1993년부터는 흑자전환이 가능하다고 확신하였다.

공장부지 선정에 들어가 AKC는 경인지역에 가까우면서 부동산가격이 저렴한 곳을 목표로 물색한 끝에 충남 당진(唐津) 근처에서 적지를 발견했다. 이곳은 농경지였으나 공장부지로 허가가 날 수 있는 여건을 가지고 있었고, 정부에서 발표한 서해안 고속도로가 근처를 통과할 예정이어서 7만평의 부지를 매입하기로 결정했다.

그러나 많은 지주들과 가격협상을 벌이는 과정에서 예상보다 오랜 시간을 소비했고, 공업단지로서의 하부구조가 안 돼 있었기 때문에 토지의 용도변경과 공장건축 허가를 얻는 데도 기대 이상의 시간을 끌었다. 그리하여 1990년 6월 예정이던 공장준공이 1년 가까이 지연되어 1991년 4월에야 이루어지게 되었고, 실제 생산이 개시된 것은 1991년 하반기부터였다.

클뢰크너사와의 기술이전 계획에 의해 AKC는 6명의 엔지니어를 독일에 파견, 성형사출기의 조립기술을 습득하게 했다. 독일에 파견된 6명의 엔지니어들은 언어 및 문화장벽과 싸워가며 각자 맡은 바 분야에서 기술을 익혀야 했다. *독일의 기술문화는 전통적인 도제제도(徒弟*

制度, Meister system)를 바탕으로 하고 있었다. 독일식 도제제도하에서는 생산현장의 주요 기술과 노하우(know how)는 마이스터(우두머리 匠人) 개인들의 머리와 기능 속에 존재한다.

문헌이나 매뉴얼, 도면 등에는 기술의 기본적인 사항만이 표시되어 있고 생산현장에서 필요한 세부사항은 마이스터의 머리와 근육 속에 개인화되어 존재한다. 그러므로 독일의 생산기술은 외국 기술자들, 특히 언어와 사고방식, 문화가 다른 외국인에게 이전하기에는 적합한 형태가 아니었다.

이런 문화적 어려움 속에서 AKC에서 간 6명의 엔지니어들은 눈치코치 다 살피면서 천신만고 끝에 조립기술을 습득했다. 이렇게 조립기술만이라도 습득한 후 사출성형기 16대분의 부품을 독일로부터 수입, 조립생산해 본 후, 국산화가 가능한 부품부터 단계적으로 국내에서 조달하면서 원가를 절감해 나간다는 것이 AKC의 계획이었다.

1991년 5월, 16대의 사출성형기를 조립할 부품이 독일로부터 AKC에 도착했고, 6명의 엔지니어들도 귀국하여 생산직 기능공들에게 독일서 배워온 조립방법을 가르치기 시작했다. 독일 클뢰크너사로부터 조립 기술자 1명과 (조립이 끝난 제품의 성능테스트를 위해) 품질테스트 기사 1명이 AKC에 파견 나와서 작업을 지시하면서 제품생산이 시작되었다.

그런데 독일서 보내 온 부품에 예상치 않았던 문제가 발생했다. 부품 중에는 빠진 것(缺品)이 많았고, 부품리스트나 설명서, 조립공정도, 배관도(配管圖) 등이 부실하거나 아예 없었다. 독일로 팩스(fax)를 보내고 독촉을 해도 회신이 없거나 답변이 불성실했다. 그 이유도 독일의 도제제도, 즉 마이스터문화 때문인 것 같았다.

객관화된 문서상의 기록제도(recording system)보다는 유능한 장인의 개인적 능력과 지시에 의존하는 독일식 기술문화 속에서는 분해(分解,

complete knock down, CKD)생산을 위한 부품리스트(parts lists)나 조립용 상세도면(detailed blue prints)은 (마이스터의 머릿속에는 있을지 몰라도) 실제현장에는 없기 때문이었다. 이런 차질이 계속 발생하면서 생산 제1차년도인 1991년에는 결국 11대를 조립하는 데 그쳤다.

AKC가 기대했던 부품의 국산화에도 문제가 생겼다. 부품을 국산화하려면 부품제작에 필요한 상세도면을 부품업체에 넘겨줘야 한다. 그런데 독일의 도면작성법과 우리 나라의 도면작성법에 차이가 있었다. 4,000여 장에 이르는 도면을 우리 나라의 부품업체들이 이해할 수 있도록 재작성하는 데 약 2년의 시간이 소요되었다. 그리하여 부품 국산화율이 예측보다 크게 지연되어 수익성 계획에도 차질이 빚어지게 되었다.

부품 국산화에 따른 또 다른 차질은 특허권문제에서 왔다. 클뢰크너 사출기 부품 중 가장 비싼 부분은 전자제어장치였다. 전체 부품가격의 약 20%를 점하는 제어장치의 *특허권*은 (클뢰크너사가 아니라) 네덜란드의 필립스(Philips)사가 가지고 있었다. 따라서 제어장치 제작기술을 배우고 국산화하려면 (클뢰크너가 아니라) 필립스사에게 별도의 기술료를 주고 기술이전계약을 맺어야 했다. 클뢰크너사 역시 제어장치는 필립스사에서 구입하여 쓰고 있었다.

AKC는 클뢰크너와 기술제휴시에 이러한 특허권 문제를 미처 생각 못하는 과오를 범했던 것이다. 이런 어려움 위에 당진공장의 위치가 기존의 부품업체들로부터 거리가 멀고, 교통혼잡이 부품조달의 물류비용을 증가시켰다. 이런 문제 위에 독일 마르크(Mark)화의 환율인상이 시작되면서, 독일에서 수입되는 부품값 상승으로 AKC의 재료비가 사업계획 당시의 예상보다 2배 이상 올랐다.

어려운 문제는 생산된 제품의 판매에도 나타났다. 폐쇄회로라는 새로운 기술개념의 제품을 팔기 위해서는 영업사원들이 기술을 아는 사람이라야 가능했다. 사출성형업무에 종사하고 있는 기존업자들은 자기들이 종래 사용하고 있는 기술에 젖어 있는 사람들이다. 특히, 생산현장의 기술자들은 익숙해져 있는 기술에서 벗어나 새로운 기술을 접하기를 겁낸다. 이런 사정상 폐쇄회로식 새로운 기술개념의 신제품을 판다는 것은 보통 힘드는 일이 아니었다.

수요자가 납득하기 어려운 기술을 설명하는 길, 현장의 작업자들이 신기술에 대해 가지는 두려움과 저항감을 해소시키는 길은 멀고 요원했다. AKC는 폐쇄기술이론을 설명할 수 있는 엔지니어 5명으로 판매활동을 시작했다. 여러 차례의 방문으로 기술내용을 이해시키면, 수요자들의 다음 요청은 AKC의 사출기에 자기들이 쓰는 금형을 장착하여 시범(示範, test)사출을 한 번 해보자는 것이었다. 무거운 금형을 차에 싣고, 당진까지 와서 시범사출을 해보고 긍정적 결과를 확인한 다음에야 구매결정이 이루어지는 것이었다.

기술영업사원을 육성하려면 시간을 요하고, 회사가 적자를 누적시키고 있는 현실에서 영업사원을 늘릴 재정적 형편도 못되어 판매신장은 부진할 수밖에 없었다. 판매가 부진하니까 규모의 경제에 도달이 어려워 제품의 원가를 낮추는 일도 어려웠다. 이러한 어려움 속에 노사분규까지 발생하게 되었다. 국내 굴지 기업인 A중공업에서 전출되어 온 사람들이 AKC에서 받는 보수는 AKC의 적자누적으로 인하여 A중공업 시절보다 낮을 수밖에 없었다. 또 당진은 시골이어서 여러 가지 생활여건도 불편하여 불만과 사기저하가 누적되고 있었다.

이런 와중에 AKC의 최고경영자는 A중공업 회장실에 대해 AKC의 누적적자를 송구스럽게 생각한 나머지, 추석 떡값 반납, 연말보너스 반납 같은 회사 경비절감운동을 전개했다. "우리가 이익을 못 내어 회사돈만 축내고 있는데 어떻게 명절보너스를 받겠느냐? 우리의 각오를 회사 상층부에 보이자"는 것이 그의 요구였다. 이런 강압적 요구는 생산직 근로자들의 마음 속에 쌓인 불만을 누르고 실천에 옮겨졌으며 결국 노사분규로 이어져 생산성을 더욱 떨어뜨릴 뿐이었다.

이처럼 기술, 생산, 영업, 노사관계 등 모든 면에서 예상치 못했던 문제가 터지면서 AKC의 적자는 눈덩이처럼 불어나 *자본금을 모두 잠식*하였고, 최대 주주인 A중공업 본사도 AKC의 장래성에 대해 회의(懷疑)를 보이기 시작했다. AKC가 이렇게 되자 *금융기관들도 더 이상 금융지원을 거부*했고, 결국 1994년 8월 AKC는 *청산절차*를 밟게 되었다.

기업경영의 실제(4):
위험의 회피와 관리

13

기업과 산업의 역사를 보면 그 속에는 흥망성쇠(興亡盛衰)가 있다. *기업의 흥망성쇠에 영향을 미치는 요인들을 크게 분류하면 경영 내적 (內的) 요인과 외적(外的) 요인으로 나눌 수 있을 것이다.* 경영자의 능력이나 노력부족, 실수 등은 내적 요인에 해당될 것이고, 전쟁발발, 환율인상이나 원자재 가격의 폭등(예, 1970년대의 오일쇼크)처럼 비교적 경영자의 통제(control)범위를 벗어나 있는 요인들은 외적 요인이라고 부르자. 그러면 제12장에 소개한 AKC사의 경우 경영자의 과실은 무엇이었는지, 그리고 그들이 통제할 수 없었던 외적 요인은 무엇이었는지 살펴보자.

저자가 구명(究明)한 바에 의하면 AKC는 사업계획 당시 마케팅조사에서부터 과오를 범하기 시작했다. 생산장비 같은 고정자산의 잠재적 시장이란 바다처럼 넓고 깊은 것이어서 총수요와 연도별 성장률이라는 거시변수의 예측만으로는 부족하다. 사출성형기 같은 고가의 고정자산은 그 수요분석을 인간차원, 시간차원, 공간차원으로 나누어 심도 있게 실시해야 한다.

기술(技術)집약도가 높은 고가의 장비를 구입하려는 의사결정자(意思決定者, decision makers)는 당연히 장비에 내재된 기술에 대한 이해(understanding)와 더불어 장비의 기술적 성능을 테스트(test) 해본 후 구입을 결정할 것이다. 의사결정자의 이런 행동양식(behavior)을 *수요의 인간차원*이라 부르자.

AKC는 사출성형기의 수요가 가지는 이런 *행태론적(行態論的, beha-vioral)* 차원을 사업계획서 작성시에 예측하지 못하여 전문판매요원 확보에 차질을 빚었고, 이 차질이 판매저조로 이어졌다. 또 AKC의 마케팅조사팀은 사출성형기 *수요의 공간차원*, 즉 지리적 분포를 고려하지 못했다. 사출성형기의 수요가 경인지역에 집중되어 있을 것으로 가정했으나 (사출성형업자들을 만나 이야기를 해봤다면) 건실한 업체들이 오히려 대구, 부산, 광주지역에 많다는 사실을 알았을 것이다. AKC가 공장입지를 당진지역으로 정함으로써 *물류비*는 물론 (기술을 설명할 줄 아는) 판매요원들의 *활동비(activity cost)*를 높였다.

또 AKC는 사출성형기 *수요의 주기성(週期性, cycle)*, 즉 시간차원을 생각하지 못했다. 사출성형기의 수요는 관련산업(주로 가전제품과 자동차산업)의 경기 호황 때 집중적으로 일어난 후, 사출성형기의 평균수명인 10년이 지나면 다시 교체수요가 일어나는 주기성을 가진다. 이러한 사실은 현장조사를 심도 있게 했다면 사업성 검토시에 알 수 있었을 것이다. 한국의 사출성형기는 1984~85년경에 관련산업의 호황으로 대량 수요가 있었다.

따라서 평균수명 10년을 지나면 1994년부터는 다시 대체수요가 일게 되어 있었다. 사실 AKC가 문을 닫은 직후(1994년)부터 시장수요가 20% 이상으로 비약했다. 수요의 주기성에 관한 정보가 사업계획서에 포함되어 있었다면 1994년을 (문을 닫는 대신) 기사회생(起死回生)의 기회로 삼을 수도 있었을 것이다.

또 AKC는 신규사업의 주제(theme)만 정립했지 그것을 일관성 있게 유지하지 못했다(제10장 '바람과 함께 사라지다' 참조). AKC의 모(母)기업인 A중공업이 사출성형기사업에 투자한 이유는 이 사업을 통하여 메카트로닉스기술을 습득하는 데 있었다. 클뢰크너사와 합작으로 사출성형기를 생산함으로써 그 속에 내장된 메카트로닉스기술을 배워서, A중공업의 주력제품인 선박과 산업기계류의 기술수준을 높이려는 것이 *사업진출의 주제(theme)*였다.

고도의 선진기술을 습득하는 일은 일조일석(一朝一夕)에 되는 것이 아니므로 이것은 장기최적(long-term optimization)을 추구하는 전략이다. 그런데 *장기최적은 단기최적(short-term optimization)의 희생 혹은 양보 위에서만 실현될 수 있다.* 이 문제는 앞으로 제17장에서 다시 다룰 것이다. 선진기술의 습득이라는 장기적 목표를 위해서 초창기의 적자라는 단기적 목표의 희생은 당연한 것으로 받아들여야 했다. A중공업은 자금력도 있었으므로 장기최적을 위해 초창기의 이익을 희생할 능력도 있었을 것이다. 그러나 A중공업의 *사업진출 주제는 슬그머니 사라지고 처음부터 손익에만 집착하게 되었다.*

다음에는 경영 외적 요인을 살펴보자. AKC가 배우고 싶어했던 클뢰크너사의 기술은 독일 고유의 기술(技術)문화의 일부였다. 독일의 기술문화는 마이스터(Meister)제도를 기반으로 하고 있다. 조립기술 같은 *생산기술은 마이스터들의 머리와 근육 속에 체화(embodied)되어 있으면서 도제들에게 직접 전수되기 때문에 상세도면이나 매뉴얼 같은 것이 빈약*하다. 이 점이 AKC가 기술이전에 고전한 원인의 하나였다. 뿐만 아니라 AKC가 배우기를 원했던 전자식 제어(制御, electronic control)기술은 클뢰크너사의 것이 아니고 필립스(Philips)사의 특허였다. 이 사실을 미리 알지 못한 것은 AKC의 큰 실수였다.

그런데 AKC의 사업 주제(theme)가 선진제어기술을 습득하는 데 있었으므로, AKC는 이러한 *기술에 관련된 정보를 사전에 철저히 수집했어야 했다.* 이 실수로 AKC는 고가(高價)의 전자제어장비를 계속 수입에 의존해야 했고, 또 다른 경영 외적 요인인 마르크 통화의 환율 인상으로 인하여 원가상승 압력을 받게 되었다.

13.2 선물시장을 통한 위험회피(risk hedge)

세련된 경영자는 경영외적 위험요인에 대해서도 어느 정도 통제력을 발휘할 수 있어야 한다. AKC의 경우, 외국기술의 문화적 특성이나 특정기술의 특허소유권 같은 문제는 현지 답사나 기술전문 컨설턴트(consultant)에 의뢰해서 미리 정보를 수집했으면 적절한 대비를 하거나 다른 대안(alternatives)을 택할 수 있었을 것이다. 또 마르크화의 환율인상 같은 위험문제도 선물시장(先物市場, futures market)을 활용하여 어느 정도 회피(回避, hedge)할 수 있었을 것이다. 이 절에서는 환율이나 원자재가격의 코스트 상승위험을 회피하기 위하여 경영자가 취할 수 있는 역할에 관해 살펴보자.

옥수수나 밀 같은 곡물의 가격변동은 식품가공업자들이나 곡물을 생산하는 농민들 모두에게 위험과 불안 요소가 된다. 그래서 이미 수세기 전에 안정된 가격에 곡물을 사고팔기를 원하는 수요자와 공급자들이 선도계약(forward contract)이라는 제도를 만들어냈다. 이것은 아직 수확기가 안 된 곡물을 대상으로 특정가격에(즉, 수요자와 공급자가 합의한 가격에) 미리 사고파는 계약을 맺은 후 실물인도는 수확 후 하는 제도이다.

문서에 남아 있는 가장 오래된 선도거래는 1851년 3월 13일의 옥수수 거래였다. 이 거래에서는 3,000부셸(1bushel은 약 35.2리터)을 계약 단위로 하여 당일 가격보다 30달러 낮은 가격에 3개월 후 실물을 인도하는 조건이었다. 그러나 이러한 *선도거래는 제품의 품질과 거래조건의 이행에 대한 보장이 없기 때문에 많은 문제점을 낳았다.* 이러한 문제점을 극복하기 위해서 새로이 고안된 제도가 1865년 미국 시카고(Chicago)에서 나타난 선물계약(futures contract)이다.

선물계약은 대상상품의 질(quality), 양(quantity), 인도시간(time)과 장소(place)에 관하여 표준화가 되어 있으며, 거래자의 계약불이행 사태를 막기 위하여 거래증거금(margin)과 일일정산제도(daily settlement)를 도입했다. 밀의 경우를 예로 들면, 5,000부셸(bushel)을 계약단위 1건으로 하며, 품질은 수확기에 따라 No. 2 Soft Red, No. 2 Hard Red Winter 등 몇 가지로 표준화되어 있다. 실물의 인도시기는 7월, 9월, 12월, 익년 3월, 5월의 5가지 만기월(滿期月)에 속하는 영업일이면 언제든지 할 수 있다.

선물의 만기가 도래하면 실물(밀)은 선물거래소가 지정하는 창고로 운반되며, 이 곳에서 선물을 매입(long position이라 불린다)한 사람은 선물대금을 지불하고 선물을 매도(short position이라고 불린다)한 사람은 창고보관증을 건네줌으로써 실물인도가 완료된다. 그러면 선물거래에서 가장 복잡한 개념인 거래증거금과 일일정산제도를 예를 사용하여 설명해보자.[1]

밀가루를 많이 사용하는 어느 식품회사(앞으로 N사라고 부르자)는 원료를 안정된 가격에 확보하기 위해서 (어느 해 2월 1일) 선물중개회사를 찾아가 그 해 6월물(6月物) 밀 1건(5,000부셸, 약 17만6천리터)의 선물계약을 100만원에 매입하는 선물거래계좌(futures contract account)를 열었다. 선물거래중개회사는 N사에게 개시증거금(initial margin)으로 선물거래금액의 10%(통상 5~20% 사이)에 해당하는 10만원을 납부하라고 요구했고 N사는 그렇게 했다.

그런데 N사가 매입한 6월물 밀 선물의 가격이 다음날(2월 2일) 98만원으로 떨어졌고, 이틀째인 2월 3일에는 다시 3만원이 내려 95만원이 되었다고 하자. 그러면 선물거래소는 (선물값의 변동시에도) 당사자

---

1) 이 예제는 김범석 저, *선물을 알면 미래가 보인다*, 신한종합연구소, 1998, pp. 69-75 에서 인용하였다.

들의 의무이행을 확보하기 위하여 선물가격변동이 '일정한도'를 벗어나면 고객을 불러서(margin call) 추가증거금(variation margin)을 납부하게 한다. 이 때의 '일정한도'를 유지증거금(maintenance margin)이라 부르며, 통상 개시증거금의 25% 수준으로 정해진다.

개시증거금 10만원의 25%는 2만5천원이고 2월2일과 3일의 가격하락을 합치면 5만원이 되어 유지증거금의 한도를 초과하므로 N사는 5만원의 추가증거금을 납부해야 한다. 이 돈은 선물청산소(clearing house, 선물당사자들의 의무이행을 보장하기 위하여 선물거래소가 만든 하부조직)에 의해 동일선물을 매도한 사람의 계좌로 입금된다. 다시 말하면 선물을 매입한 사람이 선물가격변동으로 입는 손해는 동일선물을 매도한 사람의 이익이 된다.

그런데 2월 4일 선물가격이 전날에 비해 4만원이 올라 99만원이 되면 N사는 (전날의 가격 95만원에 비해) 4만원의 이익을 본 결과가 되어 청산소는 N사의 계좌에 4만원을 입금한다. 이렇게 되면 N사의 계좌에는 개시증거금이 14만원이 되어 4만원의 초과금액이 생긴다. 이 초과금액은 N사가 자유롭게 찾아 쓸 수 있는 돈이 된다. 그러므로 만약 선물가격이 충분히 상승만 한다면 선물을 매입한 사람은 그만큼 이익을 챙길 수 있게 된다.

따라서 (어느 상품의 가격등귀에서 오는 위험을 회피하기 위한 수단으로서가 아니라) 선물의 가격변동으로부터 생기는 이익을 취하기 위한 투기(speculation)의 수단으로 선물거래를 하는 사람들이 생기게 된다. 이런 사람들을 스페큐레이터(speculator)라고 부른다. 이런 투기꾼들을 나쁘게 생각할 수도 있겠으나, *이들의 존재는 오히려 선물시장의 돈의 흐름, 즉 유동성(liquidity)을 높여서 선물시장을 위험회피(risk hedging) 수단으로 사용하는 사람들을 도와주는 결과가 된다.*

1971년 시카고대학의 프리드먼(Milton Friedman) 교수는 "The Need

for a Futures Market in Currencies"라는 논문에서 통화의 선물거래 타당성을 옹호했다. 이와 때를 같이하여 (브레튼우드협정의 붕괴에 따라) 세계 각국이 변동환율제도를 택하게 되면서 1972년 5월 시카고에 통화선물거래를 전담하는 시장(International Monetary Market, IMM)이 나타나게 되었다. 1982년에는 (선물과는 달리) 약간의 프리미엄(premium)만 지불하고 선물계약(futures contract)을 사거나 팔 권리(option)만을 거래하는 선물옵션(futures option)시장까지 나타났다. 금융상품의 선물 및 옵션 거래는 이제 (통화뿐만 아니라) 채권 및 주가지수 등에까지 확대되고 있다.

곡물이나 광산물 같은 실물의 선물거래보다 훨씬 짧은 역사에도 불구하고 금융상품의 선물 및 옵션 거래는 전세계적으로 선물거래시장 총량의 60%를 넘어서고 있다. 정보통신기술(IT)의 발달로 전자상거래(electronic commerce, EC)가 확산되면서 (금융상품은 아니지만) 금융상품과 유사한 형태로 인터넷(internet)을 통해 거래되는 품목들이 늘고 있다.

예컨대, 저명한 프로 골프선수(pro-golfer)의 레슨(lesson)시간, 심장외과 전문의(예, D. Cooley)의 수술시간, 일류 정원사의 봄철 영업시간 등이 인터넷을 통해 선물옵션으로 거래되고 있다. 여기서도 선불(先拂)보증금이 예치되며, 옵션행사를 않게 되면 이 돈은 떼이지만 거래가 성사되면 이 돈은 거래가격에 편입된다. 뿐만 아니라 구입해 놓은 옵션 자체도 프리미엄(premium)이 붙은 가격으로 거래되고 있다. 이처럼 (사실은 금융상품이 아니지만) *금융상품의 선물옵션과 유사한 형태로 거래되는 상품을 증권화(securitized)되었다고 말한다.*

최근 두드러지게 '증권화'되고 있는 상품 중에 人力(manpower)이 있다. 무수히 많은 고용경매사이트가 인터넷상에 개설되었고, 이런 사이트를 사용해 본 기업들은 인력채용에 드는 시간과 비용을 절감하면서 우수인력을 고를 수 있다고 좋아하고 있다. 지식경영이 강조되면서 특수지식을 보유한 팀(team)들이 인터넷을 통해 자기들의 지식서비스를 경매에 올리고 있다. 16명으로 구성된 어느 웹시스템(web-system) 개발팀은 포춘(*Fortune*) 500에 드는 회사들을 상대로 일한 경험을 내세우며, 자기들의 1년간 서비스를 (최저가 314만달러에) 경매에 올리기도 했다.

무한경쟁 속에서는 최고의 전문가에게 최고수준의 서비스를 받아야 경쟁력을 보유할 수 있다는 전제가 지식집약적인 서비스의 '증권화' 시대를 연 것이다. *회사가 필요로 하는 어떤 업무를 원가절감의 이유에서 하청(下請)주는 개념이 아니고, 최고의 경쟁력을 확보하기 위해 '증권화'된 상품을 구입하는 시대가 된 것이다.*

13.3 확률이론을 사용하는 위험관리

기업의 경영자들은 위험을 관리하기 위하여 확률개념을 사용할 수도 있다. 확률(probability)은 수학적 개념이므로 다음과 같이 추상화된 모형을 사용하여 설명해 보자. [그림 13·1]과 같이 '갑', '을' 두 항아리가 있고 이들 두 항아리 속에는 금구슬과 쇠구슬이 섞여 있다. 우리가 50만원을 내면(투자하면) 갑 혹은 을 항아리 중 어느 하나에 손을 넣어 구슬 하나를 꺼낼 수 있다고 하자.

금구슬을 꺼낸 사람은 100만원의 이익을 보며, 쇠구슬을 꺼낸 사람은 투자한 50만원을 날린다고 해보자. 이제 우리의 의사결정(decision making)문제는 어느 항아리에 손을 넣을 것인가에 있다. 의사결정이란 그 본질이 복수(두 개 이상)의 대안 중에서 어느 하나를 선택하는 일이다. 경영의 실제현실 속에서, 예를 들면 제조기업이 기존의 공

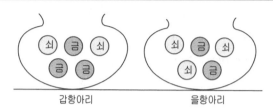

갑항아리   을항아리

장규모를 확장하느냐 않느냐, 생산설비를 첨단기계로 교체하느냐 않느냐 등의 문제가 추상화되면 위의 항아리모형이 된다.

(갑, 을 두 항아리 중에서 어느 항아리를 선택하여 손을 넣을까 하고 망설이는 경우처럼) 의사결정을 내려야 하는 경영자는 정보를 수집한다. 공장설비의 확장 여부에 관한 문제라면 이 설비를 사용하여 만들어 낼 제품이 시장에서 얼마나 팔릴 것인가, 즉 수요예측에 관한 데이터가 정보가 될 것이다. 항아리모형의 경우, 만약 갑항아리에는 금구슬 3개와 쇠구슬 2개가 들어 있고, 을항아리에는 금구슬 2개와 쇠구슬 3개가 들어 있다는 정보를 입수했다고 하자(그림 13·1 참조).

그러면 경영자는 이 정보로부터 확률을 계산할 수 있다. 금구슬을 집어낼 확률은 갑항아리의 경우가 $\frac{3}{5}$, 을항아리의 경우가 $\frac{2}{5}$이므로 합리적(合理的, rational)인 경영자는 갑항아리에 손을 넣을 것이다. 그러나 (확률적으로 유리한) 갑항아리에서도 결과적으로는 쇠구슬이 나올 수 있고, 반대로 (확률적으로 불리한) 을항아리에서도 금구슬이 나올 수 있다는 것이 우리의 경험이다. 이처럼 *인간의 통제(control)능력 밖에서 나타나 인간의 삶에 영향을 미치는 어떤 미지의 힘을 우리는 운(運, fate)이라고 부르자.*

운이라는 미지의 요소가 작용하면 경영자가 아무리 성실하게 정보를 수집하고 합리적인 분석을 통하여 의사결정을 내려도 그 결과는 나쁘게 나올 수 있다. 반대로 성실한 정보수집이나 합리적인 분석을 결여한 상태에서 '어물어물' 내린 의사결정이 다행히도 좋은 결과로 나타날 수도 있다. 그러나 인간의 삶, *기업의 경영에서 나타나는 운의 장난은 대자연 속의 또 다른 신비로운 힘, 대수(大數)의 법칙(Law of large numbers)에 의해 제약당한다.*

한두 번의 시행(試行, trials)에서는 확률적으로 우세한 갑항아리에서도 (운이 나쁘면) 쇠구슬이 나올 수 있고, 확률적으로 불리한 을항아리에서도 (운이 좋으면) 금구슬이 나올 수도 있지만, 수많은 시행(a large number of trials)을 반복하여 그 결과를 합쳐보면 합리적 결정을 한 사람이 승리한다는 것이 대수의 법칙이다.

실제 전자계산기를 사용하여 모의실험을 수백 혹은 수천 번 실시해보면, 갑항아리에 손을 넣은 사람과 을에 넣은 사람의 승리횟수는 $\frac{3}{5}$ 대 $\frac{2}{5}$, 즉 3 : 2로 합리적 의사결정을 한(즉, 갑항아리에 손을 넣은) 사람이 승리하게 된다. 예컨대, 500번 시합을 해서 그 결과를 합쳐보면 약 300 대 200의 스코어(score)로 합리주의자가 이기게 된다. 따라서 *의사결정의 성과는 ① 경영자의 노력, ② 운의 장난, 그리고 ③ 대수의 법칙이 결합되어 결정되는 것 같다.*

운의 요소가 개입되어 의사결정의 결과가 나온 경우에는 의사결정자(decision maker)에 대한 평가가 문제된다. 성실한 정보수집과 합리적 분석으로 의사결정을 내렸지만 (운이 안 좋아서) 나쁜 결과를 얻은 경영자 A와 반대로, 의사결정의 과정에는 별로 칭찬받을 만한 노력이 없었으나 (운이 좋아서) 좋은 결과를 얻은 경영자 B, 이 둘 중에서 누가 더 우수한 경영자로 평가받아야 하는가? 다시 말하면, 최종결과를 기준으로 경영자를 평가할 것인가, 아니면 의사결정에 임한 성실성과 합리성을 기준으로 평가할 것인가가 문제된다.

이런 문제가 중요한 이유는 *평가기준 혹은 그 제도 여하에 따라 조직구성원의 행동양식과 가치관 드디어는 조직문화가 형성되기 때문*

이다. 기업은 영속적 존재(going concern)이므로 기업의 의사결정에 영향을 미치는 대수의 법칙을 무시할 수 없을 것이다. 따라서 열심히 정보를 수집하여 합리적 분석을 내리는 경영자가 (행운에 기대하는 경영자보다) 중시되어야 할 것 같다. 실제의 *기업경영, 정치, 군사, 스포츠 등 모든 분야에서 의미 있는 업적을 이룬 인물들은 '행운에 대한 기대'를 포기한 사람들이다.*

1970년대 미국 오하이오주립대학(Ohio State University)을 대학축구의 명문으로 이끌어 온 감독 우디 헤이즈(Woody Hayes)는 어느 인터뷰에서 *"나는 어느 것도 운에 맡기지 않는다(I leave nothing to chances)"*라고 말했다. 작전지시 하나하나를 모두 데이터와 분석에 의해 결정했지, 요행에 맡겨 본 적이 없다는 이야기일 것이다.

13.4 기대값을 고려하는 위험관리

의사결정에서 중요한 것은 확률만이 아니다. 앞의 항아리문제를 다음과 같이 확장시켜 보자. 의사결정자가 갑항아리를 선택했고 거기서 금구슬이 나오면 100만원을 받고 쇠구슬이 나오면 50만원 손실을 보지만, 을항아리에 손을 넣었을 경우 거기서 금구슬이 나오면 300만원을 받고 쇠구슬이 나오면 100만원 손실을 본다고 해보자. 경영의 실제상황에서 갑항아리모형은 공장의 확장을 연산(年産) 100만톤 규모로 하는 안(案)이고, 을항아리는 300만톤 규모로 하는 안에 해당할 것이다.

확장공사가 끝난 후 만약 시장수요가 300만톤 규모로 나타나면 갑항아리, 즉 100만톤 규모로 확장한 의사결정은 100만원의 수익을 올릴 수밖에 없다. 그러나 을항아리, 즉 과감하게 300만톤 규모로 확장한 의사결정은 300만원의 수익을 거둘 수 있을 것이다. 반대로 쇠구슬이 나타날 경우, 즉 시장수요가 공장규모에 못 미치게 나타나는 경우에는 손실규모가 투자규모에 따라 더 커질 것은 분명하다. 갑, 을 두 항아리를 사용한 추상모형을 표로 정리해 보면 다음과 같다. 그러면 의사결정자는 어느 항아리에 손을 넣어야 할 것인가?

항아리	구슬	결과로 얻은 값
갑	금	100만원
	쇠	−50만원
을	금	300만원
	쇠	−100만원

이제 두 항아리 중에서 어느 하나를 선택하는 의사결정문제는 단순히 확률만 비교하는 1차원적 범위를 넘어섰다. 확률은 물론 그 확률과 더불어 얻게 되는 결과치(値)까지 고려해야 하는 2차원적 문제가 되었다. *어느 사상(事象, event)이 나타날 확률과 그와 더불어 얻게 되는 결과의 크기를 (확률분포에 따라) 모두 합친 값*을 우리는 기대값(expected value)이라고 부른다. 예컨대, 갑항아리에 손을 넣을 경우의 기대값은

$$\frac{3}{5} \times 100만원 + \frac{2}{5} \times (-50만원) = 40만원$$

이 된다. 즉, 갑항아리 쪽으로 의사결정을 내릴 경우 그 의사결정의 기대값은 40만원이 된다. 을항아리의 경우에는

$$\frac{2}{5} \times 300만원 + \frac{3}{5} \times (-100만원) = 60만원$$

이 된다. 무수히 많은 시행을 해서 평균을 내면 을항아리를 선택한

사람은 손을 넣을 때마다 60만원을 벌게 되고, 갑항아리를 선택하는 경우에는 40만원을 벌게 된다는 의미이다. 따라서 합리적인 경영자는 을항아리를 선택하는 의사결정을 내릴 것이다. *확률만 고려하면 갑항 아리가 우세했지만 각 확률의 사상이 나타날 경우의 결과까지 고려한 기대값을 비교하면 을항아리 쪽이 더 유리하다.* 그러나 확률이나 기대값 모두 무수히 많은 시행을 전제로 한 개념이지, 하나하나의 구체적 상황을 전제로 한 것이 아니다.

예를 들어 설명해 보자. 어느 병원에 환자 하나가 찾아왔고, 이 환자가 걸린 병은 사망률이 99%라고 가정해 보자. 마침 이 병원에는 이 병에 걸린 환자가 그 동안 99명이 왔었고, 이들이 모두 사망했다고 해보자. 그러면 이 병원 의사는 이 환자에게 "당신의 병은 틀림없이 나을 수 있소. 왜냐하면 당신이 걸린 병의 사망률이 99%인데 그 동안 우리 병원을 찾은 환자 99명이 모두 사망했기 때문이요."라고 말할 수 있는가? 99+1=100명은 물론 큰 수(a large number)이다. 그래서 100명 중에서 1명은 살 수 있다고 말할 수 있다.

그러나 그 1명이 100번째로 찾아온 바로 이 환자가 된다는 보장은 없다. 사망확률이 99%라고 말하는 것은 평균 100명 중에서 1명은 살아날 수 있다는 의미이지, 지금까지 99명이 죽었다면 100번째 환자는 살 수 있다는 의미는 아니다. 다시 말하면 *확률이론은 거시적(巨視的, macroscopic) 진리이지, 미시적(微視的, microscopic) 진리는 될 수 없다.* 그러면 기업의 흥망성쇠를 설명할 수 있는 이론은 무엇인가? 다음 제14장에서 이 문제를 고찰하자.

기업의 흥망성쇠

14

14.1 | 기업은 언제나 불안하다

기업과 산업의 역사를 살펴보면 잘 나가던 기업도 어느 날 갑자기 위기를 맞는다. *기업의 본원적(本源的) 위기는 그 기업이 생산·공급하는 제품 혹은 서비스의 생존부등식이 위협받으면서 시작된다.* CD음반(音盤)이 나오면서 음악 애호가들이 과거의 LP음반에서 느끼던 가치(V)는 추락하기 시작했다. *제품의 가치가 추락하면 그 제품의 생존부등식은 좌변(V>P)에서부터 무너지기 시작한다.* 또 원자재가격이나 노임이 오르면 생산코스트(C)가 올라서 생존부등식의 우변(P>C)이 위협받을 수도 있다.

뿐만 아니라 경쟁사가 같은 제품을 덤핑(dumping)가격으로 시장에 내놓으면 자사제품도 가격(P)을 내려야 팔리므로 역시 생존부등식의 우변(P>C)이 위협받는다. 오늘날처럼 무수히 많은 기업, 무수히 많은 제품들이 서로 무한경쟁을 전개하는 속에서는 일단 만족되었던 생존부등식도 순식간에 풍전등화가 될 수 있다. 다음 케이스를 살펴보자.

🔘 캔(canned) 식혜 케이스

1990년대에 세계무역질서의 변화가 우리 농산물을 위협하자, 우리나라 식품업계는 능동적 대처방안의 하나로 신토불이(身土不二)라는 슬로건과 함께 식혜나 수정과 같은 우리 전통음료를 상품으로 개발하기 시작하였다. 이러한 추세 속에 레토르트(retort) 용기에 담겨 판매되던 식혜는 원료인 엿기름(맥아)의 발아(發芽)과정에서 생기는 아스파라긴의 피로회복기능과 디아스타제의 소화촉진기능이 있다 하여 그 소비규모가 1993년 연간 50억원수준으로 성장하기에 이르렀다.

그러다가 (주)비락이 1994년 5월, 식혜의 용기를 알루미늄 캔(can)으로 바꾸어 시장에 내놓았다. 레토르트 용기에 담긴 식혜의 가격은 500원이었고, 알루미늄 캔 식혜의 가격은 600원으로서 100원이 더 비쌌으나 식혜의 소비규모는 1년만에 600%, 즉 300억원 시장으로 급성장하였다. 제2차년도인 1995년에도 800% 이상 성장하여 2,500억원 규모의 시장이 되었다. 여기까지의 이야기가 던져주는 메시지는 분명하다. 소비자가 어느 제품으로부터 느끼는 가치는 그 제품의 내용뿐만 아니라 포장, 용기, 이미지 등 그 제품의 소비과정에 관련된 모든 변수의 총체적 집합이라는 사실을 알 수 있다.

식혜의 경우, 캔 용기를 사용함으로써 가격(P)이 100원 더 비싸졌으나 소비자가 느끼는 가치(V)의 증가는 100원 이상이었기 때문에 소비자순혜택, $V-P$를 레토르트 용기 때보다 더 크게 했고, 이 증가가 소비급등으로 나타난 것이다. 식혜의 캔化는 그것이 성공으로 나타난 지금 시점에서는 당연했던 것처럼 보이겠지만 그것이 탄생하기에는 경영자의 감수성과 상상력, 그리고 용기가 필요했다.

식혜의 용기를 캔으로 바꾸면 소비규모가 급팽창하리라는 것을 아무나 쉽게 상상할 수 있는 것은 아니다. (주)비락의 캔 식혜가 나오기 전에 한국 어느 대기업의 신제품개발팀이 캔 식혜 아이디어를 내어 이사회에 올렸다고 한다. 그러나 이사회는 당시 (레토르트 용기 시절) "식혜의 시장규모가 대기업이 진출하기에는 너무 작다"고 결론을 내리고 채택하지 않았다고 한다. *1995년 캔 식혜가 히트상품이 되자, 이 회사의 이사들은 "우리가 왜 그 때 캔 용기를 생각하지 못했던가!" 하며 후회를 했다고 한다.*

그러나 캔 식혜의 국내시장 규모가 2,500억원으로 성장하고 외국으로까지 수출되기 시작하자 식품제조업체들은 물론 제약업체, 제과업체까지도 캔 식혜 제조에 참여, 1995년 11월에는 60여 업체가 과당경쟁을 벌이게 되었다. 식품회사가 캔 식혜를 생산하려면 캔의 제작 및 도안을 전문업체에 외주(外注)주고, 이렇게 구입한 캔을 세척하는 공정, 식혜를 주입하는 공정, 캔을 밀봉(密封)하는 공정 등 생산설비에 투자해야 한다. (주)비락의 경우 이 투자규모는 (당시의 화폐가치로) 100억원을 넘었다. 이러한 시설투자를 한 후 만약 식혜의 판매가 손익분기점에 이르지 못하면 투자한 기업은 손실을 감수해야 한다.

캔 식혜 제조에도 최소한의 노하우가 필요하다. 특정 온도에서 수 초 동안 열처리를 하는 살균과정이 그것인데 일부 기업에서는 이 노하우가 불완전하여 캔 속의 식혜가 변색, 변질 혹은 부패하는 경우까지 발생했다. 이렇게 캔 식혜가 시장에 범람하고 일부 제품의 품질에 문제가 생기자 소비자들이 캔 식혜에 등을 돌리기 시작했다. *총수요가 1996년에는 2,000억원수준으로 축소되었고, 60여 업체의 과당경쟁은 가격덤핑으로 이어지면서 500원에 거래되던 가격이 200원수준으로까지 떨어졌다.* 이렇게 되자 많은 회사가 도산하기 시작했고 자금력으로 버틸 수 있는 기업 몇 개만이 남게 되었다.

뿐만 아니라 WTO체제의 정착으로 음료시장이 개방되면서 해외로부터 이국적인 맛을 가진 경쟁제품, 스포츠음료 등이 들어오기 시작했다. 캔 식혜의 수요확대에 자극받은 국내 식품회사들은 감, 배, 사과, 포도, 대추 등의 과일로 캔 음료를 생산하기 시작했다. 이렇게 대체 경쟁제품이 우후죽순처럼 나타나면서, 캔 식혜는 무한경쟁 속에 휘말렸고, 캔 식혜의 총수요가 축소되면서 식혜회사들은 지금도 고전을 면치 못하고 있다.

캔 식혜의 케이스는 몇 가지 시사점을 던져준다. *제품의 가치(V)는 제품 자체뿐만 아니라 용기 같은 포장방식에 의해서도 크게 영향받는다는 사실이 그 하나이다.* 레토르트 파우취(retort pouch)에 담긴 액체 음료는 소비자가 마시기에 불편이 많았다. 식혜를 마시기 위해 주머니를 뜯는 과정에서 식혜가 얼굴이나 옷으로 튀는 일, 마시는 과정에서 손이나 얼굴로 흐르는 일 등 소비과정의 불편을 '감수성'으로 포착한 기업이 용기를 바꾸면서 소비자가 느끼는 제품의 가치가 높아진 것이다. *V의 상승이 가격(P)의 상승보다 컸기 때문에 소비자순혜택 V−P가 증가하면서 캔 식혜의 매출이 급성장한 것이다.*

그러나 60여 업체의 난립으로 일부 제품의 품질이 떨어지고 이것이 캔 식혜 전체의 이미지 하락으로 이어지면서 캔 식혜의 가치(*V*)를 떨어뜨렸다. 또 60여 업체가 가격덤핑을 시작하면서 생존부등식의 우측 부등호 *P*>*C*가 무너지기 시작하여 자금력으로 버틸 수 없는 기업은 모두 도산하게 된 것이다.

14.2 │ 자기파멸의 위험회피

앞 제13장에서 설명한 것처럼 *기업이나 인생 모두에 대수의 법칙이 작용할 여지는 많다. 그러나 구체적인 의사결정 하나하나에서는 (대수의 법칙에 의한) 기대값이 나타나는 것은 아니다.* 예컨대, 제13장 항아리모형에서 의사결정자가 실제로 구슬을 집어내면 그 결과는 (갑항아리의 기대값인) 40만원도 아니오, (을항아리의 기대값인) 60만원도 아니고, 100만원 혹은 300만원의 이득을 얻게 되거나, 아니면 50만원 혹은 100만원의 손실이 나타날 뿐이다. 따라서 이득이 나타날 경우에는 문제가 없지만 손실이 나는 경우에 손실규모가 너무 크면 문제가 생긴다.

예컨대, 갑항아리, 을항아리 모형에서 결과의 단위가 만원이 아니고 억(億)이라고 해보자. 생산설비를 300톤 규모로 확장했는데 시장수요가 기대에 미치지 못하면 과잉투자로 인한 손실은 (100만원 단위가 아니고) 100억원이 될 것이다. 이런 규모의 손실은 회사가 도저히 감당할 수 없는 위험이라고 해보자.

그러면 비록 기대값 면에서 을항아리 안이 우수하다고 해도 100억원이라는 자기파멸 위험 때문에 을항아리 안은 선택될 수가 없을 것이다. 따라서 실제의 의사결정에서는 ① 확률과 ② 기대값 이외에 ③ 제3의 고려가 또 필요하다. 제3의 고려란 *의사결정 대안(代案) 중에 자기파멸(destruction of self-identity)의 위험을 포함하는 것은 피해야 한다는 뜻이다.*

여기서 김영랑(金永郞)의 시 '모란이 피기까지는'을 생각해 보자. 이 시에

> "모란이 지고말면 그뿐
> 내 한 해는 다 가고 말아
> 삼백예순날 하냥 섭섭해 우옵네다"

라는 구절이 있다. 그런데 기업은 시와 다르다. *모란은 1년만 기다리면 다시 피어날 수 있지만, 기업은 일단 쓰러지면 다시 살아날 수 없기 때문이다.* 따라서 기업의 의사결정에서는 합리주의(合理主義)의 산물인 대수의 법칙, 즉 기대값 논리만으로는 안 된다. 기업에 자기파멸을 가져올 수도 있는 대안은 (그것이 성공할 경우 그 결과가 아무리 매력적이라도) 포기해야 한다. 우리 한국 기업으로서 제3의 고려에서 실패한 케이스가 대우(大宇)의 비극이다.

WTO와 세계화(globalization) 시대를 맞아 세계 도처에 자동차 생산공장을 건설한 대우그룹은 (우리 항아리 모델에서) 을항아리에 손을 넣은 셈이고, 불행히도 쇠구슬이 집힌 것이다. 세계시장에서 자동차의 수요는 기대에 못 미쳤고, 한국에서는 IMF 구제금융 위기가 터지면서 부채의 만기연장이 불능해지자 대우그룹은 비운을 맞은 것이다.

그런데 *인간의 삶에는 악순환(惡循環, vicious circle)이란 것이 있다.* 가난하게 살아가는 달동네의 어느 아버지를 상상해 보자. 이 아버지에게 열심히 공부하는 아들이 있고, 그가 대학에 합격했지만 등록금과 하숙비, 책값 등 4년 동안 약 **3,000만원**이 필요하다고 해보자. 하루 벌어 하루 사는 이 집안으로서는 **3,000만원**의 교육비는 불가능이다. 빈곤이 교육을 불가능하게 하고 교육을 못 받아서 다시 빈곤해지는, 다시 말하면 물고 물리는 순환의 고리를 악순환이라고 부른다. 이러한 악순환은 인생, 기업, 국가 등 어디에나 존재할 수 있다.

기업의 경우, *자금여력이 없기 때문에 기술투자를 못하고, 기술이 없기 때문에 이익률이 낮고, 이익률이 낮아 자금여력이 없기 때문에 기술투자를 못하는 것도 악순환이다.* 그러면 이러한 악순환에서 벗어날 수 있는 길은 있는가? 쉬운 길은 아니지만 길은 있다. 하나를 살펴보자.

14.3 악순환 극복의 방법론

[그림 14·1]에서와 같이 어느 야구선구가 높은 산에 올라가서 지평선을 향해 공을 던진다고 생각하자. 이 공은 얼마 날아가다가 곧 땅에 떨어질 것이다. 좀더 힘껏 던지면 그 공은 좀더 멀리 날아가겠지만 결국 땅에 떨어질 것이다. *공이 지구의 중력(重力)을 이길 만한 운동에너지를 가지지 못하는 한 공은 계속 땅에 떨어질 것이다.*

그러나 물리학자들의 계산에 따르면 공을 초속 **8km** 정도로 날아갈 수 있도록 힘껏 던지면 이 공의 원심력(遠心力)이 지구의 중력과 균형을 이루게 되어 공은 떨어지지 않고 계속 날아갈 수 있다.

초속 **8km**의 속도는 실제 우리 인간이 최초의 인공위성을 쏘아 올

[그림 14·1] 악순환 탈피의 방법론

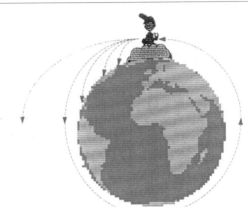

릴 때(구소련의 Sputnik와 미국의 Explorer 1호의 경우) 얻어낸 속도이다. 이 속도를 초과하면 인공위성은 지구의 중력을 벗어나 우주 속으로 날아갈 수도 있다. 이와 본질적으로 유사한 논리가 악순환의 탈피에도 적용된다. *악순환을 일으키는 마(魔)의 힘에서 탈피하려면 (지구의 중력을 이길 수 있는 초속 8km처럼) 어떤 임계수준(critical level)에 도달해야 한다.* 임계수준에까지 못 미치면 누구도 악순환의 손아귀에서 벗어날 수가 없다.

그러면 (물리의 세계가 아닌 경제 혹은 경영의 세계에서) 빈곤의 악순환으로부터 탈피하는 방법은 무엇인가? 이 문제를 풀기 위해 어느 영화의 한 장면을 떠올리자. 1970년대의 월남전쟁을 배경으로 한 *사슴사냥(Dear Hunter)*이라는 영화가 있었다. 이 영화에 도박장 장면이 나온다. 권총(revolver) 속에 탄알을 하나만 넣고 이것을 회전시켜서 위치를 알 수 없게 한 후, 도박사가 자기 머리에 대고 방아쇠를 당기는 참혹한 도박이다. 도박사가 죽는 경우에는 상당한 돈이 가족에게 전달된다고 하자. 이 도박에서 총알이 나올 확률은 $\frac{1}{6}$이고, 그 결과는 생명의 상실이다.

이렇게 비이성적인 도박장에 뛰어들어 자기 생명을 던지려는 사람은 별로 없을 것이다. 그러나 앞의 달동네 이야기처럼 빈곤의 악순환에서 자기 집안을 구하고 싶어하는 헌신적인 아버지가 있고, 그에게 위험부담의 대가로 **3,000**만원이 주어진다고 상상해 보자. 비록 $\frac{1}{6}$의 확률로 자기가 죽을지라도 부모의 헌신적인 사랑에서는 이런 모험도 가능할 것이다.

우리 나라가 일제의 식민지하에 있던 **1932**년 상해(上海) 임시정부는 빈곤과 무기력(無氣力)의 악순환 속에 있었다. 이 때 윤봉길 의사의 헌신적 조국애가 장개석 정부로 하여금 우리의 임시정부를 지원하게 만들었고 그로 인하여 우리 임시정부는 살아난 것이다. 결론적으로 악순환에서의 탈피는 *초과(超過)위험부담(super-risk taking)*에 의할 수밖에 없다.

선진국과 후진국 사이에는 악순환 탈피의 필요성에서 기인하는 경영방식 혹은 문화에 차이가 있을 수 있다. 산업선진국의 기업들은 이미 튼튼한 조직, 기술과 경험, 그리고 시장을 확보하고 있지만 후진국 혹은 개발도상국의 기업들은 대부분 이런 기반을 처음부터 만들어 나가야 한다. 이 과정에서 악순환의 고리를 만나면 그것을 극복하기 위해 초과위험부담을 감수해야 한다.

예를 들어보자. **1978**년 당시 수출로 성장한 (주)대우는 정부로부터 (당시 산업은행 관리하에 있던) 옥포조선소를 맡아달라는 요청을 받고 이를 수락했다. 대우는 $\frac{1}{4}$ 정도 진척되어 있던 도크공사를 마무리하면서 처음 건조할 선박을 수주해야 했다. 그러나 대우는 아직 배를 만들어 본 경험과 실적이 없기 때문에 국제 선주들로부터 수주(受注)를 받을 수 없었다. 수주를 못 받으면 실적과 경험을 쌓을 수 없기 때문에 대우는 악순환의 고리에 걸려든 것이다. 이 때 합리주의적 타개책은 작고 쉬운 배부터 주문을 받아 경험을 쌓아 가는 것이었다.

그러나 옥포조선소의 도크 규모가 작은 배를 만들기에는 경제성이 없었다. 하는 수 없이 대우는 초과위험부담을 감수하기로 했고, 선박 중에서 건조하기가 가장 어렵다는 화학선(chemical tanker)을 수주하기로 했다. 만약 이 선박에 하자가 있으면 이 배를 대우가 다시 구입하겠다는 조건으로 수주에 성공했고, 대우는 이 화학선 건조에 대우가 가진 최선의 인적(人的)·물적(物的) 자원을 동원했고 원가계산도 초월했다.

이 최초의 선박은 1981년 12월 보우 파이오니어(bow pioneer)라는 이름으로 성공리에 진수되었고, *Maritime Reporters and Engineers News* 와 *Maritime Engineering/log* 등 두 해사(海事)저널이 그 해 세계에서 가장 잘 건조된 배 10척 중에 선정되었다. 초과위험부담에 성공함으로써 대우는 수주(受注)의 악순환에서 탈피할 수 있었다. 그러나 이런 초과위험부담을 짊어지는 관행이 기업문화의 일부가 되면서 대우는 (앞 절에서 설명한 것처럼) 1990년대의 세계화과정에서 과도한 해외투자로 인하여 도산하게 되었다.

기업이 투자의사결정에 실패하면 위기를 맞는다. 그러면 기업이 신규투자를 자제하면서 현상유지(status quo)에만 집착하면 그 기업은 안전할 것인가? 이 질문에 대한 답은 아니오(No)이다. 왜냐하면 *시대와 환경, 과학과 기술, 그리고 소비자의 필요와 기호가 계속 변하기 때문*이다. 이러한 환경변화에 적응하지 못하면 기업은 경쟁기업에 뒤지게 되고 쇠퇴할 수밖에 없다. 환경변화를 따라가기 위해서 기업은 투자를 계속해야 한다. 그러면 환경변화 속에서 기업의 흥망성쇠를 설명하는 이론은 무엇인가?

14.4 | 기업의 흥망을 설명하는 이론

　인류의 역사 속에 존재했던 문명이나 국가, 민족은 물론, 기업이나 가문(家門) 또는 개인의 역사에도 흥망성쇠가 있다. 무엇이 이러한 흥망을 결정하는가? 역사학자 슈펭글러(Spengler)는 생명주기이론(生命週期理論, life-cycle theory)으로 역사 속의 흥망을 설명했다. 그에 의하면 역사 속의 문명도 자연계의 유기체(有機體)처럼 탄생, 성장, 성숙, 그리고 노쇠기를 거쳐서 결국 사멸에 이른다는 것이다. 만약 이 주장이 기업이나 공공단체처럼 인간이 창조한 조직에 대해서도 맞는다면 이들 조직도 자연수명이 다하면 결국 사멸할 수밖에 없다는 비관론이 나온다.

　인간의 육체도 자연의 유기체로서 생명주기율의 지배를 받고, 따라서 평균수명을 가진다. 생명주기율과 평균수명은 동전의 양면과 같은 관계이다. 따라서 기업이 생명주기율에 지배된다면 기업도 평균수명을 가질 것이다. 과연 그런가? 일본의 '日經비즈니스(Nikkei Business)'는 1896년 이래 100년간 일본 100대 기업의 변천사를 연구한 바 있다. 이 연구보고서는 이들 기업의 평균수명이 30년 정도라고 밝히고 있다.[1]

　미국에도 대기업 2,000개 회사를 샘플로 선정하여 그들의 평균수명을 조사한 보고서가 있다. 이 보고서에 의하면 미국기업의 평균수명은 10년 정도라고 한다. 믿기 어려운 단명(短命)이지만 산업별 구체적 자료를 보면 실감이 얻어진다. 예컨대, 자동차산업의 경우, 1910년대에 미국에는 200여 개에 달하는 자동차 제조회사가 우후죽순처럼 나타났다. 그러나 이들의 수가 1930년대에는 20개 사, 1960년대에는 4

---

1) 日經비즈니스 편, "會社의 壽命 : 盛者必衰의 理", 日經비즈니스, 東京, 1984.

개 사로 축소되었고 지금은 3개 사이다.

자동차뿐만 아니라 라디오, TV 등 모든 산업분야가 무한경쟁 속에서 이러한 부침(浮沈)을 겪으니, 10년 정도의 짧은 평균치가 나올 만하다. 대기업에 관한 데이터가 이러하니 중소기업의 경우는 불문가지(不問可知)일 것이다.

그런데 여기서 하나의 의문이 제기된다. 왜 미국기업의 평균수명과 일본기업의 그것 사이에 이렇게 1:3의 차이가 나는가? 이 질문에 대한 답은 자유화의 정도에 있다. 미국은 세계에서 가장 자유로운 나라이다. 높은 수준으로 보장되는 산업활동자유가 자유경쟁, 즉 생존경쟁을 심화시켜 기업의 평균수명을 단축시킬 것이다. 따라서 *기업의 평균수명은 그 사회의 自由度(degree of freedom)와 함수관계*에 있다는 결론이 나올 수 있다. 한국에서도 매년 민주화가 진전되고 자유도가 높아지고 있으므로 기업의 평균수명은 더욱 단축될 것이다.

그러나 슈펭글러의 생명주기가설을 경영학에 그대로 수용(受容)할 수는 없다. 기업 중에는 평균수명으로 설명할 수 없는 장수를 누리는 기업도 많기 때문이다. 듀퐁(Du Pont)사는 1802년에 창업하여 아직도 화학분야에서 세계정상에 군림하고 있다. 미국 대기업의 평균수명, 10년을 무려 20배나 누리고 있는 셈이니 사람의 경우로 환산해 보면, 인간의 평균수명을 70년으로 잡을 때 $70 \times 20 = 1,400$세인 셈이다. 이것은 정규분포(normal distribution)의 범위를 일탈(逸脫)하는 현상이므로 통계학적으로 수용이 불가(不可)한 현상이다.

이런 기업이 Du Pont 이외에도 무수히 많으므로 *슈펭글러의 생명주기이론만으로는 기업의 흥망을 설명할 수 없다*는 결론에 이른다. 그래서 토인비(Toynbee)는 도전(挑戰, challenge)과 응전(應戰, response)이라는 개념으로 역사 속의 흥망을 설명했다. 가혹한 자연환경이나 외적(外敵)의 침입 등 어느 문명권의 존속에 대한 위협을 토인비는 도전으로 정의한다.

이러한 도전에 대하여 이들 문명권이 응전에 성공하면 그 문명권은 계속 존속·발전할 수 있고, 응전에 실패하면 소멸해 간다는 것이 토인비의 역사가설이다. 토인비 가설을 경영학에 도입한다면 기업의 존속을 위협하는 어떤 도전에 대하여 기업이 응전에 성공하는 한, 그 기업은 Du Pont처럼 평균수명을 초월하여 계속 발전할 수 있다는 이론(theory)이 가능하다.

14.5 토인비이론의 경영학적 수용

그러면 기업의 경우, 도전과 응전은 구체적으로 무엇인가? 기업은 그가 생산·공급하는 제품의 생존부등식이 붕괴하면 그것이 바로 기업의 붕괴로 이어진다. 따라서 *기업의 경우 토인비가 말하는 도전은 생존부등식에 대한 도전이며, 응전은 위기에 빠진 생존부등식을 다시 살려내기 위한 노력에 해당한다.* 편의(便宜)식품, 라면을 예로 들어 이 사실을 설명하자.

라면은 1963년에 일본으로부터 우리 나라에 도입되어 생산·판매되기 시작했다. 라면은 가격이 저렴하고, 조리(調理)가 간편하여 당시 가난했던 우리 나라에서 그 수요가 고도성장을 해왔다. 다시 말하면 우리 나라에서 라면의 생존부등식은 1963년 이래 무난히 유지되고 있었다. 그러나 1970년대 후반부터 소득수준이 향상되고 통일벼(學名, IR667)의 성공으로 쌀의 공급이 수요를 초과하면서 한국 라면시장의 성장률은 마이너스($-$) 혹은 제로(0)에 이르렀다. 이것은 라면의 생존부등식에 대한 중대한 위협이 아닐 수 없었다. 이러한 위협을 '도전'으로 인식한 회사는 당시 라면업계의 No. 2 자리에 있던 '롯데라면',

지금의 (株)농심이었다.

그러면 농심은 어떻게 응전에 임했는가? 소득수준이 향상되고 쌀의 공급이 충분해지면 *소비자가 라면으로부터 원하는 가치(value)의 중심점(重心占)이 이동(migrate)*하리라는 것이 (주)농심의 판단이었다. 배고픈 시절에는 라면은 허기진 배를 채워주는 (끼니를 때워주는) 역할을 해야 하므로 라면의 가치중심점은 면(麵)에 있었다. 그러나 (쌀이 풍부해져서) 밥을 마음대로 먹을 수 있는 환경하에서는 라면의 가치중심이 더 이상 면(국수) 위에 머무를 수 없다. 이제 라면은 자기 특유의 (매력적인) 맛으로 소비자를 끌어야 하고, 따라서 라면의 가치는 수프(soup) 쪽으로 옮겨야 한다는 것이 농심의 판단이었다.

이와 같은 *가치이동(value migration)*을 '도전'으로 인식한 (주)농심은 '응전'으로서 수프의 품질혁신을 생존전략(strategy for survival)으로 수립했다. 그 동안 라면용 수프의 제조방식을 살펴보면, 쇠고기 등 식품소재를 열탕분해(熱湯分解)한 후 다시 열풍건조(熱風乾燥)하여 분말(粉末)을 만들었다. 따라서 고열(高熱)로 인한 영양가의 파손 및 맛과 향취(flavor)의 손실이 클 수밖에 없었다. 농심은 일본, 미국, 유럽 등 선진국을 여행하면서 분말 수프의 제조공법에 관한 정보수집에 나섰다. 노력 끝에 농심 기술진은 독일에서 식품소재의 효소(酵素)분해 및 진공(眞空)건조기술에 관한 정보를 얻고, 이 기술을 체현(體現, embody)한 생산설비를 도입하여 안성(安城)에 새 공장을 건축했다.

새 기술로 제조된 수프의 맛은 과거의 재래식 공법에 의한 맛과는 차원을 달리했다. 이러한 품질혁신을 제품차별화로 연결시키기 위해 농심은 제품의 상품명도 (라면이란 이름을 쓰지 않고) '안성탕면'으로 정했다. 농심이 이렇게 '응전'에 성공하자, 정체(停滯) 속에 빠져 있던 라면의 총수요는 성장을 재개(再開)했고, 농심은 (한국제일은 물론) 세계제일의 시장점유율을 보유하게 되었다. 농심은 여기서 머물지 않고

한국의 문화를 제품 속에 체화(embodied)시키기로 했다.

원래 라면은 일본이 원산지이기 때문에 일본의 식품문화, 즉 담백한 맛을 기본으로 하고 있었다. 농심은 한국의 전통적인 맛, '얼큰하고 시원한 맛'의 라면을 만들기로 하고, 고추, 마늘, 파 등 60여 가지 식품소재를 결합하여 조합(combination)을 만들어 가기 시작했다. 결국 농심은 육개장맛의 라면을 개발하여 소비자의 호응을 얻었고, 다시 신(辛)라면이라는 브랜드로 '얼큰하고 시원한 맛' 개발에 성공했다. 지금 신라면은 세계화된 브랜드로 자리잡고 있다.

그러면 농심 케이스에서처럼 '도전'을 인식하고 그에 대한 '응전'을 성공으로 *이끌어 나갈 주체(主體, subjects)*는 누구인가? 토인비는 이 주체를 *"창조적 소수(creative minority)"*라고 불렀다. 역사의 흐름 속에서 어느 집단의 존속과 발전을 이끌어나가는 주체는 (그 집단의 구성원 전체가 아니라) 일부 창조적 소수라는 뜻이다. 토인비는 역사학자로서 문명권(civilization)을 연구의 대상으로 했지만, 우리는 토인비이론을 경영학에 적용하고 있으므로 창조적 소수를 기업의 지도자(leaders) 혹은 경영자(managers)로 생각해야 할 것이다.

여기서 주의할 점은 *지도자 혹은 경영자가 반드시 조직의 정상에 위치한 사람만을 의미하지는 않는다는* 것이다. 위계질서의 하부계층에서도 자기 조직의 생존을 위하여 창조성을 발휘하는 사람은 얼마든지 있을 수 있기 때문이다. 그러면 이 문제를 경영자의 역할이라는 타이틀로 다음 장에서 살펴보자.

경영자의 역할(1):
비전정립과 능력배양

15

15.1 창조적 소수의 개념

토인비는 어느 조직이 풀어야 할 '도전'을 인식하고 '응전'을 성공으로 *이끄는 주체(subjects)를 창조적 소수(creative minority)*라고 불렀다. 우리 나라의 역사 속에서 창조적 소수의 예시적 인물로 세종대왕을 든다면 반대하는 사람이 없을 것이다. 세종은 '백성이 나라의 근본'이라는 (정치)철학 위에, 백성을 잘 살게 하는 것이 정치의 기본이라는 (정치)이념을 정립했던 것 같다.

이 이념을 실현하기 위한 방법론적 비전(vision)은 *과학적 영농법을* 책으로 편찬, 국민을 교화시켜서 농사를 잘 짓게 하는 데 있었다. 그래서 세종은 정초(鄭招), 변계문(卞季文) 등으로 하여금 각 지방을 돌며 노련한 경험자들에게 물어서 농사를 잘 짓는 방법을 지역별로 정리하여 책으로 펴내게 했다.

이렇게 편찬된 책이 농사직설(農事直說)이다. 그러나 농사직설이 한문으로 되어 있어서 농민이 직접 읽을 수 없음을 알게 된 세종은 제2의 비전을 정립하였으니, 그것은 일반 백성이 쉽게 배울 수 있는 글자(한글)를 창제하여 국민이 배우게 하는 것이었다.

한글창제는 오늘날 기업이 신제품, 신기술을 개발하는 방식으로 전개되었다. 우선 개발조직으로 (1) 궁중에 정음청(正音廳)을 만들었고, (2) 개발 팀(team)으로서 집현전의 유능한 학자들을 불러들였으며, (3) 지식과 정보의 수집을 위하여 요동에 와 있던 음운(音韻)학자 황찬(黃瓚)에게 성삼문을 보내어 배워오게 하였다.

세종은 농사직설과 한글창제 이외에도 측우기를 직접 고안했고, 장영실과 이천 등을 시켜서 해시계, 물시계, 혼천의(渾天儀)를 제작하였으며, 역서(曆書, 달력)도 만들었다. 이 모두가 국민이 농사를 잘 짓게 하기 위해 고안된 발명품이었다. 그러나 세종처럼 국민을 위해 이렇게 헌신적으로 창조성을 발휘한 왕은 우리 나라 역사를 통틀어도 얼마 되지 않는다.

그러면 일반적으로 *어느 운명공동체(조직) 속에 창조적 소수는 얼마나 존재할까?* 이상적으로는 조직구성원 모두가 창조적 소수가 되어야 한다. 그러나 현실적으로 그렇게 되기는 어려울 것이다. 전체 구성원 중에서 최소 몇 %가 창조적 소수의 역할을 해야 그 조직의 정상적 발전이 가능할까? 5%, 10% 혹은 20%? 이 질문에 확실한 답을 줄 수 있는 이론은 없을 것이다. 그런데 창조적 소수는 대자연 속에도 있다. 좀 이상하게 들리겠지만 이 이야기를 들어보자.

우리가 매일 먹는 곡식, 야채, 과일은 일부 식물이 태양에너지를 받아서 생화학에너지를 생성한 것이다. 육류나 생선도 그 먹이사슬을 소급해 올라가 보면 동물이 식물성 영양소를 먹고 그것을 다시 동물성 영양소로 변환시킨 것이다. 뿐만 아니라 석탄이나 석유 같은 화석에너지도 오랜 옛날 광합성으로 만들어진 생화학에너지가 땅 속에 묻혀 탄화된 것이다. 수력발전은 물의 낙차(落差)에서 오고, 물을 증발시켜 낙차를 만드는 것도 태양에너지이다. 결국 지구상의 생명체를 위해 필요한 모든 에너지가 태양에서 오고 있는 것이다.

그러면 이토록 고마운 태양에너지는 그 원천이 무엇인가? *태양에너지는 태양을 구성하고 있는 질량(質量, mass)의 일부가 자기를 소실(燒失)시켜 에너지로 변환된 것이다.* 이 사실을 좀 상세히 설명해보자. 대자연, 즉 삼라만상이 겉으로는 복잡해 보이지만 그들은 불과 92개 원소들의 결합으로 만들어진 것이다. 92개의 원소들의 원자핵을 다시 분석해 보면 이들은 양성자(陽性子, proton)라 불리는 입자와 중성자(中性子, neutron)라 불리는 입자들의 결합으로 되어 있다.[1]

---

1) 현대 물리학은 이들 입자가 더 기본적인 여러 소립자로 구성되어 있음을 밝혀냈다.

태양에서는 양성자 두 개와 중성자 두 개가 결합하여 헬륨 원자핵이 만들어지는데, 이 때 질량의 일부가 어디론지 사라진다. 양성자와 중성자의 질량은 각각 1이다. 그러므로 양성자 2개, 중성자 2개가 결합하면 질량은 4가 되어야 한다. 그러나 헬륨 원자핵의 실제질량은 3.975이다. 그러므로 헬륨이 만들어지기 전의 질량 4 중에서(4－3.975 =) 0.025만큼이 어디로 소실된 것이다.

아인슈타인의 이론에 의하면 이 때 소실된 질량(M)이 $E=MC^2$에 해당하는 에너지로 변한다.[2] 이것이 태양에너지로서 지구에 도달하여 생명의 원천이 되는 것이다. 다시 말해 우리 삶은 태양에서 일어나고 있는 질량의 소실로 인해 가능해지는 것이다. 이 때 소실되는 질량의 비율을 계산해 보면

$$0.025 \div 4 = 0.6(\%)$$

가 된다. 즉, 태양에서 헬륨이 생성되는 과정에서 *0.6%의 질량이 자신을 소실(희생)시킴으로써 지구상 일체의 삶을 가능하게 하는 것*이다. 이처럼 신비로운 섭리가 인간사회에도 성립한다면, 창조적 소수의 비율은 태양에서 자기를 태워서 모든 생명의 존재를 가능하게 하는 0.6%는 되어야 할 것 같다. 생물 중에서도 인간의 삶은 그 수준이 다른 동물들과 비교도 안 될 만큼 차원이 높다. 이렇게 높은 차원의 삶

---

2) 여기서 C는 빛의 속도로서 초속 3×10^8미터에 해당하는 상수이다. 이처럼 양성자와 중성자들이 결합하여 원자핵을 만들고 이 원자핵 주위에 양성자의 수만큼의 전자가 돌면서 92개의 원소가 만들어진다. 우리의 대자연은 이들 92개의 원소로 구성되어 있고 철(Fe)도, 우라늄(U)도 이들 92개의 원소 중의 하나이다. 원자핵이 양성자 하나로만 되어 있는 수소는 (고독해서인지?) 이웃과 결합함으로써 좀더 크고 무거운 원소가 되고 싶어하고, 우라늄처럼 (92개의 양성자와 140이 넘는 중성자를 거느리고 있는) 크고 무거운 원소는 (너무 가족이 많아서 괴로운지?) 분열하여 좀더 작고 가벼운 원소가 되려는 경향을 띤다. 전자(前者)의 경우를 핵융합이라 하고 후자를 핵분열이라 한다. 우라늄 원자핵이 분열할 때도 질량 소실이 생기고, 이 소실된 만큼의 질량이 역시 에너지로 변한다. 이 때 생성되는 에너지의 양 역시 $E=MC^2$이다. 이것이 물질과 에너지 사이의 변화관계이다.

이 가능하게 된 것은 인간사회의 각계각층에서 창조적 소수가 나타났기 때문이다.

15.2 창조적 소수의 탄생

거룩한 종교의 발전에 순교자들의 공이 있듯이 음악, 미술, 문학 등 예술 발전에는 베토벤, 렘브란트, 톨스토이, …… 등의 공이 있다. 인간의 물질적·경제적인 삶을 향상시켜 온 산업, 과학, 기술 등의 분야에도 헌신적으로 노력해온 기업가, 과학자, 엔지니어들의 공이 있다. 이런 헌신적 선구자들이 토인비가 말한 창조적 소수역할을 한 것이다. 역사를 살펴보아도 창조적 소수가 많이 배출되는 국가나 조직은 계속 발전하고, 그렇지 못한 집단은 쇠퇴해 가는 것 같다.

그러면 무엇이 창조적 소수의 탄생을 어렵게 만드는가? *'도전'의 인식과 '응전'의 성공을 현실적으로 실천하기는(이론적으로 말하기는 쉬울지 몰라도) 어렵다.* (주)농심은 통일벼의 성공, 보릿고개의 소멸, 국민소득의 향상이 라면회사에게 '도전'이 됨을 인식하고, '응전'에 성공하여 회사를 자기분야 정상에 올려놓았다. 그런데 사실 (농심의 성공 이전에) 한국 라면업계의 1등 위치를 점하고 있던 모회사는 도전의 인식과 응전에 실패하여 지금 2위로 밀려나 고전하고 있다.

이렇게 어려운 도전의 인식과 응전의 주체인 창조적 소수는 어떤 과정을 거쳐서 탄생하는가? 인간은 먹고살기 위해 쌀가게라도 차려야 하고, 그러다가 그것이 커져서 정미소가 되고, 그것이 더 커지면 식품공장을 세우기도 할 것이다. 이런 과정에서 때로는 겹쳐오는 어려움과 난관, 때로는 고통을 극복해야 한다. 이런 시련과 싸우면서 그는 질문을 하게 될 것이다. "왜 나는 이렇게 어렵게 살아야 하는가? 나는 누구이며, 누구를 위해 일하는가?" 등 …… 이런 본질적이면서 답도 없는 문제에 자문자답하다가 그는 인생관, 사업관, 국가관, 혹은 사명의식을 깨우치면서 *삶의 철학 혹은 이념(理念)*을 정립하게 될 것이다. 머릿속에서 생성된 철학 혹은 이념은 *"사명을 자각하는 것이 인간의 시작이요, 그것을 수행하는 것이 인간의 완성이다"*처럼 멋진 표현으로 슬로건(slogan)화되기도 한다.

철학이나 이념은 아직 정적(靜的) 차원의 인식이다. 그것이 실천적 방향성을 가지려면 주제(theme)가 정립되어야 하고, 주제는 다시 비전(vision)으로 발전되어야 한다. 기업의 경우 *비전은 기업의 운동방향을 (1) 시장(market), (2) 제품(product), (3) 기술(technology)의 3각형 속에서 볼 수 있는 시력(視力)*이라고 말할 수 있다. 비전이 시력인 만큼, 비전이 없는 지도자는 오리무중에서 좌충우돌하는 항공기와 같다. 따라서 비전이 없는 지도자는 비전을 가진 후계자를 찾아 그에게 자리를 물려주고 물러나야 한다.

비전이 약하거나 자신이 없을 때 지도자는 합의도출(合意導出, consensus)방식으로 조직을 이끌 수도 있다. 조직을 이끄는 데 지도자의 비전이 효율적이냐, 아니면 조직구성원들의 콘센서스가 더 효율적이냐 하는 문제가 제기될 수 있다. 생각에 따라서는 지도자의 비전에 의한 경영은 독재적인 감이 있고, 후자에 의한 방법이 민주적인 것처럼 느껴지기도 한다.

그러나 *합의도출은 과반수 이상의 공감을 얻어내야 하고 따라서 시간이 너무 걸린다.* 때문에 요즘처럼 속도가 경쟁력의 주요 변수가 될 때는 특히 문제가 된다. 또 합의도출에 의해 추진하는 일에는 실패해도 큰 비난이 없기 때문에 *그것을 성공으로 이끌기 위한 강한 집념과 의지가 결여되어 성공률이 낮을 수 있다.*

삼성그룹의 고(故) 이병철 회장이 반도체사업에 진출한 것도 그의 비전에 의한 것이었지 삼성의 콘센서스가 아니었다. 1983년 9월 12일, 기흥 VLSI공장 준공식에 참석했던 삼성그룹의 모든 임직원들은 그 날을 '암울한 날'로 기억하고 있다. 그 날은 날씨까지 궂었고, (선진국과 10년 이상 기술격차가 나는) 반도체기술에 삼성이 도전하는 것은 무리라고 모두가 침울해 하고 있었다.

당시 반도체제품은 짧은 라이프사이클(life cycle)로 인해, 2~3년만 되면 이미 투자한 제품과 시설은 구식이 되어버리므로 도저히 美, 日과 경쟁할 수 없다는 것이 모두의 생각이었다. 남들이 모두 하는 일을 자기도 같이 할 때는 고독이 없지만 남들이 반대하는 일을 추진하는 것은 본질적으로 고독이다.

15.3 능력(에너지)배양의 방법론

기업의 경영자가 자기 기업의 생존과 발전을 위하여 창조적 소수의 사명을 다해야 하는 것은 당연하다. 그러나 경영자가 비전을 정립하고 그 실천에 임하려고 해도 기업의 능력이 아직 그에 미치지 못한다면 어떻게 해야 하는가? 여기에 대한 답은 분명하다. 능력을 길러야 한다. 그러면 능력배양의 방법론은 무엇인가? 이 질문에 답하기 위하여 우리는 능력의 본질이 무엇인지부터 알아보자.

자연과학자들은 '어떤 일을 할 수 있는 능력'을 에너지라고 부른다. 높은 위치에 있는 물은 흘러내리면서 수력발전을 할 수 있는 능력을 가지며, 이러한 능력을 위치(位置)에너지라고 부른다. 그러나 수력발전이 가능하려면 인간이 댐(dam)을 만들어 물을 비축, 즉 축적해 놓아야 한다. 대자연의 이러한 원리는 인간사회에서도 본질적으로 같다. *인간의 능력도 무(無)에서 나오지 않고, 축적 혹은 비축된 무엇*

(something)이 있어야만 그 속에서 나올 수 있다. 힘(power)이 약한 트럭에 무거운 짐을 싣고 고개를 넘으려는 트럭운전사를 예로 들어보자.

힘이 약한 트럭은 [그림 15·1]의 A점처럼 고개 밑에서 가속(加速, acceleration)을 시작해서는 고개를 넘지 못할 것이다. 그러나 이 트럭이 그림의 B점 정도에서부터 가속을 시작하여 트럭의 운동에너지를 생성한 후 이 운동에너지를 고개를 넘는 데 사용(발산)한다면 목표를 달성할 수도 있을 것이다. *능력이란 이처럼 힘의 '축적'과정과 축적된 힘의 '발산'과정의 결합 속에 있는 것이다.* 선(先)축적-후(後)발산의 결합에 의한 힘(능력)의 생성원리는 세상사 모두에 적용되는 진리인 것 같다. 생물들이 생존하기 위해 터득한 지혜에서 선축적-후발산의 예를 살펴보자.

[그림 15·1]

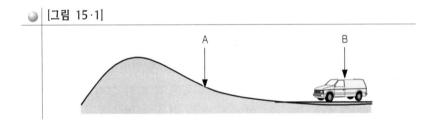

🔎 매(鳶)의 지혜 : 우회축적의 원리

Alexander Pope(1688~1744)는 *"존재하는 것은 모두 옳다(What is, is right)."*고 말했다. 수억 년의 생존경쟁과 약육강식의 환경 속에서 살아남아 오늘에도 존재하는 생물(What is)들은 모두 그들의 세계에서 가장 현명하고 옳은(right) 생존방식을 발전시켜 오늘에 이르렀다는 의미이다. 기업도 대자연의 생존원리를 탐구하면 무한경쟁 속을 살아갈 방법론을 발견할 수도 있을 것이다. 매는 하늘을 맴돌다가 멀리 지상에 있는 사냥감을 보면 그를 향해서 직진하지 않고 우선 급전직하(急轉直下)로 하강한다고 한다.

[그림 15·2]처럼 *수직에 가까운 하강운동을 하는 동안 중력가속도(重力加速度)를 최대한 흡수하여*, (속도의 제곱에 비례하는) 운동에너지를 얻은 후, 이 운동에너지의 발산에 의해 시속 320km에 달하는 고속으로 먹이를 낚아채는 것이 매의 지혜라고 한다. 우회곡선(迂廻曲線, roundabout curve)을 따르면서 에너지를 축적한다는 의미에서 이것을 *우회축적(roundabout accumulation)의 원리*라고 부르자.

실제로 베르누이(D. Bernoulli, 1700~82) 같은 물리학자들은 어떤 높은 위치점에서 낮은 위치점으로 물체가 활강해 내려올 때 최소의 시간으로 내려올 수 있는 경로가 매의 활강경로와 같은 '*사이클로이드 곡선(cycloid curve)*'임을 밝혀냈다. 고전역학 교과서에는 이 문제를 최소시간(brachistochrone)의 문제라고 부른다. 일반 상식수준에서는 납득하기 어려운 이 문제의 신비는 무엇일까 들어보자.

우선 하늘에 있는 매의 위치와 지상에 있는 먹이의 위치를 연결하는 직선 경로 위에서는 어느 곳에서나 기울기가 같으므로 중력가속도의 유효성분이 (어느 점에서나) 일정하다는 사실을 인식해야 한다.

[그림 15·2]

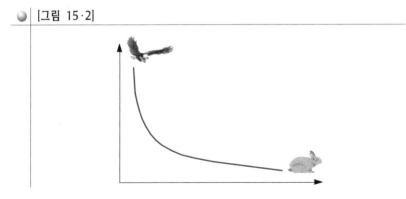

15.3 능력(에너지)배양의 방법론 229

그러나 우회곡선상에서는 기울기가 수직에 가까운 초기에 중력가속도의 유효성분이 거의 100%에 이르고, 기울기가 완만해진 종착점에 가까워지면 중력가속도의 유효성분이 영(zero)에 수렴한다. 그러나 *수직에 가까운 경로를 따라 우회할 때 중력가속도를 듬뿍 받음으로 해서 속도의 증가가 직선을 따를 경우보다 훨씬 유효해진다.*

종착점에 접근하는 수평직선 위에서는 *(우회하는 동안에)* 축적된 *운동에너지가 발산되면서 (직선코스를 나를 때보다 더 빨리)* 먹이에 도달할 수 있는 것이다. 실제로 높이가 다른 두 위치점 사이에 매끄러운 곡면을 만들어 실험을 해 보면, (두 위치점을 잇는 직평면 위에서가 아니고) 우회곡면을 따를 때 물체가 더 빨리 내려온다는 사실을 확인할 수 있다.

15.4 | 기업경영에의 응용

이상에서 살펴본 바와 같이 어떤 목표를 실현할 수 있는 능력이란 무(無)에서 나오지 않고, 어떤 축적을 통하여 배양되는 것이다. 다음 케이스를 참고하자.

🔲 한국전력공사(한전)의 우회축적

한국전력공사가 고리원전 1호기를 건설할 때는 기술자립은 꿈도 꿀 수 없었으므로 발전소건설에 관한 모든 일을 외국업체에게 일괄도급으로 맡기는 턴키(turn key)방식을 채택했었다. 그러나 먼 후일의 기술자립을 비전(vision)으로 정립한 한전은 1972년부터 고리원전의 주계약자로 선정된 웨스팅하우스(Westinghouse)사에 20대의 젊은 엘리트 사원들을 파견, 원전 건설과정에 필요한 품질관리기법을 배워 오게 했다. 이들이 배워 온 품질관리기법을 기초로 하여 한전은 특유의 QC 기법을 발전시켰다. 1985년과 1986년에 준공된 고리원전 3, 4호기부터는 턴키방식을 종식하고, 고도의 기술적인 문제를 부문별로 나누어 발주하는 분할(分割)도입방식으로 전환했다.

영광 3, 4호기를 기획하던 1988년부터 한전은 한국중공업(韓國重工業)을 주계약자로 선정하고 미국의 컴버스천 엔지니어링(Combustion Engineering)사를 컨설팅회사 자격으로 참여시키기에 이르렀다. 이로 인하여 주요 부품제작의 국산화가 시작되었다. 당시 한국중공업은 외국에서 도입한 생산설비를 갖추고는 있었지만 그것을 사용할 수 있는 능력은 미지수여서 누구도 품질보장을 장담할 수 없었다.

원자력 발전소의 핵심이라 할 수 있는 원자로와 증기발생기 및 가압기의 제작은 역사적인 모험이었다. 한국중공업의 원자력 산업본부와 한전에서 파견 나온 품질관리팀이 혼연일체가 되어 품질확보를 위한 노력이 시작되었다. 한전은 여타의 부품제작을 위해 한국중공업 외에도 여러 하청업체를 선정해야 했고, 그들에게도 같은 수준의 품질관리를 요구했다. 품질관리부서가 아예 없어서 한전의 요구수준에 응할 수 없는 하청업체에 대해서는 한전직원들이 파견나가서 품질관리부서를 만들어 주었다.

한전의 하청업체관리는 '*제작 전(製作 前) 검사*'로 시작된다. 이것은 하청업체가 품질계획서에 명시된 품질을 확보할 만한 설비를 갖추고 있는지를 먼저 확인하는 절차이다. 하청업체는 제작 전 검사를 통과한 후에야 부품의 제작에 들어갈 수 있다. 제작 전 검사가 끝나면 한전은 '*제작 중 검사*'단계로 넘어간다. 제작중 검사는 제작과정의 각 단계에서 입회검사(Witness Point, WP)와 정지검사(Hold Point, HP)의 시점을 지정한다. WP시점은 주요 품질사항이 제대로 지켜지는지를 현장에 입회해서 확인하는 시점이다.

콘크리트 타설공사과정에서 철근의 수와 규격 등은 타설 후에는 속에 묻혀버리기 때문에 타설 직전에 입회검사를 통해서 실시해야 한다. HP시점은 공정의 진행을 중단시킨 후 검사를 실시하여 합격판정을 받은 후에야 다음 공정으로 진행할 수 있는 시점이다.

한전의 품질관리는 독특한 기록문화(recording culture)를 도입했다. 품질관리를 위한 기록문서는 QA와 QS로 되어 있는데, QA는 품질보증(Quality Assurance), QS는 품질감독(Quality Surveillance)의 약자이다. QA는 제품의 설계·제작·시공·운영 및 보수의 모든 과정에서 준수해야 할 절차를 문서, 즉 도큐먼트(document)화하여 이를 준수하게 함으로써 품질을 보증하는 과정이다. QS는 이렇게 만든 QA문서의 절차에 따라 실제의 업무가 제대로 수행되는지의 여부를 현장에서 검사하여 작성한 기록이다. QA와 QS기록들은 모두 영구 보존된다.

주요 부품의 *제작 혹은 시공과정에서 QA문서에 맞지 않는 어떤 하자가 발견되면 감독자는 '품질 불일치 보고서(NCR, Non Conformance Report)'를 발급*한다. 이렇게 되면 정당한 절차를 밟아 그 하자가 수정된 후에 작업을 다시 진행하던지, 근본적인 하자가 발견되면 폐기처분된다. 통상 원자력 발전소 1기를 건설하는 중에 NCR이 5천 건 가량 나온다고 한다. 많은 NCR로 인하여 품질은 그만큼 완벽에 접근할 수 있다는 것이 한전의 품질관리철학이다.

부품의 제작이 끝나서 제품이 출하될 때에는 *출하검사*가 실시된다. 출하검사에서는 성능시험과 포장상태 및 페인트 도장상태 등을 점검한다. 디젤 발전기의 출하검사는 가동시험을 3백 회나 실시하는데, 3백 회 가동시험 중 세 번 이상 정지하면 NCR이 발급된다. 이와 같은 검사과정에는 검사자와 제작관련자 등 참여자의 이름이 모두 실명으로 기록된 채 영구보존되므로 인간적 차원의 '봐주기' 같은 비리가 없어진다.

한전은 1994년에 중국 진산의 원전건설에 응찰하여 프랑스 플라마통사를 누르고 납품계약을 따냈다. 원자로 제작과정에서의 가장 어려운 공정은 용접이다. 원자로는 특수강철로 되어 있는 원통이고, 여기에 여섯 개의 구멍을 뚫고 파이프를 용접해서 만든다. *2백mm 두께에 지름이 약 4m되는 원통을 섭씨 140도까지 가열시킨 상태에서* 용접기술자가 안에 들어가 용접을 해야 한다.

가열시킨 상태에서 용접을 하는 이유는 용접부위에 기포가 들어가거나 금이 생기는 것을 방지하기 위해서이다. 원자로가 완성되려면 이런 *용접이 2~3개월 계속*되어야 한다. 용접 중 손이 떨리면 크랙이 생길 수 있고, 그러면 (그 부분만 뜯어낼 수도 없으므로) 처음부터 원자로를 다시 만들어야 한다.

만약 용접기술자가 전날 부부싸움을 했기 때문에 정신 집중이 안 되거나 친구와 술을 마신 다음날 아침에는 손이 떨리기 때문에 크랙을 유발할 수 있다. 그래서 용접부문의 관리자는 매일 아침 작업에 들어가기 전에 용접기술자들로부터 전날 밤에 무엇을 했는지 이야기를 듣는다. 그래서 *부부싸움이나 술 마신 사람들에게는 하루를 쉬도록 하는 일, 이것도 품질관리를 엄격히 하기 위한 관리 노하우(managerial know-how)의 하나이다.*

부품들이 제작완료되어 발전소로 수송되어 오면 현장에 설치된 후 기능시험을 거치게 된다. 주요 부품 모두에 대하여 기능시험이 끝나면 핵연료를 투입하고 발생되는 열의 출력별 *'시운전(Check & Test)'*을 실시한다. 이것은 출력 0%부터 100%까지 점차적 증가과정을 거쳐서 최종적인 성능시험을 하는 과정이다. 이와 같은 '운영 전 검사'가 모두 끝난 후 '이상 없음'의 판정을 받으면 비로소 상업운전에 들어간다. 주요 부품의 기능시험부터 최종성능시험을 모두 마치는 데는 약 2년이 걸린다고 한다.

이처럼 인간이기 때문에 잘못을 범할 수 있다는 가정하에 '잘못된 것(things gone wrong ; TGW)'을 바로잡고 예방할 수 있는 *절차와 제도 (procedures and systems)*의 완비, 이것이 한전의 우회축적이었고, 우회축적의 힘으로 한전은 오늘날 '한국형 원자력 발전소'를 해외에 수출할 수 있게까지 된 것이다.

이러한 기술축적의 공로를 인정받아 한전은 1997년도 미국 전기전력협회가 수여하는 에디슨 대상(Edison Award)을 (아시아회사로는 처음으로) 수상했다. 성수대교나 삼풍백화점 등 대형사고로 악명이 높은 한국이 원자력발전분야에서는 세계 정상급 품질을 인정받은 것은 20년 동안 한전이 이룩한 우회축적의 덕이다.

15.5 우회축적의 대상

한전은 원자력 발전소 건설에 관련된 품질관리 노하우를 우회축적했다. 그러나 우회축적의 대상은 이 이외에도 많다. 경제학에는 *우회생산(roundabout production)*이라는 개념이 있다. 고기를 잡는 두 유형의 어부를 가지고 우회생산을 설명해 보자. 어느 어부는 매일 조각배를 타고 바다로 나가 낚싯대로 고기를 잡는 데 만족하고 있고, 다른 어부는 빚을 얻어서라도 큰 어선과 어망을 만들기로 작정했다고 하자.

낚싯대 어부가 매일 얼마의 고기를 잡아서 걱정 없이 살아갈 때, 어망을 짜고 어선을 건조하는 어부는 한동안 빚에 쪼들리는 고생을 할 수도 있다. 그러나 얼마의 시간이 흐른 후에는 낚싯대 어부가 하루에 열 마리의 고기를 잡을 때, 후자는 *어선과 어망에 체화(embodied) 된 생산력(힘)에 의해 하루에 수백 혹은 수천 마리의 고기를 잡을 수 있을 것이다.* 이것은 어선과 어망을 통해 축적된 자본재의 생산력이 발산되는 효과이다.

우리의 삶에 궁극적으로 필요한 물건은 최종소비재이다. 어부의 최종목표는 고기를 잡는 일이다. 그러나 고기를 잡기 위해 어선, 어망 등이 생산수단으로서 필요한 것이다. 일반적으로 우리는 *최종소비재를 생산하기 위한 중간과정에 많은 자본재를 개입(축적)시켜 생산성과 품질의 향상을 기한다.* 제14장의 (주)농심 케이스에서 우회축적의 대상은 분말 수프의 품질을 혁신(innovation)할 수 있는 자본재의 형성이었다. 제17장에서 우회축적의 대상에는 신뢰나 브랜드 등 무형자산도 있음을 알게 될 것이다.

경영자의 역할(2) : 의사결정

16

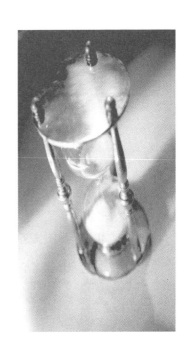

16.1 이분법적 세계관

인간은 일생을 살아가는 과정에서 많은 선택을 해야 한다. 대학에 들어갈 때는 전공을 선택하고 졸업하면서 직장을 선택한다. 또 결혼할 때가 되면 배우자도 선택한다. 이런 선택을 학문적으로는 의사결정(意思決定, decision making)이라고 부른다.

결국 *의사결정이란* '*여러 가지 가능한 대안(alternatives)들로부터 어느 하나를 선택하는 일*'이다. 따라서 선택가능한 대안이 (둘 이상, 즉 복수가 아니라) 오직 하나뿐인 경우에는 그것은 의사결정의 문제가 아니다. 그것은 어쩔 수 없이 따라야 하는 운명의 길인 것이다.

의사결정에 임하는 사람은 (1) 자기에게 주어진 가능한 대안들이 무엇무엇인가를 분명히 알아야 하고, (2) 이들 대안 중에서 어떤 가치기준(value criterion)에 의하여 어느 것을 선택할 것인가를 분명히 해야 할 것이다. 전자는 자기에게 *주어진 현실(given realities)*을 인식하는 문제이고, 후자는 자기가 *추구하는 소망(wish)*을 정의(define)하는 문제가 된다.

의사결정은 그 결과가 당사자뿐만 아니라 주변 여러 사람에게도 영향을 미칠 수 있으므로 언제나 신중하고 합리적으로 내려져야 한다. 그러기 위해 의사결정자(decision maker)는 자기가 처해 있는 세계를 현실과 소망으로 양분(兩分)하여 파악하는 이분법(二分法)적 세계관을 가지는 것이 좋다. 이분법적 세계관의 의미를 분명히 하기 위해 어느 문학작품 속의 한 장면을 떠올려 보자.[1]

---

1) O'Henry 원작, *The Gift of the Magi*, 한국에서는 크리스마스 선물이라고 번역되었음.

"1달러 87센트, 이것이 전부이다. 그나마 60센트는 동전으로 되어있다. … <중략> … 델라(Della)가 알뜰히 절약하여 한 푼씩 모은 저축, 델라는 세 번이나 세어 봤으나 여전히 1달러87센트뿐. 내일이 성탄절인데 ……" (그 뒤 생략)

성탄절을 맞아, 남편에게 선물을 사주고 싶어하는 델라의 소망. 그러나 손에 쥐어져 있는 돈은 고작 1달러87센트뿐인 안타까운 현실. 이렇게 소망의 세계와 현실의 세계가 접합하는 지평(地平) 위에 서 있는 델라의 모습. 이런 모습은 작품 속의 델라 혼자만이 아니다. 역사가 사실의 기록이라면 문학은 가능한 세계의 기록이라고 누가 말했듯이, 이런 델라의 모습은 언제 어느 곳에서도 가능한 우리 모두의 모습이다.

우리가 추구하는 소망의 세계와 그의 달성을 제약하는 현실의 세계 사이에서 우리는 언제나 고민하게 된다. *현실이란 과거로부터 오늘에 이르도록 축적되어 온 시간적·공간적·인간적 상황의 전체이다.* 기업의 경우라면 자금사정, 설비사정, 기술수준, 시장 및 사회분위기는 물론 조직구성원의 의식구조 ……, 이런 모두가 거대한 무게를 가지고 제약조건으로 작용할 수 있다. 델라의 제약조건 1달러87센트보다 훨씬 더 복잡하다. 우리 삶의 본질은 (1) 현실의 제약조건 속에서, (2) 바라는 바 소망을 실현하려는 노력 바로 그것이다.

기업은 매일 많은 의사결정을 내려야 한다. 구매관련의사결정, 자금조달의사결정, 투자의사결정, 운용(運用, operation)의사결정 등 경영자는 직위의 고하를 막론하고 자기에게 맡겨진 업무를 수행하기 위해 많은 의사결정을 내려야 한다. *기업의 의사결정도 결국 현실의 제약과 기업의 소망 사이에서 최선의 해결책을 모색하는 노력이다.*

예제 : 야적장을 만드는 경우

그러면 어느 공장에서 (창고가 비좁아) 야적장을 만들려고 하는 경우를 예로 들어 의사결정에 관련된 주요 개념을 설명하자. [그림 16·1]과 같이 야적장의 한 면은 기존의 벽(wall)에 붙이고, 다른 세 면에는 철조망을 (직사각형형태로) 둘러치려고 하는데 현재 가지고 있는 철조망의 길이가 20m라고 하자. 이러한 조건들이 이 문제의 현실을 구성한다.

[그림 16·1] 야적장을 만들려고 할 때(의사결정)

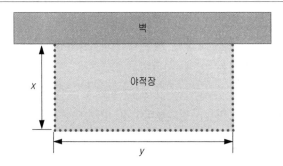

그러면 이 야적장을 만드는 사람의 '소망'은 무엇일까? 그것은 야적장의 넓이를 (가능한 한) 최대화하는 것이 될 것이다. 다음, 주어진 제약조건 속에서 이 공장이 '소망'을 최대한 달성하기 위하여 통제(control)가능한 변수는 무엇인가? *소망을 실현하기 위하여 우리가 통제할 수 있는 변수들을 통제가능변수(controllable variables), 혹은 결정변수(decision variables)라고 부른다.* 야적장의 경우 세로와 가로의 길이를 각각 x와 y로 나타내면 이 둘이 결정변수가 된다. 이렇게 정의된 변수와 주어진 상수를 가지고 문제를 수식으로 정리하면, 주어진 현실여건은

$$2x + y = 20 \qquad\qquad (16 \cdot 1)$$

으로 표현되고, 소망은

$$면적 : S = xy의 \ 최대화 \qquad\qquad (16 \cdot 2)$$

가 된다. 이처럼 주어진 현실여건을 표현하는 식 (16·1)을 *제약조건 (constraints)*이라 부르고, 소망을 표현하는 식 (16·2)를 *목적함수(objective function)*라고 부른다.

식 (16·1)로부터 $y = 20 - 2x$를 만들어 식 (16·2)에 대입하면

$$S = x(20 - 2x)$$

가 얻어지고, 이것은 다시

$$S = -2(x-5)^2 + 50$$

으로 변형되어 $x = 5$일 때 S는 최대값 50에 도달한다는 사실을 알 수 있다.

$x = 5$이면 식 (16·1)에 의해 $y = 10$이 되어 결정변수의 값이 모두 구해진다. 이들 값 이외의 다른 어떤 값에서도 야적장의 넓이는 ($5 \times 10 = 50\text{m}^2$보다) 작아진다. 예컨대, $x = 4$이면 $y = 12$가 되어 야적장의 면적은 48m^2가 된다. 이처럼 x와 y를 결합시킬 수 있는 많은 대안이 존재하지만 오직 $x = 5$와 $y = 10$의 대안만이 목적함수의 값을 최대화시켜 준다. 이처럼 *목적함수의 값을 최대한 달성시켜 주는 결정변수의 값 혹은 조합(combination)을 최적해(最適解, optimum solution)라고 부른다.*

최적해의 개념은 이미 논어(論語)의 선진편(先進篇)에 나온다. 공자는 '과유불급(過猶不及)'이라고 말함으로써 *"지나친 것(過)은 모자라는 것(不及)과 같다(猶), 즉 두 가지 모두 나쁘다"라고 가르쳤다.* 위 야적장의 예에서는 결정변수의 값이 5를 지나쳐도(過) 안 좋고 5에 못 미

쳐도(不及) 안 좋다는 해석이 된다.

야적장의 예에서는 제약조건을 목적함수에 대입하여 일반수학의 지식으로 간단히 최적해를 찾았다. 그러나 *변수의 수가 많아지고 제약조건이 복잡해지면 이렇게 간단히 풀리지는 않는다. 그러나 이런 경우에도 우리는 사고(思考)의 틀, 즉 패러다임(paradigm)을 정립하여 문제를 풀 수 있다.* 다음에는 의사결정과정에서 패러다임이 어떻게 선택되며 그 전환(shift)이 왜 필요해지는지 알아보자.

16.2 패러다임의 선택

어느 제조기업이 생산한 제품을 각 소비지로 운송하는 과정에서 최적의사결정을 내리려면 어떤 패러다임이 필요해지는지, 또 그의 전환이 어떻게 이루어지는지 살펴보기 위하여 예제를 다음과 같이 설정하자. 어느 날 아침 (주)E기업의 제품 S에 대한 주문이 물류담당자의 컴퓨터화면에 다음과 같이 나타났다고 하자.

甲지역	5만단위
乙지역	8만단위
丙지역	7만단위
丁지역	14만단위

E사는 A, B, C, 세 곳에 물류센터(warehouses)를 운영하고 있고, 이 날 아침 각 물류센터로부터 송출(送出)이 가능한 제품 S의 재고량은 다음과 같다고 하자.

$$\begin{array}{|l l|}
\hline
\text{A물류센터} & \text{7만단위} \\
\text{B물류센터} & \text{9만단위} \\
\text{C물류센터} & \text{18만단위} \\
\hline
\end{array}$$

이제 E사의 의사결정문제(decision problem)는 운송코스트를 최소화하면서 각 소비지에서 들어온 주문량을 각 물류센터로부터 수송하는데 있다. 그런데 각 물류센터에서 각 소비지역으로 제품 S를 보내려면 수송단위(예컨대, 1대의 수송트럭)당 <표 16·1>과 같은 수송코스트(단위, 만원)가 소요된다고 하자.

● <표 16·1> 어느 날 E기업의 제품에 대한 수요량, 공급능력, 수송단가

물류센터 \ 소비지	甲	乙	丙	丁	공급능력
A	19	30	50	10	7
B	70	30	40	60	9
C	40	8	70	20	18
수요량	5	8	7	14	34

그러면 총수송코스트를 최소화하기 위해 통제할 수 있는 변수가 무엇인지를 알아보자.

● <표 16·2> E기업의 결정변수

창고 \ 소비지	甲	乙	丙	丁	공급능력
A	x_{11}	x_{12}	x_{13}	x_{14}	7
B	x_{21}	x_{22}	x_{23}	x_{24}	9
C	x_{31}	x_{32}	x_{33}	x_{34}	18
수요량	5	8	7	14	34

<표 16·2>에서와 같이 물류센터 i $(i=$A, B, C)로부터 소비지역 $j(j$ =甲, 乙, 丙, 丁)로 보내는 수송량을 결정변수 x_{ij}로 정의하자. 결정변수의 수가 12개나 된다.

그러면 목적함수는

$$19x_{11}+30x_{12}+50x_{13}+\cdots+20x_{34}\text{의 최소화}$$

가 되고, 제약조건은

$$x_{11}+x_{12}+x_{13}+x_{14}=7$$
$$x_{21}+x_{22}+x_{23}+x_{24}=9$$
$$x_{31}+x_{32}+x_{33}+x_{34}=18$$
$$x_{11}+x_{21}+x_{31}=5$$
$$x_{12}+x_{22}+x_{32}=8$$
$$x_{13}+x_{23}+x_{33}=7$$
$$x_{14}+x_{24}+x_{34}=14$$

등 7개의 식으로 표시된다. 처음 셋은 각 물류센터의 재고한도에서 오고, 뒤의 넷은 소비지의 수요량에서 온다.

이 문제는 12개의 변수에, 1개의 목적함수와 7개의 제약조건으로 이루어져 있다. 우리가 중고등학교 시절에 배운 일반수학으로는 해를 구할 수 없다. 그러나 *최적해를 발견하기 위한 사고(思考)의 틀(para-digm), 즉 패러다임을 만들어* 풀어보자. 우리의 목적이 수송코스트의 최소화에 있으므로 수송단위당 코스트가 가장 싼 연결을 최대한 활용하는 방법을 생각할 수 있다.

<표 16·1>에서 보면 C물류센터에서 乙지역으로 수송할 때 수송단위당 코스트가 8만원으로서 제일 싸다. 그러므로 ① 乙지역의 주문량 8수송단위 모두를 C물류센터의 재고에서 송출하자. 다음으로 수송

단가가 싼 연결은 A물류센터와 丁지역간(10만원)이다. 丁지역은 14수송단위를 필요로 하지만 A물류센터의 능력이 7수송단위밖에 안 되니 ② A물류센터에서 丁지역으로 7단위를 수송하자. 수송단가가 다음으로 싼 곳은 (A→甲)의 연결이다.

그러나 A물류센터의 재고는 이미 모두 丁지역으로 보냈으므로 A에는 이제 재고가 없다. 그래서 다음으로 싼 단가를 가지는 연결을 찾아야 한다. 그것은 (C→丁)의 연결이고 그 단가는 20원이다. 丁지역은 수요량 14수송단위 중 A에서 이미 7단위를 받았으므로 나머지 7단위만 더 받으면 되고, C물류센터는 총재고량 18단위 중 (8단위를 乙에 수송했으므로) 아직 10단위의 여유가 있다. 그러므로 ③ (C→丁)의 연결에 7단위의 수송을 할당하자. 이런 방식으로 다음, 다음, …… 싼 순서에 따라 수송을 해 나아가면 아래 <표 16·3>과 같은 해답이 나온다.

〈표 16·3〉 절대주의적 사고에 의한 최적해

	甲	乙	丙	丁	공급량
A				② 7	7
B	⑥ 2		④ 7		9
C	⑤ 3	① 8		③ 7	18
수요량	5	8	7	14	34

① ②…는 수송을 할당하는 우선순위

이렇게 할 때 총수송비는

$$7 \times 10 + 2 \times 70 + 7 \times 40 + 3 \times 40 + 8 \times 8 + 7 \times 20 = 814(만원)$$

이다. 이처럼 *각 의사결정 시점(時點)에서 최선(best)의 대안(alternative)*

을 최대한으로 활용하는 패러다임을 절대주의적 사고(絶對主義的 思考)라고 이름하자.

16.3 | 패러다임 전환 : 데카르트와 헤겔의 가르침

데카르트(Descartes)는 "나는 생각한다. 고로 존재한다(cogito ergo sum)"는 표현으로 생각하는 삶의 중요성을 강조했다. 데카르트의 가르침은 우리로 하여금 <표 16·3>의 해에 만족하지 말고, 이것이 진정으로 최적해인지 계속 생각(의심)하기를 요청한다. 데카르트의 가르침에 따라 <표 16·3>을 살펴보면 절대주의적 사고의 불합리한 점이 발견된다. B물류센터의 재고를 甲지역으로 2수송단위 수송하도록 되어 있는데 (B→甲)의 연결은 가장 비싼 수송단가, 즉 70(만원)을 필요로 하는 연결이다.

우리의 절대주의적 사고는 가장 싼 단가에서 출발하여 다음, 다음, …… 싼 단가로 순차적으로 진행하는 논리였다. 그러다 보니 나중에는 가장 비싼 단가를 가진 (B→甲)의 연결에까지 수송을 해야 하는 강제된 상황에 봉착한 것이다. 여기서 우리는 다음의 진리를 깨닫는다.

📖 진리의 발견 : 앞의 선택은 뒤의 선택을 제약한다

절대주의적 사고의 패러다임이 처음에는 합리적인 것 같이 보였지만 사실은 그렇지 못함이 드러난 것이다. 절대주의적 사고는 "앞의 선택이 뒤의 선택을 제약한다"는 진리(眞理)에 위배되기 때문이다. 우리는 누구나 시간 속에서 살아간다. 시간 속에서는 앞의 선택에 의해 뒤의 선택이 제약당하지 않을 수 없다. 그러므로 시간 속에서 진행되는 의사결정에서도 최선의 대안(代案, alternative)을 최대한 활용하고, 그것이 끝나면 다음 최선의 대안을 최대한 활용하는 순차적 방법은 "앞의 선택이 뒤의 선택을 제약한다"는 진리 앞에 무너질 수밖에 없다. 이 진리와 관련하여 전세계 인류가 겪은 경험 하나를 회상해 보자.

Y2K 문제

우리가 1999년을 보내면서 2000년을 맞을 때 전세계가 소위 Y2K 문제로 고민해야 했다. 그 동안 컴퓨터에 연도(年度)를 입력할 때 앞 두 자리를 생략하고 뒤 두 자리 숫자만 사용했기 때문이다. 그래서 2000년을 맞으면서 전세계 컴퓨터가 새해를 1900년으로 혼동할 것이고 이것이 많은 혼란과 사고로 이어질 위험이 있었다.

그래서 각종 컴퓨터칩이 내장되어 있는 자동화설비를 사용하는 회사들은 자기회사의 시스템이 2000년을 맞으면서 문제를 야기할 가능성을 염려하고, 이것을 방지하기 위해 많은 돈을 써야 했다. Ford 자동차회사는 Y2K 문제의 진단 및 그 해결에 4억달러를 소모했다고 공식 발표했고, 우리 나라의 한국전력도 1,800억원을 들였다고 한다. 이처럼 Y2K 문제에의 투자는 전세계적으로 소프트웨어, 하드웨어의 수요를 신장시켰으나 2000년을 넘기면서 그 수요가 위축, 그 후 심각한 불황을 야기하는 문제도 낳았다.

그러면 2000년을 맞으면서 전세계가 이렇게 불가피한 선택, 즉 Y2K문제 해결에 많은 돈을 쓰지 않을 수 없게 만든 이유는 무엇인가? 그것은 컴퓨터의 메모리용량이 빈약하고 연산속도가 느리던 초창기에 프로그래머(programmer)들이 4자리 연도 표기를 2자리로 절약하는 의사결정(선택)을 했기 때문이다. 이것이 당시로서는 경제적인 의사결정이었지만, 그것은 단기최적(short-term optimization)을 추구하는 선택이었다.

절대주의적 패러다임의 결함을 알게 된 우리는 여기서 어디로 가야 하나? *시인 칼 부세(Karl Busse)는 '산너머 저쪽'에서 "산너머 저쪽에/행복이 있다기에/나도 남들 따라 찾아갔건만/눈물만 머금고 돌아왔어요."라고 읊었다.* 그러나 절대주의적 패러다임에 실망하고 말 것이 아니라 새로운 사고의 틀(a new paradigm)을 찾아 다시 나서야 한다.

헤겔(Hegel)에 의하면 인간의 역사는 정(定), 반(反), 합(合)의 변증법적 과정을 밟아 발전해 간다고 했다. *단위비용의 절대적 크기만을 기준으로 한 절대주의적 사고를 정명제(定命題, These)라 한다면, 그에 대한 반명제(反命題, Antithese)가 있을 것이고, 그것은 절대주의개념의 대립인 '상대주의'개념일 것이다.*

16.4 상대주의적 패러다임의 모색

절대주의적 사고가 절대적 존재 하나만의 가치를 고려하는 사고라면 상대주의적 사고는 이 절대적 존재에 대항할 수 있는 상대적 존재의 가치를 고려하는 패러다임일 것이다. 따라서 우리는 다음과 같은 사고의 절차를 밟아보자.

> **[정의]** : *최선(the best)의 대안(alternative)이 선택될 때 그 선택에서 탈락되는 차선(the second best)대안의 기회손실(opportunity loss, '아까움')을 'S'라 하자.*

의사결정자는 의사결정과정에서 가장 우수한 최선(the best)의 대안을 선택하겠지만, 이 때 탈락되는 차선(the second best)을 포기해야 하고 여기에 대하여 일종의 '아까움'을 느낄 것이다. 그러나 최선과 차선 사이의 거리에 따라 '아까움'의 크기는 달라질 것이다. 예를 들면, 100m 경기에 파견할 선수 한 명을 선발하는데, 1등과 2등 사이의 격차가 0.01초인지 1초인지에 따라 2등에 대한 아까움의 크기는 달라진다. 이러한 논리로부터 다음과 같은 정리(定理)를 도입하자.

[정리] : 탈락된 차선의 대안에 대한 '아까움 S'는 최선과 차선 사이의 '거리 D'에 반비례한다.

그러면 최선과 차선 사이의 거리(distance) 'D'를 우리 예시모형의 각 물류센터별, 각 수요지역별로 구해보자. A물류센터의 경우 최선의 단위비용은 10이고 차선은 19이므로 $D = 19 - 10 = 9$이고, 소비지역 甲의 경우는 $D = 40 - 19 = 21$이다. 이와 같이 3개의 물류센터, 4개의 수요지역 모두에 대해 D를 계산해 보면 다음 〈표 16·4〉가 얻어진다.

〈표 16·4〉 각 행, 각 열별 최선과 차선 사이의 거리(D)

	甲	乙	丙	丁	
A	19	30	50	10	D=9
B	70	30	40	60	D=10
C	40	8	70	20	D=12
	D=21	D=22	D=10	D=10	

[정리]에 따라 기회손실을 최소화하려면 〈표 16·4〉에서 '거리 D'가 가장 큰 곳부터 우선적으로 수송을 할당해야 한다. ① D가 가장 큰 곳은 乙지역으로서 22이다. 따라서 乙지역의 수요량 8수송단위 모두를 C물류센터의 재고로 충족시켜야 한다. 이 사실을 〈표 16·5〉의 (C, 乙) 칸에 기록한다.

이제 乙지역의 수요량은 충족되었으므로 乙지역을 제외한 상태에

	甲	乙	丙	丁	공급량
A	5			2	7
B			7	2	9
C		8		10	18
수요량	5	8	7	14	34

서 D의 값과 재고량을 <표 16·4>에 수정기입(up date)해야 한다. 이렇게 한 후 다시 살펴보면 甲의 D값이 21로서 가장 큼을 알 수 있고, 따라서 (A, 甲) 칸에 甲의 수요량인 5를 할당하고 이 사실을 다시 <표 16·5>에 기록한다. 이런 과정을 계속해 나아가면서 완성한 수송계획표가 <표 16·5>이다.[2]

<표 16·1>의 수송단가에 <표 16·5>의 수송량을 곱하여 총수송코스트를 구해보면,

$$5 \times 19 + 2 \times 10 + 7 \times 40 + 2 \times 60 + 8 \times 8 + 10 \times 20 = 779(만원)$$

이 된다. 이것은 절대주의적 사고에 의한 해(814만원)보다 훨씬 좋은 결과이다. 그러나 상대주의적 사고에서 우리가 사용한 사고의 범위는 차점으로 떨어지는 자의 '아까움'까지만 고려했을 뿐이다. 차점에 끼지 못한 3등 이하의 존재들에게까지는 고려가 미치지 않은 셈이다. 따라서 상대주의적 패러다임도 완벽할 수 없음은 자명하다.

---

2) 이 과정에 관심 있는 독자는 졸저, *계량적 세계관과 사고체계*(경문사), pp. 35~38 참조.

16.5 전체를 보는 사고

어떤 문제를 해결함에 있어서 우리 사고(思考)의 폭이 넓고 깊어짐에 따라 우리는 편파성에서 해방되어 좀더 이상적인 해답을 찾을 수 있을 것이다. 우리가 구해 놓은 해 <표 16·5>에는 12개의 칸(결정변수) 중에서 6개의 칸에만 수송량이 할당되어 있고 나머지 6개의 칸은 비어 있다. 이 6개의 칸 각각에 대해서도 기회를 주어 총수송코스트가 어떻게 변하는지 알아보아야 한다. 이런 계산을 한 결과가 <표 16·6>이다. 각 칸의 좌상단에 있는 숫자는 수송단가, 우하단의 숫자는 수송량이다.[3] <표 16·6>에서 총수송코스트를 계산해 보면,

$$5 \times 19 + 2 \times 10 + 2 \times 30 + 7 \times 40 + 6 \times 8 + 12 \times 20 = 743(만원)$$

이고, 이것은 상대주의적 사고에서 얻은 779(만원)보다 36(만원)이나 개선된 해이다. <표 16·6>보다 더 좋은 해는 존재하지 않는다.

그러나 이 해도 인간의 조직 속에서는 많은 문제를 일으킨다. 이 사실을 다음 장에서 살펴보자.

● <표 16·6> 마지막 최적해

	甲	乙	丙	丁	공급량
A	19　　5	30	50	10　　2	7
B	70	30　　2	40　　7	60	9
C	40	8　　6	70	20　　12	18
수요량	5	8	7	14	34

3) 이 계산의 상세한 과정은 전게서, pp. 39~41 참조.

경영자의 역할(3):
이해관계의 조정

17

인간의 육체는 여러 부분조직(예, 심장, 허파, 위 등)으로 구성되어 있다. 각 부분조직은 육체전체의 생명유지를 위하여 유기적(organized)으로 협조한다. 여러 부분조직들의 결합으로 조직전체를 구성하는 방식은 (인간이 만들어 내는) 사회적 조직(예, 기업)에서도 마찬가지이다. 그런데 자연의 제품인 인간의 육체에서는 나타나지 않는 갈등(결함)이 인간의 제품인 사회조직에서는 나타난다.

전체조직과 부분조직 사이의 갈등이 그것인데, 우리는 이 갈등을 '조직의 딜레마(the dilemma of organization)'라고 부르자. 우리가 앞 제16장에서 얻은 최적해, <표 16·6>을 가지고 조직의 딜레마가 구체적으로 무엇인지 설명하자(독자의 편의를 위해 표 16·6을 여기에 다시 복사함).

	甲	乙	丙	丁	공급량
A	19 5	30	50	10 2	7
B	70	30 2	40 7	60	9
C	40	8 6	70	20 12	18
수요량	5	8	7	14	34

<표 16·6>은 회사전체를 위한 '최적해'이므로 회사내에서 어느 누구에게도 불만이 없어야 할 것이지만 사실은 그렇지 않다. 먼저 A물류센터만의 입장을 고려해보자. A물류센터만의 입장에서는 丁지역의 수요를 A물류센터에서 공급하는 것이 가장 경제적(수송단위당 코스트 10)이다. 그런데 최적해가 지시하는 바에 따르면 단위당 수송비가

19(만)원인 甲지역으로 5단위를 수송하고, 丁지역에는 2단위만 수송해야 한다. 이 때의 경제적 손실(코스트 증가)을 계산해 보자.

丁지역에만 7단위를 공급하는 경우

$$10(만원) \times 7단위 = 70만원 \qquad (17 \cdot 1)$$

이지만, <표 16·6>에 따라 수송하면,

$$19 \times 5 + 10 \times 2 = 115(만)원이므로$$

$$115 - 70 = 45(만)원$$

의 코스트가 더 드는 수송을 하는 것이다.

이런 사실은 B물류센터의 경우에도 나타난다. B물류센터만의 입장에서는 가장 경제적(최소코스트 30)인 乙지역으로 8단위를 공급할 수 있는데도 불구하고 최적해에 의하면 乙지역으로는 2단위만 보내고 7단위를 丙지역으로 수송하게 된다. 그러므로

$$(30 \times 8) + (40 \times 1) = 280(만원) \qquad (17 \cdot 2)$$

에서 $(30 \times 2) + (40 \times 7) = 340$을 빼면 *60(만원)의 코스트 증가를 감수해야 하는 셈이다.* 그러면 C물류센터의 경우는 어떤가? C물류센터도 가장 수송단가가 싼(단위당 8) 乙지역에 전량공급을 못하고 있다. C만의 입장이라면 乙지역에 8단위, 丁지역에 10단위를 공급하는 경우

$$(8 \times 8) + (20 \times 10) = 264만원 \qquad (17 \cdot 3)$$

의 최소코스트로 수송을 할 수 있다. 그러나 <표 16·6>을 따르면

$$(20 - 8) \times (8 - 6) = 24(만원)$$

의 추가코스트를 감수해야 한다.

여기서 누군가는 다음과 같은 생각을 할 수도 있다. 위와 같은 문

제는 물류센터의 위치가 잘못 선정되었기 때문에 발생했으므로 물류센터의 입지를 바꾸면 이런 문제가 해소될 수 있다고. 그러나 *물류센터의 입지를 바꾼다 해도 시간이 흐르면서 새로운 주택지 건설, 인구이동 등 자연발생적 변화는 결국 위와 같은 문제를 다시 발생시키게 된다.* 그래서 우리는 다음과 같은 개념정의와 진리명제를 받아들여야 한다.

> **[정의]** : *전체조직의 입장에서 본 최적을 '전체최적(total optimum)'이라 하고, 전체조직 속의 어느 부분조직의 입장에서 본 최적을 '부분최적(partial optimum)'이라 정의하자.*

그러면 E사 전체조직의 입장에서 계산된 <표 16·6>은 전체최적의 한 예이며, A, B, C 각 물류센터의 입장에서 계산된 최적, 즉 앞의 식 (17·1), (17·2), (17·3)으로 계산된 수송방식은 부분최적의 예가 되는 것이다. 이상적으로는 부분최적의 합이 바로 전체최적이 되어야 한다. 그러나 위에서 보았듯이 우리 삶의 세계에서 이러한 현상은 일반적으로는 일어나지 않는다. 요행(僥倖)의 일치로 (일시적으로) 그럴 수도 있으나 일반적으로는 다음과 같은 조직의 딜레마를 진리명제로 받아드려야 한다.

> **[진리명제]** : *전체최적은 부분최적의 양보 또는 희생에 의하여 달성될 수 있을 뿐이다.*

E사 모형에서 A, B, C 물류센터가 각자의 좁은 시야(視野)에서 계산한 부분최적에만 집착하지 않고, 그것을 양보 혹은 포기할 수 있을 때 회사의 전체최적은 실현가능할 뿐이다.

17.2 전체와 부분 사이의 갈등조정

앞에서 확인한 바와 같이 조직의 딜레마, 즉 전체최적과 부분최적 사이의 갈등은 인간사회가 영원히 벗어날 수 없는 업보(業報)이다. 전체최적을 추구하려면 어느 부분최적이 희생되어야 하고, 부분최적의 희생을 피하려면 전체최적이 그만큼 후퇴해야 한다. 다시 말하면 어느 하나를 위한 선택은 다른 하나에 대한 포기를 수반한다는 것이 위 진리명제의 메시지이다. 따라서 전체조직과 부분조직 사이에 나타나는 갈등의 조정(coordination)은 경영자가 풀어야 할 기본적 과제의 하나이다.

공중도덕의 문제도 그 본질은 전체최적과 부분최적 사이의 갈등에서 온다. 개인이 자동차를 운전할 때 어떤 교통법규를 위반하거나 등산할 때 쓰레기를 산에 버리고 오는 것이 그 개인의 입장에서는 부분최적이 되지만 사회전체(전체최적)의 입장에서는 해악이 되는 것도 두 최적간 갈등의 예이다. 그러나 *부분조직의 존속 자체가 위태로워질 경우에도 전체최적을 위하여 부분최적의 희생을 요구하기는 어렵다.* 다음 케이스를 살펴보자.

🐭 LA올림픽 조직위원회 케이스

1984년의 LA올림픽(Los Angeles Olympic Games)에서 조직위 위원장을 맡았던 위버로스(Peter Ueberroth)는 미 연방정부의 재정지원 없이 올림픽을 치를 수밖에 없었다. 연방정부가 재정적자로 인하여 올림픽을 지원할 수 없다고 했기 때문이다.

올림픽에 필요한 자금을 조달하는 한 가지 방안으로 납품업체를 선정하여 올림픽에 필요한 물자와 용역을 독점 공급하게 하고, 올림픽 휘장을 사용할 수 있게 하는 대가로 그들로부터 출연금을 받는 방법이 있었다. 올림픽에 필요한 물자 중에 사진필름이 있다. LA올림픽 조직위는 필름의 공식지정업체 선정(official sponsorship)을 놓고 의사결정에 시련을 겪었다. 사진필름분야에서 가장 오랜 역사와 전통, 그리고 세계 제일의 시장점유율을 자랑하는 KODAK사는 미국계 회사이다. 그래서 누구나 KODAK사가 선정될 것으로 기대하고 있었다. 그러나 KODAK사는 강자인 만큼 고자세를 취했다. 공식업체 지정을 받기 위해 내야 하는 올림픽출연금으로 1백만달러를 제시해 올 뿐이었다. 조직위는 필름으로부터 최소 4백만달러를 받아내야 한다는 계산을 하고 있었다.

이런 고충 속에 KODAK사와 실랑이를 벌이고 있을 때, 일본 계열의 Dentsu, Inc.사에서는 Fuji 필름을 밀고 들어왔다. 7백만달러의 출연금에, 올림픽에서 공식 촬영한 모든 필름의 현상을 무료로 해주겠다는 제안이었다. 필름 현상료가 25만달러 상당액이었으므로 7백25만달러를 제안한 셈이다. Fuji필름은 日本계 회사이다.

미국은 일본에 대해 무역적자로 고생하고 있었다. 국가의 자존심, 국산품 애용, 무역적자의 문제 등을 고려할 때, 미국에서 열리고 있는 올림픽에 미국제품이 납품되는 것은 미국이라는 주최국의 입장에서는 전체최적이 될 수 있다. Fuji를 지정하면 일본상품이 모든 경기장내에서 독점판매됨은 물론, 전세계적으로 Fuji의 광고효과를 일으켜서 미국상품 KODAK이 그만큼 상처를 입을 것이다.

그러나 LA올림픽 게임이라는 '부분최적'의 입장에서는 7백25만달러라는 혜택이 있는 것을 어찌하나? LA 조직위원회는 부분최적을 택했다. 역사상 최초로 시도되는 상업올림픽에서 그의 재정적 성공 여부가 아직 불확실성 속에 있었기 때문에 LA 조직위의 부분최적을 나쁘다고 말하는 사람은 없었다.

🌑 미국 정부 대 엑손(Exxon)사 케이스

오래 전 미국 정부와 Exxon사 사이에서도 비슷한 문제가 일어났다. 1979년 이란(Iran)이 미국대사관 직원을 모두 인질로 잡고 있을 때의 일이다. 미국은 이란에 군사적 압력을 가하기 위해 항공모함 미드웨이(Midway)호를 페르시아만으로 진입시켰다. 이 때 Midway호에 기름을 공급해야 하는 문제가 대두되었다. 그런데 미국계 회사인 Exxon이 페르시아만 근처에 정유공장을 가지고 있었고, 미 국방성은 Exxon사에 Midway호의 기름공급을 의뢰했다. 그러나 Exxon사의 입장을 생각해 보자. 자기 모국의 군함에 기름을 공급해 주는 것은 도덕적으로나 경제적으로나 나쁠 것이 없다.

그렇지만 이란의 세력권인 페르시아만 일대에 막대한 자산을 가지고 있는 Exxon이 (이란을 위협하러 온) Midway호에 기름을 공급하면 이란의 보복이 없을 것인가? Exxon만의 입장에서 본 '부분최적'은 미국 국방성의 요청을 거절하는 것이었다. 그리고 그렇게 했다. 지금 이 글을 쓰고 있는 저자는 당시 미국에 있었고, 이 기사를 읽으면서 저자는 미국의 국력을 부러워했다. 한국 같은 약소국의 경우에는 일개 기업의 부분최적보다는 국방의 문제, 즉 전체최적이 우선되어야 했다.

그러나 한편 부분조직들이 망하면서 전체조직이 발전할 수는 없다는 것도 진리이다. 부분단위의 안위(安危)에 관한 고려를 무시한 채 전체최적만을 생각한 미 국방성의 생각은 부족한 것이었다. 진정 국민을 아낄 줄 아는 정부가 필요한 것이다. 그러나 민족적인 빈곤탈피나 무한경쟁 속의 생존문제처럼 *국가나 기업의 생존능력 자체가 문제되는 경우에는 국가의 지도층 혹은 기업의 경영진은 가능한 한도까지 전체최적을 우선시(優先視)하여 전체조직을 살려내야 한다.* 우리 나라가 겪은 케이스 하나를 살펴보자.

🔖 박정희 대통령의 전체최적 추구

1960~70년대 한국경제가 세계를 놀라게 하는 고도성장을 이룩한 것은 전체최적을 추구한 한국정부의 정치이념에 힘입은 바 크다. 전체최적의 추구는 당연히 많은 부분최적의 희생을 수반했다. 수출경쟁력을 키우기 위해 노동자 계층의 임금인상이 억제되었고, 경제성장에 파급효과가 큰 대기업을 육성하기 위해 중소기업에 대한 자원배분이 축소되었다. 부분최적의 양보 혹은 희생에 대한 요청은 중산층 혹은 고소득층에게까지도 미쳤으니, 그 한 예가 텔레비전의 컬러방영 연기였다.

1970년대 후반 한국은 컬러 텔레비전 수상기를 대량생산하여 전세계에 수출하고 있었지만 정작 한국에서는 컬러방송을 하지 않고 있었다. 컬러 텔레비전 수상기는 당시 고가상품이었다. 따라서 컬러방영을 하면 컬러 수상기를 살 수 있는 고소득층과 흑백TV만을 계속 봐야 하는 서민층 사이에 위화감이 조성될 수 있었다. 따라서 당시의 박정희 대통령은 *국민화합(전체최적)을 위하여 고소득층의 부분최적, 즉 그들의 소비수준(컬러TV 시청욕구)을 억제시켰다.*

국민화합(전체최적)을 위한 상류층의 소비수준(부분최적) 억제는 당시 각 기업체에까지 번져서 여름철 *냉방설비(air conditioning)를 하지 못한 공장을 가진 회사는 본사건물에도 냉방설비를 하지 않았다.* 심지어는 중역들의 자동차에도 에어컨을 설치하지 않는 자제력을 보임으로써 국민화합을 다져서 한국경제의 경쟁력을 제고하는 데 일익을 했다.

그러나 장기집권에 대한 국민감정의 악화가 1979년 10월 26일 박정희 대통령의 시해사건으로 이어졌고, 새로 들어선 정부는 1980년 컬러TV 방영을 허가하는 등 (전체최적을 위해 부분최적을 희생하던) 시대정신(Zeitgeist)은 힘을 잃기 시작했다.

1980년대 중반부터는 집단이기주의(부분최적)가 불붙기 시작, 정치가들은 모든 문제를 자기에게 유리한 정치논리로 풀려 했고, 노동자들은 기업의 경쟁력을 무시한 임금인상을 요구했고, 부유층은 해외여행 등 과잉소비로 치달으면서 국민경제의 국제경쟁력을 추락시켰다. 따라서 1989년부터 8년간 대외무역적자 행진이 계속되더니 1997년에는 외환보유고가 고갈, IMF의 구제금융위기를 자초했다.

요즘처럼 정보가 중요해진 시대에는 주요 의사결정을 일선 단위조직에 위임해야 한다는 것이 *분권화(decentralization)의 원리*이다. 실제로 이 원리는 사업부제나 독립채산제와 결합하여 기업경영에 많이 활용되고 있다. 그러나 각 구성단위의 부분최적을 양보시켜야 하는 요청은 무한경쟁시대에 조직전체가 경쟁력을 유지하기 위한 필요조건으로 계속 남는다. 이러한 진퇴양난의 딜레마를 (최고)경영자는 어떻게 극복해야 하는가? 이 문제에 대한 답을 다음과 같이 정리해 보자.

① 조직의 지도자는 우선 전체조직을 위한 최적, 즉 *전체최적이 무엇인가를 명확하게 정의(define)해야* 한다. 그것이 계량적(quantitative)으로 정의될 수 없는 경우에는 질성적(質性的, qualitative)으로라도 정의되어야 한다.

② 전체최적의 개념을 조직구성원들이 이해할 수 있는 수준으로 정의했으면, 그것을 가지고 *각 부분조직을 설득하여 전체최적을 위해 필요한 부분최적의 양보 혹은 희생을 호소해야 한다.*

③ 부분최적의 양보로 전체최적을 달성했으면 경영자의 다음 과제는 *전체최적에서 얻은 이득을 부분최적을 희생한 조직구성원들에게 적절히 배분해야 한다.*

17.3 | 시간차원 속의 갈등

전체조직과 부분조직 사이의 갈등은 (조직이라는) 공간차원적 성격이었다. 그런데 이런 갈등은 시간차원 속에서도 일어난다. 오늘의 가치와 먼 후일(내일)의 가치 사이에서 인간이 느끼는 갈등이 그것이다. 앞에서 설명한 Y2K문제는 수십 년 전 컴퓨터프로그래머들이 그 당시의 편의(단기최적, short-term optimization)를 위해 4자리 연도 표기를 2자리로 절약한 데서 기인했다.

그 때 만약 어떤 강력한 지도자가 나타나서 2000년이 될 때(장기최적, long-term optimization) 여러 기업과 기관들이 부담할 코스트를 생각해서 당시의 단기최적을 막았으면 Y2K문제는 예방될 수 있었을 것이다. 오늘 당장 눈앞에 보이는 (작은) 혜택과 먼 후일에 가능한 (큰) 혜택 사이의 갈등은, 특히 우회축적과정에서 많이 나타날 수 있다. 다음 케이스를 살펴보자.

💾 제 환공의 우회축적

BC 681년, 중국의 황하유역에서 강국으로 군림하고 있던 제(齊)나라는 인근의 작은 나라인 노(魯)와 싸워서 승리한 후, 노의 땅인 수(遂)지역을 할양받을 조건으로 강화의 예식을 거행하고 있었다. 제나라의 환공(桓公)이 단상에 올라가 앉아 있고 단 밑에는 노의 장공(壯公)이 수의 땅을 바치는 서약을 하려는 참이었다. 이 때 노나라의 장군 조말(曹沫)이 단상으로 뛰어올라와 환공의 목에 비수를 들이대고 "제의 군사가 한 명이라도 올라오면 당장 이 비수로 환공의 목을 베겠다"고 위협하며 환공에게 다음과 같이 요청했다.

"제나라는 대국이고 노나라는 소국이다. 齊 같은 대국이 수의 땅을 더 얻어 봤자 별것 아니지만, 소국인 노가 수를 빼앗기면 그것은 노에게 치명적 타격이 되니, 제발 수의 땅을 빼앗지 않겠다고 약속해 다오." 위기에 몰린 환공은 어쩔 수 없이 조말의 요청에 동의할 수밖에 없었고, 동의를 얻어낸 조말은 비수를 거둔 후 태연히 단에서 내려왔다. 환공은 억울하고 창피하여 조말을 잡아들이고 협박에 의한 서약은 무효임을 선언하려고 생각했다.

그러나 당시 환공 밑에는 관중(管仲)이라는 참모가 있었고, 관중은 환공에게 *"비록 협박에 의한 약속이라도 그것을 지켜 주면 환공은 천하 제후들의 신(信)을 얻게 됩니다. 여러 제후들로부터 信을 얻으면 그것은 환공에게 수의 땅을 얻은 것보다 더 큰 힘이 됩니다."*라고 조언했다. 관중의 조언을 받아들여 환공은 조말과의 약속을 지키기로 했다. 그 후 2년의 세월이 흐르는 동안 남쪽 양자강 유역에 있던 초(楚)나라가 강성해지면서 점차 북으로 영토를 확장하기 시작했고, 북쪽의 제후들은 초의 북진에 대항하기 위해 단합하지 않을 수 없었다.

제후들은 견(甄)지방에서 회동하여 동맹을 맺었는데 이것이 BC 679년 견의 맹회(甄의 盟會)이고, 여기서 제후들은 억울하게 당한 협박 속에서 맺은 약속도 지켜주는 환공을 신뢰하여 그를 지도자로 추대했다. 이렇게 중국 중원지역의 최강자가 된 환공은 뒤에 춘추오패(春秋五覇)의 제1인자가 되었다.

그러나 여기서 잠시 생각해 보자. 제 환공이 *수의 땅을 포기함으로써 당시 전쟁에서 공을 세운 장병들에게 돌아갈 땅이 사라진 것이다.* 이런 일이 절대권력을 가진 군주 밑에서 일어났기 때문에 장병들의 불평이 없었지, 그렇지 않았으면 문제가 달라졌을 것이다. 그러면 다음 드골 대통령의 경우를 살펴보자.

💿 드골 대통령의 고통

프랑스의 드골(C. De Gaulle, 1890~1970) 장군은 제2차 세계대전 때 프랑스가 독일에 항복하자 영국으로 건너가 1940년 프랑스 망명정부(the Free French Forces)를 조직하고 독일에 계속 항거했다. 종전이 되자 개선장군으로 귀국하여 1945년 임시정부의 대통령이 되었고, '*대통령에게 (위대한 프랑스를 건설하기 위한) 강력한 권한을 부여하는 헌법*'을 만들려고 하였으나 반대에 부딪치자 1946년 대통령직에서 사임하고 향리(鄕里)로 은퇴했다.

1958년 프랑스가 알제리(Algeria)문제를 해결할 수 있는 강력한 지도자를 필요로 하게 되자, 프랑스 여론은 드골을 다시 불러들였고, 이에 드골은 '대통령에게 강력한 권한을 허용하는 헌법'을 제정한다는 조건으로 1959년 대통령에 취임했다.

드골은 강력한 프랑스의 구축은 (내일의 힘을 기르기 위해 오늘 허리띠를 동여매는) 장기최적(long-term optimization)정책을 필요로 한다고 믿었고, 이런 정책을 추진하려면 대통령에게 강력한 권력이 주어져야 한다는 것이 그의 주장이었다. 헌법은 통과되었고 드골은 대통령으로서 그가 소원했던 '위대한 프랑스의 구축'을 위해 장기최적을 추구하기 시작했다.

그러나 먼 후일을 위하여 오늘을 희생하는 정책, 단기최적의 희생으로 장기최적을 추구하는 정책은 프랑스 국민들, 특히 젊은 학생들과 노동자그룹의 반발을 불러 1968년 격렬한 시위로 이어졌다. 이에 드골은 국민투표를 실시했고 패배가 확실해지자 투표의 최종집계가 나오기도 전에 하야(下野)방송을 하면서, "*매일 치즈(cheese)를 바꿔 먹는 국민을 통치하는 것은 불가능하다.*"고 의미심장한 말을 남겼다. 치즈는 독특한 맛과 향을 즐기기 위해 (포도주와 함께) 먹는 디저트(dessert)

로서 프랑스에는 그 종류가 360이 넘는다고 한다.

따라서 매일 치즈를 바꿔 먹을 만큼 낭만과 향유(享有)를 중시하는 프랑스 국민에게 (내일의 위대한 조국을 위해) 오늘 허리띠를 졸라매게 하는 것은 불가능하다는 것이 드골의 공박이었다. 이런 국민의 대통령 노릇을 한 것이 부끄러우니 *"내가 죽으면 장례식을 (전직 대통령으로서의) 국장(國葬)으로 치르지 말고, 차라리 육군장군의 신분으로 (격하하여) 치러 달라"*는 것이 그의 유언이었다. 유언에 따라 그의 장례는 국장으로 치르지 못했고, 드골의 유해는 군장갑차에 실려 가족묘지에 묻혔다.

우리를 숙연하게 하는 이 사실(史實)은 장기최적과 단기최적간의 갈등이 얼마나 지도자들을 괴롭혀 왔는가를 보여준다. 그러면 다음 절에서는 기업의 경우를 살펴보자.

SONY사의 브랜드전략

오늘날 브랜드(brand)는 신뢰와 이미지를 담는 그릇에 비유될 수 있다. 우리 나라 기업들은 산업화의 역사가 짧아서 아직 세계정상급 브랜드를 형성하지는 못했으나 우회축적을 통하여 그것을 형성한 외국의 사례를 살펴보자. 1956년 SONY의 모리타 사장이 (SONY가 개발한) 트랜지스터 라디오를 가지고 해외 시장개척에 나섰을 때, 미국의 어떤 라디오딜러는 모리타에게 이렇게 말했다. "이 상품은 우리의 관심을 끕니다. 우리 판매망을 통해서 대량판매를 할 수 있을 것 같습니다. 그러나 상표는 우리의 것으로 바꾸어 붙어야만 하겠습니다." 이 제의는 트랜지스터 개발을 위해 지난 수년 동안 투자된 막대한 자금을 단기간에 회수할 수 있는 결정적 계기를 제공하는 것이었다.

그러나 모리타는 상담을 중지하고 호텔로 돌아와 동경에 있는 SONY 본사와 상의했다. 본사로부터는 "지금 회사의 자금사정이 어려우니 브랜드문제는 회사형편이 좋아진 후 생각하기로 하고, 대량판매 기회를 놓치지 말아 달라"는 부탁을 받았다. 그러나 모리타는 심사숙고한 끝에 대량판매 기회를 포기하고, SONY의 상표를 붙일 수 있는 소량주문에만 응했다.

30여 년의 세월이 흐른 후, SONY는 세계정상의 전자제품회사가 되었고, 모리타는 SONY를 은퇴하면서 "자신이 그 동안 SONY를 위해 한 일 중에서 SONY의 상표를 고수하기로 한 1956년의 의사결정이 가장 자랑스런 것이었다"고 술회했다고 한다. 그 때 *만약 그가 자기 상표를 포기하고 바이어의 상표로 판매를 했다면 당시의 판매량은 신속히 증가하고 회사는 자금난에서 쉽게 벗어날 수 있었겠지만, SONY 의 상표가 세계적 브랜드로 되는 역사는 창조하기 어려웠거나 훨씬 더 긴 세월을 요했을 것이다.*

브랜드에의 투자 역시 초기에는 코스트만 들어가고 상당한 축적이 쌓인 후에야 브랜드의 힘이 발산되면서 그것이 기업의 자산이 될 수 있다. 그러나 여기서 문제되는 것은 장기최적의 결과는 오랜 세월이 흐른 후 나타날 수 있기 때문에 불확실성을 내포한다는 사실이다. SONY 케이스 역시 *만약 SONY의 자금사정이 그 당시 부도로 이어졌다면 모리타의 아름다운 회상은 존재할 수 없을 것이다.*

결론적으로 기업은 *영속적 존재(going concern)*이므로 장기최적 의사결정의 중요성은 영원히 존재한다. 그러나 장기최적을 추구하는 일은 미래의 불확실성에 대한 우려와 (SONY의 경우 현금흐름의 호전, 매출성장의 혜택처럼) 오늘 즐길 수 있는 단기최적의 유혹을 극복해야 가능해진다. 따라서 *의사결정자가 2~3년의 짧은 임기 속에 묶여 있거나 증권시장 같이 단기적 이익을 원하는 압박이 존재하면 장기최적은 어려울 수밖에 없다.*

우리 한국이 경제개발 초창기에 세계를 놀라게 하는 성장을 한 것은 장기적으로 안정된 정부, 임기에 구애되지 않는 창업자에 의한 장기최적이 가능하게 했기 때문이다. 조직의 *지도자는 결국 (공간차원에서) 전체최적과 부분최적 사이의 갈등, (시간차원에서) 장기최적과 단기최적 사이의 갈등을 조정(coordinate)하는* 일을 주요 사명으로 해야 한다. 갈등을 만들어내는 주체는 인간이다. 따라서 조직의 경영은 (시간차원과 공간차원 이외에) 또 다른 요소, 즉 인간차원을 탐구해야 한다는 결론에 도달한다. 장을 바꾸어 인간문제를 고찰하자.

인간, 어떤 존재인가

18

18.1 우주사(宇宙史) 속에서 본 인간

인간의 육체가 어떤 물질(원소)로 조성(造成)되어 있는지는 오늘날 과학의 발전으로 잘 밝혀져 있다. 체중 70kg인 사람을 기준으로 인체를 구성하고 있는 물질을 원소별로 분석한 결과가 <표 18·1>에 나타나 있다.

이 표에 의하면 인간의 육체를 만들기 위해 자연계에 존재하는 92개의 원소 중에서 불과 10+몇 개만이 사용되었음을 알 수 있다. 뿐

⟨표 18·1⟩ 인간의 육체를 구성하는 주요 원소들

인간 육체의 물질적 구성		
구성원소	중량기준 구성비율(%)	체중 70kg 기준 원소의 중량(g)
산 소	65.0	45,500
탄 소	18.0	12,600
수 소	10.0	7,000
질 소	3.0	2,100
칼 슘	1.5	1,050
인	1.0	700
유 황	0.25	175
칼 륨	0.2	140
나트륨	0.15	105
염 소	0.15	105
마그네슘	0.05	35
철	0.006	4
구 리	0.0002	0.1
망 간	0.00003	0.02
요오드	0.00004	0.03

만 아니라 이들 원소 중에는 값나가는 것이 없다. 자연계에는 금이나 은, 백금, 티타늄 같은 고가품(高價品)도 많지만, *인간의 육체는 값싼 원소로만 되어 있다*는 사실이 흥미롭다. 그래서 **70kg** 체중의 인체를 구성하는 원소(물질)의 총량을 시장가격으로 환산하면 **3,000원** 정도를 넘기 어렵다고 한다.

그런데 천체물리학자들의 연구에 의하면 *(인체를 구성하고 있는 이러한) 물질(원소)들이 우리 지구처럼 작은 별에서는 만들어질 수 없다*고 한다. 그러면 인간은 어디서 왔단 말인가? 인간존재의 뿌리를 찾는 일은 인간을 이해하기 위하여 중요한 일이니 상세히 살펴보자.

150억년 전 빅 뱅(**Big Bang**)으로 우주가 탄생한 직후 우주공간 속에 존재했던 물질은 대부분이 수소였다. 오늘의 관측에서도 우주공간에 산재해 있는 물질의 **80%** 정도는 수소이며 나머지 **20%** 정도가 헬륨이라고 한다. 이렇게 우주공간에 산재해 있던 수소의 구름덩이가 중력(重力)의 작용으로 뭉쳐지면서 여기저기 별이 탄생했다. 별을 구성하는 수소가 계속되는 중력의 작용으로 별의 중심부를 향해 압력을 가하면서 별 내부의 온도를 상승시킨다. 압력이 높아지면 온도가 오르는 것은 자연의 존재양식이고 이것을 우리는 *보일-샤르의 법칙* (*Boyle-Charles' law*)이라고 부른다.

별 내부의 압력과 온도는 중력의 크기에 의해 결정되고, 중력의 크기는 별의 크기, 즉 질량에 의해 결정된다. 태양 정도의 크기에서는 내부 온도가 약 **1억도**까지 오를 수 있으며, 이런 온도에서는 수소원자의 핵들이 서로 융합(融合)하여 (수소 다음으로 무거운 원소인) 헬륨이 만들어진다. 이런 과정을 *핵융합*이라 부르는데 이 때 (아인슈타인의 공식, $E=mc^2$에 따라) 막대한 에너지가 방출된다. 이 에너지를 핵융합에너지라 부르며 이것이 열과 빛의 형태로 지구에 도달하는 태양에너지이다.

태양보다 더 큰 별에서는 중력에 의한 중심부의 압력이 더욱 커지기 때문에 별 내부의 온도가 더욱 높아진다. 온도가 높아질수록 핵융합반응이 더욱 진전되어 산소, 탄소, 질소 등 무거운 원소도 생성된다. 이렇게 핵융합이 지속되다가 결국 (기초원료인) 수소가 고갈되면 핵융합은 중단된다. 그러나 중력에 의한 압축은 계속되므로 이 압축으로 인하여 별 내부의 압력이 계속 증가하면 폭발로 이어진다.

태양 질량의 8배가 넘는 거대한 별에서나 일어날 수 있는 이런 폭발을 물리학자들은 '중력붕괴(gravitational collapse)', 혹은 초신성(super-nova)의 폭발이라고 부른다. 초신성의 폭발로부터 많은 파편들이 우주 공간으로 흩어지면서 여기 저기 떠도는 운석(隕石)이 되었고, 이러한 운석들은 탄소, 산소, 철, 칼슘 등 원소를 함유하고 있다. *지구나 태양 같은 별들은 질량이 작기 때문에 중력수축에 한계가 있고 따라서 내부 온도의 상승에도 한계가 있어서 생명물질을 (스스로) 융합할 능력이 없다는 것이 정설(定說)이다. 따라서 우리 인간의 육체를 만들고 있는 원소들은 초신성에서 왔다는 결론이 된다.*

이상의 결론은 (단순한 믿음이 아니라) 과학적으로 구명(究明)된 사실에 근거한 것이다. 인간 육체가 (지구 위에 존재하는 92개 원소 중) 불과 10여 개, 그것도 '싸구려' 원소로만 되어 있다는 사실은 인간존재가 별것 아니라는 생각을 가지게 한다. 그러나 우주는 이러한 '싸구려' 물질을 만들기 위해서도 오랫동안 부단히 노력해 왔다. 70kg의 체중을 가지는 사람 몸 속에 4g 정도밖에 들어 있지 않은 *철(Fe)을 만들기 위해, 태양 질량의 20배가 넘는 거대한 별에서 약 700만 년의 시간이 걸린다는 (천체물리학자들의) 계산이 나와 있다.*[1]

결국 인간의 탄생은 온 우주가 초신성까지 동원하면서 150억 년을 노력한 결과인 것이다. 이러한 우주사(宇宙史)적 과정을 생각하면 인

---

1) 김제완 저, *겨우 존재하는 것들*, 민음사.

간은 '별것 아닌' 존재가 아니라, '대단한' 존재 같기도 하다. 다음에는 우주가 인간의 생명을 유지시키기 위해 또 어떤 노력을 하고 있는지, 절을 바꾸어 살펴보자.

18.2 무신론과 유신론의 갈림

프랑스영화 '男과 女(Un homme et une femme ; Claude Lelouch 감독, 1966년 작)'에는 다음과 같은 대사가 나온다. "자동차경주 트랙의 커브(curve) 길은 노면(路面)의 기울기(slope)를 시속 140km에 맞추어 놓았기 때문에 이 속도 이상에서는 차가 트랙을 벗어나 사고로 이어지고, 이 속도 이하로 차를 몰면 경기에서 지게 되지요." 남자 주인공 장 루이(Jean-Louis)가 연인 앤(Anne)에게 카 레이서(car racer) 직업의 어려움을 하소연하는 이 대목은 물리학적 원리에 근거하고 있다.

곡선운동을 하는 물체는 (속도의 제곱에 비례하는) 원심력을 받게 되므로 어떤 방식으로라도 이 원심력을 상쇄(相殺)해야만 궤도를 벗어나는 사고를 피할 수 있다. 우리가 고속도로에서 차를 몰 때 커브길에서는 속도를 낮춰야 하는 이유도 여기에 있다.

우리 *지구는 시속 107,460km로 태양주위를 돈다.*[2] 이렇게 빠른 원운동을 하는 지구에 궤도이탈 사고가 없는 이유는 무엇일까? 그것은 태양이 지구를 끌어당기는 중력(重力)을 작용하여 지구의 원심력과 균형을 이루어 주기 때문이다. 그런데 엄격히 말하면 지구의 궤도는 (완전한 원이 아니고) 타원이다. 그래서 지구와 태양 사이의 거리가 일정하지 않고 계속 변한다.

---

2) 지구와 태양 사이의 거리가 1.5억km이므로 지름(3억km)×3.14=9.42억km의 거리를 지구는 일 년 동안에 운행한다. 일 년은 (365×24+6=)8,766시간이므로 지구의 공전 속도는 (9.42억km÷8,766시간=)107,460km/hour가 된다.

중력의 크기는 지구와 태양간 거리의 제곱에 반비례하여 변하기 때문에 원심력의 크기도 계속 그에 맞추어 변해 주어야 한다. 과연 그런가? 17세기에 천문학자 케플러(J. Kepler)는 지구를 위시하여 태양 주위를 도는 행성(行星)의 운행을 관찰하던 중 놀라운 사실을 발견했다. 모든 행성들이 '일정(一定, constant)한 면적속도'를 유지하면서 태양 주위를 공전한다는 사실이었다.

지구의 경우를 예로 들어 설명하면 태양과 지구를 연결하는 운동 반경(運動半徑, radius)이 단위시간당 (예컨대, 한 달 동안) 쓸고(sweep) 지나가는 면적의 크기가 언제나 일정한데, 이것이 '면적속도 일정'의 법칙이다(그림 18·1 참조). 그런데 면적속도가 일정하려면 (지구의 공전궤도가 타원이므로) 지구가 태양이 가까워진 궤도 위를 지날 때는 (즉, 그림 위의 C와 D 사이처럼 운동반경이 짧을 때는) 공전속도를 빨리 하고, 반대로 태양으로부터 먼 궤도 위를 운동할 때는 (즉, A와 B 사이처럼 운동반경이 긴 때에는) 공전속도를 늦추어야 한다. *이렇게 정교한 속도조절은 실제로 일어나고 있고, 이로 인하여 지구는 태양의 불바다 속으로 끌려들지도 않고 또 궤도이탈로 인하여 우주의 미아(迷兒)가 되지도 않는다.*

⬤ [그림 18·1]

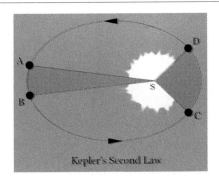

우주 속에 이미 존재하고 있는 이렇게 심오한 원리를 인간이 발견해냈다는 것은 참으로 장한 일이다. 그러나 "누가 이런 자연법칙을 우주 속에 만들어 놓았나?" 하는 질문에 들어가면 인간은 대답할 능력이 없다. 자연 속에 존재하는 이러한 질서가 150억 년 동안 형성된 물질적 진화(evolution)의 결과인가, 아니면 어떤 초인간적 존재(어느 종교에서 말하는 창조주)의 작품인가? 이런 질문에 답하는 일은 (학문을 떠나) 신앙의 문제로 넘어갈 수밖에 없다.

그래서 무신론(無神論)과 유신론(有神論)이 갈리고, 유신론 속에서도 종교가 여러 갈래로 갈리면서 각 종교 사이에 갈등이 계속되는 것이다. 이처럼 *의심할 여지없는 객관적 사실 하나를 놓고도 그것을 해석하는 가정(assumption)에서부터 인간 사이에 갈등은 나타나기 시작한다.* 그러면 우주사적 뿌리에서 이처럼 의미 있는 인간이 어떤 능력을 가지고 있는지 다음 절에서 살펴보자.

18.3 | 인간 인식능력의 한계

인간은 봄철에 피는 꽃, 가을철에 물드는 단풍을 보면서 자연 속에 존재하는 아름다운 빛을 다 보는 줄로 생각한다. 인간이 눈으로 볼 수 있는 빛을 *가시광선(可視光線, visible light)*이라고 부르는데, 자연계에는 가시광선 이외에도 많은 빛이 존재한다. 예를 들면, 병원에서 인간의 신체를 촬영하는 X광선도 빛의 일종이고, TV나 라디오, 그리고 무선전화기가 수신(受信)하는 전자파, 짧은 시간에 음식을 익히는 마이크로 웨이브(microwave) 등이 모두 빛의 일종이다. 이러한 빛들을 진동수 순서에 따라 진열해 놓은 것이 다음 [그림 18·2]이다.

물리학자들에 의하면 *우주 속에 존재하는 물질의 약 90% 이상이*

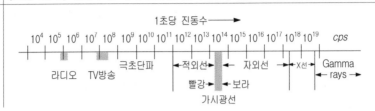

[그림 18·2] 진동수에 따라 분류된 빛의 스펙트럼

인간이 볼 수 없는 소위 암흑물질(dark matter)로 되어 있다고 한다. (그림 18·2에서 알 수 있는 바와 같이) 자연계에 존재하는 빛 중에서 인간의 눈으로 볼 수 있는 가시광선 영역의 크기는 약 5% 정도이다. 자기 눈이 좋다고 해서 모든 빛을 다 보는 줄로 생각하는 사람은 거대한 착각 속에 살고 있는 것이다.

빛을 보는 인간의 눈이 이렇다면 소리를 듣는 귀는 어떠한가? 우리가 듣는 소리는 그 본질이 공기의 진동이다. 그런데 인간의 귀는 초당 진동수가 20에서 2만 사이에 있는 소리만을 들을 수 있다고 한다. 진동수가 작을수록 낮은 음(低音)이고, 많을수록 높은 음(高音)이 된다. 경주박물관에 보관되어 있는 '에밀레 종'이 신라시대 처음 주조되었을 때는 소리가 안 났다고 전해지는데 이것은 당시 초당 진동수가 20 이하였기 때문일 것이다. 다시 주조한 후 진동수가 67이 되어 이제 우리 귀에 들린다.

가청영역(可聽領域)을 벗어나는 음파를 초음파(超音波)라 하는데 일부 동물들은 인간이 못 듣는 초음파를 듣는다고 한다. 개는 진동수 3만8천까지의 초음파를 듣고, 박쥐는 9만8천의 초음파를 발생시켜 그것이 반사되어 오는 메아리(反響)를 듣고 건물이나 절벽에 부딪히지 않고 밤에 날 수 있다고 한다. 돌고래는 20만의 진동수까지 들을 수 있다는 사실이 밝혀졌지만, 현대의학에서는 진동수 1백만(1Mega)에서 1천만(10Mega) 사이의 초음파를 사용하고 있다. 이렇게 넓은 영역의 음파가 존재하는 데도 인간은 겨우 20에서 2만 사이의 진동수만을 들을 수 있으니 *인간의 가청음역은 빛의 경우보다 더 제한되어 있는 것 같다.*

인간의 능력이 이렇게 유한하기 때문인지 인간은 무한의 세계, 자기능력 건너편의 세계를 동경하고 갈구하는 것 같다. 영국의 시인 존 키츠(John Keats)는 그의 시 *'Ode on a Grecian Urn'*(희랍 陶器賦) 제2연 제11행에서,

"Heard melodies are sweet, but those unheard are sweeter."
(들리는 소리는 아름답지만 들리지 않는 소리는 더욱 아름답도다.)

라고 읊음으로서 들을 수 없는 소리에 대한 그리움을 담았다. 이처럼 *인간의 인식한계 밖의 세계에 대한 그리움은 인간에게 보이지 않는 세계, 미지의 세계에 대한 탐구로 이어진다.* 1895년 11월 8일은 인간이 눈에 보이지 않는 빛, X광선을 발견한 역사적인 날이다.

실험물리학자 뢴트겐(Wilhelm Conrad Röntgen)은 진공관 속에 설치한 (+와 −) 두 전극 사이에 높은 전압을 걸어주고 이 때 나타나는 물리현상을 관찰하고 있었다. 그러다가 그는 (인간의 눈에는 보이지 않지만) 사진 건판을 감광(感光)시키는 이상한 빛이 진공관에서 방출된다는 사실을 발견하였다. 뢴트겐은 이 빛의 정체를 알 수 없었으므로 (수학에서 미지의 것을 상징하는 X자를 써서) 엑스(X)광선이라고 불렀다.

오늘날 X광선의 정체는 과학적으로 이미 밝혀져 있다. X광선 이외에도 많은 다른 초월적 존재들이 발견되었고, 인간의 삶을 윤택하게 만들기 위해 사용되고 있다.

자연의 신비로운 존재양식에 관한 발견의 결과를 우리는 과학(science)이라고 부르고, 과학을 인간의 필요(need)충족에 응용하는 지식을 기술(technology) 혹은 공학(engineering)이라고 부른다. 이처럼 제한된 인

식능력을 가진 인간이 무한의 세계를 동경하며 과학과 기술분야에서 눈부신 업적을 이룩해 왔다. 그러나 인간은 아무리 노력해도 극복할 수 없는 불가항력(不可抗力) 속의 존재이다. 다음 절에서 이 사실을 살펴보자.

18.4 | 3대 불가항력 속의 인간

무신론을 믿든 유신론을 믿든 모든 인간은 다음과 같은 세 가지 불가항력 속에 놓여 있다.

첫째, 불가항력은 인간이 자기탄생의 시간차원(시대)과 공간차원(장소), 그리고 인간차원(핏줄)을 선택하지 못한다는 데 있다. 일제(日帝)시대에 태어났기 때문에 억울하게 징용에 끌려가 일생을 망친 사람, 아프리카(Africa)의 어느 빈곤지역에 태어났기 때문에 기아로 죽어가는 어린이들, 부모를 잘못 만났기 때문에 고생하는 고아들이 얼마나 많은가?

둘째, 불가항력은 인간이 자신의 능력을 선택하지 못한다는 데 있다. 인간은 육체적·정신적·정서적 능력에 있어서 평등하게 태어나지 않는다. 모든 인간이 노력한다고 올림픽의 어느 스타처럼 100m를 9초 86에 달릴 수 있을까? 누구나 노력한다고 해서 아인슈타인(A. Einstein) 같은 업적을 낼 수 있을까? 1987년에 베를린 필하모니(Berlin Philharmony)의 지휘자 허버트 카라얀(Herbert von Karajan)은 소프라노 '조수미'를 베를린으로 불러 오디션(audition)을 가졌다. 노래가 끝나자 카라얀의 첫 마디는 "하늘이 내린 목소리로다" 하며 감탄했다고 한다.

음악의 세계를 달관한 지휘자 카라얀도 성악가의 능력을 천부(天賦)의 자질이라고 생각한 것 같다. "모든 인간이 평등하게 태어났다

(*All men are created equal.*)"는 외침은 법(法)과 제도 차원에서 불평등을 제거하기 위한 슬로건에 불과하다. 실제로 모든 인간은 육체적·정신적 능력에서는 물론, 얼굴이나 몸매의 아름다움에 있어서 평등하게 태어나지 않았다.

셋째, 불가항력은 시간의 흐름 위에 나타나는 불확실성(不確實性, uncertainty)에서 온다. "나는 운전을 잘하니까 교통사고 염려 없다" 혹은 "나는 건강관리를 잘하니까 암에 걸릴 염려 없다"고 말할 수 있는 사람이 있는가? 또 지진이나 수해(水害) 혹은 전쟁발발 같은 재해로부터 초연할 수 있는 사람이 있는가? 언제 어디서도 나타날 수 있는 불확실성 속에 있는 인간이 "내 노력의 당연한 대가(代價)로 오늘의 내가 이렇게 존재한다"고 생각한다면 그것은 오만이다.

이 진리를 깨달은 최귀동(崔貴童) 할아버지의 이야기를 들어보자. 최씨는 일제(日帝)시대 징용에 끌려갔다가 육체적·정신적으로 만신창이가 되어 해방 후 집(충북 음성)에 돌아와 보니 집도 사라지고 없었다. 그는 남은 여생을 살아갈 힘도 희망도 잃고, 생을 스스로 마감하려고 어느 다리 밑으로 내려갔다 한다. 거기서 그는 "여보시오, 당신은 걸을 수 있군요. 나 배가 고파 죽겠으니 밥좀 얻어다 주시오." 하는 신음소리를 들었다. 이 하소연에 최 할아버지는 여기저기 구걸 다니며 밥을 얻어다 이들을 먹여 살려야 했다. 여기서 최 할아버지는 '얻어먹으러 다닐 수 있는 능력도 은총'이라는 사실을 하나의 진리로 깨달았다.

오늘날 충북 음성에 있는 '꽃동네' 입구에는 최씨의 깨달음이 큰 바위에 새겨져 있다. 오늘 *내가 이렇게 건재하는 것은 내가 잘나서* 혹은 *내 노력의 당연한 결과라는 생각은 오만이 될 수 있다.* 인간이 가지고 있는 능력은 아무리 사소한 것이라도 언제고 사라질 수 있는 불확실성 속에 있다.

18.5 | 조직의 관리체제와 인간관

안수길(安壽吉)의 장편소설 북간도(北間島)에는 우리 민족이 겪은 가난의 역사가 잘 묘사되어 있다. 북간도의 제1세대 주인공 '이한복'은 도강죄(渡江罪)를 범하고 종성부사(鐘城府使) 이정래(실존인물) 앞에 끌려왔다. 당시 청나라는 만주땅을 성역화(聖域化)하고 조선사람이 두만강을 건너 만주땅을 범하면 도강죄란 죄명으로 극형에 처할 것을 조선 조정에 요구하고 있었다.

그러나 농사지을 땅이 없는 함경도 백성들 중에는 강을 건너 북간도에 가서 '몰래' 농사를 지어 연명하는 사람들이 많았다. 종성부사 이정래가 "왜 죽을 것을 알면서 도강죄를 범했느냐"고 묻자 이한복은 "이래도 죽고 저래도 죽을 바에야 늙으신 부모와 처자를 한끼라도 먹이고 죽고 싶어 도강죄를 범했다"고 대답했다. 이렇게 눈물겨운 가난은 일제 36년과 해방을 거쳐서 1970년도까지도 '보릿고개'라는 이름으로 계속되고 있었다.

다행히 1974년 1단보당 624kg의 수확을 올릴 수 있는 '통일벼(학명, IR667)'가 개발되었고 1977년에는 우리 민족이 먹고도 남는 4,180만 석을 수확하면서 '보릿고개'가 공식적으로 사라지게 되었다. 그런데 그 해(1977) 11월 19일에는 우리 나라 역사상 희한한 일이 일어났다. 일부 소비자단체들이 (통일벼를 포함하여) 여러 종류의 쌀로 밥을 지어놓고 서울 시내 번화가에서 '밥맛 품평회'를 열었다. 지나가는 사람들을 불러 (무료로) 밥을 먹어보게 하면서 맛이 좋으면 ○표, 맛이 안 좋으면 ×표를 해달라는 것이었다. 통일벼가 비록 수확량은 많으나 밥맛이 안 좋다는 것이 소비자들의 불평이었다. "사느냐 죽느냐"의 보릿고개에서 벗어나자 이제 밥맛을 탓한 것이다.

결국 우리 민족을 보릿고개에서 구제한 공신(功臣) '통일벼'는 (수확량이 좀 떨어지더라도) 밥맛이 좋은 다른 품종에게 자리를 내어주고 역사에서 사라지는 비운을 맞을 수밖에 없었다. "물에 빠진 사람 건져 놓으면 내 보따리 내놓으란다." — 이것은 단순한 속담이 아니라 인간 본성의 한 단면을 말하는 것 같다.

이상에서 살펴본 바와 같이 *인간의 본성(本性, nature)은 아직도 불가지(不可知, unknowable)하고 그의 속성(屬性, attributes)은 폭넓은 다양성(多樣性) 속에 있다.* 그래서 인간탐구의 역사는 성선설(性善說), 성악설(性惡說), X이론, Y이론 등 서로 대치되는 가설로 가득하다. 일반적으로 우리는 인간 하나하나의 생명에 지고(至高)의 가치를 부여한다. 광산(鑛山) 사고로 갱도(坑道)에 매몰된 사람 하나를 구하기 위하여 수십 명의 구조대와 수십억원의 돈을 투입해도 그것을 탓하는 사람은 없다.

그러나 다른 한편 뉴욕의 무역센터참사에서처럼 어떤 사람들은 자기자신의 생명은 물론 죄 없는 수천 명의 생명을 초개 같이 여기기도 한다. 이렇게 *불가지(不可知)하고 다양한 인간이 기업이나 국가기관 등 조직에서는 관리의 주체(subjects)이면서 동시에 객체(objects)[3]가 되어야 한다.*

그러면 경영자가 조직의 효과적인 관리체제(management system)를 구축하기 위해서는 인간의 본성과 속성에 대하여 어떤 가정을 채택해야 할까? *1950년대까지의 전통적인 산업조직들은 인간에 관하여 부정적(negative)인 가정에 기초하여, 그에 맞는 관리체제를 유지하고 있었다.* 맥그레거(D. McGregor, 1906~64)가 X이론이라고 부른 이들의 가정은 다음과 같다.[4]

---

3) 조직목표 달성을 위한 수단(means)
4) Douglas McGregor 저, *The Human Side of Enterprises* 참조.

① 사람들은 일반적으로 일(work)을 싫어하며 피하려고 한다.

② 따라서 조직의 목표달성을 위한 관리체제는 명령과 지시, 통제와 처벌을 주요 수단으로 해서 구축되어야 한다.

③ 사람들은 일반적으로 야망이 없으며 책임지기를 싫어한다. 따라서 조직의 장래를 위한 비전(vision)이나 창의력은 조직의 상층부에서 만들어져서 아래로 전달되어야 한다.

(1950년대까지 존속되어 온) 이러한 가설과 관리체제의 잘못을 지적하면서 맥그레거는 (Maslow, Argris, Herzberg 등의 연구를 배경으로) 새로운 가설과 그에 맞는 관리체제의 개혁을 주장했다. Y이론이라 불리는 그의 주장을 요약하면 다음과 같다.

① 사람들은 놀이(play)나 휴식을 좋아하는 것처럼 일(work)을 좋아하고 그로부터 기쁨과 만족을 얻을 수 있다.

② 따라서 명령과 통제, 위협만이 조직목표를 달성할 수 있는 관리수단은 아니다. 사람들은 자율(self-regulation)과 자기통제를 할 줄 아는 존재이다.

③ 조직목표의 달성을 위해 사람들이 헌신(commit)하는 정도는 조직이 제공하는 보상(rewards)에 의해 결정된다. 조직이 제공하는 보상은 사람들의 욕구체계(뒤에 설명)를 만족할 수 있어야 한다.

④ 조직이 적당한 조건만 만들어 주면 사람들은 조직의 목표달성을 위해 필요한 상상력과 창의력을 발휘할 수 있고, 기꺼이 책임을 받아들일 수도 있다.

인간의 욕구는 시대와 환경에 따라 변화하는 동적(動的, dynamic)인 요소를 내포하고 있는 것 같다. 사회심리학자 매슬로(A. Maslow)에 의하면 인간의 욕구는 다섯 단계로 구성되어 있으며 이들의 발로(發露)

는 최하위단계의 욕구에서 시작하여 그것이 충족되면 다음 높은 단계의 욕구가 발로된다. 최하급단계에는 생리적 욕구(physiological needs)가 자리하고 있으며 이것은 자신과 가족의 생존을 유지하기 위한 기본적인 욕구이다.

생리적 욕구가 충족되면 다음에는 안전(safety)욕구가 나타나고, 그것이 충족되면 사교(社交, social)욕구 ⇒ 자존(自尊, self-esteem) 욕구 ⇒ 자아실현(self-fulfillment)욕구 등 점차 고급수준의 욕구가 나타난다. 이것을 긍정적으로 해석하면 인간은 조직 속에서 일(work)을 통한 자아실현을 지향할 수 있다는 뜻이 된다. 실제의 케이스를 살펴보자.

🖴 IBM을 잠에서 깨운 사나이

인간이 연로(年老)해지면 소위 성인병(成人病)에 걸리듯 조직도 나이가 들고 비대해지면 경직화(硬直化)되는 것 같다. 1983~86에 이르는 *4년 연속 '가장 찬양받는 기업(most admired corporations)'으로 포춘(Fortune)지에 선정된 IBM사는 불과 5년 후인 1990년대 초반 구제금융을 받는 회사가 되었다.* 개인용 컴퓨터(PC)가 메인프레임(mainframe)을 누르고 컴퓨터시장을 주도하기 시작했으나 이런 시장변화에 IBM의 대응이 너무 늦었기('too late') 때문이었다.

이렇게 뼈아픈 경험을 겪은 IBM이 같은 실수를 1990년대 중반에 또 한 번 반복할 뻔했으니, 그것은 경영방식의 e-비즈니스화(化) 물결에 IBM의 최고경영층이 둔감해 있었기 때문이다.

이에 울분을 느낀 동사의 일선 프로그래머 그로스만(D. Grossman)이란 청년이 (유닉스 워크스테이션을 차에 싣고) IBM 본사까지 4시간을 운전, 중역실에 난입했다. 그는 (IBM의 경쟁사인) 선마이크로시스템(Sun Microsystems)사의 웹사이트를 게르스너(L. Gerstner) 회장을 위시한 중역들 앞에서 시연(demo)해 보였고, 이것이 잠자고 있던 IBM을 깨우는 데 성공했다. 게르스너 회장은 즉석에서 IBM경영을 e-비즈니스체제로 바꿀 것을 지시했고, 그 후 6년이 지나는 동안 인터넷을 이용한 서비스부문의 매출이 급속히 성장했다.

IBM의 글로벌서비스(Global Services)부문은 종업원 13만5천명을 거느리는 300억달러의 사업으로 발전했고, e-비즈니스 컨설팅서비스는 18,000건을 계약하는 업적을 올림으로써 오늘날 IBM 총매출액 820억달러 중 4분의 1이 넷(Net)관련 사업에서 나오고 있다. 이와 같은 IBM의 역사적 변신이 일개 프로그래머에 의해 시동(始動)되었음을 *하버드 비즈니스 리뷰(Harvard Business Review)지*는 2000년 8월호[5]에서 밝히고 있다.

그러면 조직구성원들이 조직의 성장과 발전을 위해 이렇게 일할 수 있도록 하기 위해 조직의 리더십은 어떻게 바뀌어야 하는가? 장을 바꾸어 이 문제를 살펴보자.

---

5) Gary Hamel, "Waking Up IBM," *Harvard Business Review*, July-August 2000, pp. 137-146.

리더십, 어떤 것인가

19

19.1 리더십의 역사적 변천

농경시대의 가장 중요한 생산요소는 토지(土地)였고 그것을 보유한 지주(地主)들이 그 시대 부(富, wealth)를 독점했다. 그러다가 17세기 산업혁명이 일면서 기계, 공장, 생산설비 같은 *산업자본(physical capital)*이 주요 생산요소로 등장했고 자본가들이 부의 진영(陣營)을 형성했다. 19세기 후반부터 *기술(technology)*이 발달하면서 기술을 개발한 개인 혹은 기업이 부의 대열에 합류했다. 지멘스(W. Siemens), 에디슨(T. Edison), 벨(A. Bell) 같은 기술자들이 기업의 창업자가 되었고, 이들은 자기 나라를 경제대국으로 이끄는 데 공헌했다.

20세기 후반부터는 기술보다 더 넓은 개념인 *지식(knowledge)*이 주요 생산요소로 부상하면서 경쟁력의 원천(源泉)을 형성하게 되었다. 코카콜라나 맥도날드(햄버거)처럼 고급기술 없이도 세계적 규모로 성장하는 지식기반(knowledge-based)기업들이 나타나기 시작했다. 여기서 *지식이란 인간과 조직을 이해하고, 시장(market)과 환경변화를 읽어서, 수익성 있는 사업을 설계하고 전개하는 능력*이라고 말할 수 있다. 이런 지식을 보유하게 된 개인, 기업 및 국가는 부의 대열에 끼게 되고, 그렇지 못하면 낙오한다는 의미에서 '지식경영'의 시대가 열린 것이다.

기술이나 지식이 오늘날에도 경쟁력의 주원천이지만 이들은 모두 사람에게서 나온다. 따라서 기업의 경쟁력은 결국 사람, 즉 조직구성원들에게서 나온다는 사실을 부인할 수 없다. 이 사실을 증좌(證左)하는 것이 페퍼(J. Pfeffer, 인사 및 조직관리 전공) 교수팀의 연구논문이다. 이 연구진은 1970년대 중반부터 20년간에 걸쳐서 미국 증권시장 데이터를 분석, 그로부터 주식수익률(return to stockholders)기준으로 가

장 우수한 업적을 올린 기업들을 찾아냈다. 그 결과 *가장 우수한 회사*
는 Southwest Airlines로서 (20년 동안) 주주들에게 21,700%의 수익률을
안겨주었다. 이 회사의 뒤를 Wal-Mart(19,800%), Tyson Foods(18,100%),
Circuit City(16,400%), Plenum Publishing(15,600%)이 이었다.

그러면 이들 5개 회사의 공통점은 무엇인가? 이들은 남이 안 가진
기술이나 특허(patent) 혹은 높은 진입장벽(entry barrier)을 가진 회사들
이 아니다. 연구팀의 설명에 의하면 *이들의 공통점은 사람과 고용관*
계를 중시하는 경영철학과 조직문화에 있었다. 이들은 사람을 '대체할
수 있는(replaceable) 부품' 혹은 '최소화해야 할 코스트'로 보지 않고,
"기업의 성공은 사람을 통하여 성취된다"는 경영이념과 그 실천을 위
한 조직문화를 구축한 회사들이다.

이들 회사가 주로 사용하는 인사관리의 기법들은 다음과 같다. 안
정된 고용보장(employment security), 채용시 신중한 선발(selectivity in
recruiting), 좋은 보수(high wages), 성과에 따른 보상(incentive pay), 사원
지주제(employee ownership), 정보의 공유(information sharing), 참여와 권
한이양(participation & empowerment), 자율적 팀제(self-managed teams), 연
수 및 기능훈련(training & skill development), 부문간 인사교류(cross-utili-
zation & training), 상징적 평등주의(symbolic egalitarianism), 임금격차의
폭 축소(wage compression), 내부로부터의 승진(promotion from within) 등
13가지이다.

그러나 이들 13가지 기법을 모두 사용하는 회사는 없으며 각 기업
의 업종, 인적구성 등의 특수성에 맞게 이들 중 일부를 조합(combina-
tion)하여 인사관리에 임한다는 것이 연구팀의 보고였다. 이러한 *인사*
관리관행과 조직문화는 오랜 세월에 걸쳐 체계화된 무형자산(intangible
assets)의 형태로 존재하기 때문에 이것을 다른 회사가 벤치마킹(bench-
marking) 혹은 모방하기도 어렵다.

조직의 이념과 비전을 제시하고 그 실현을 위해 필요한 조직문화를 구축하는 일은 리더십(leadership)을 필요로 한다. 그리고 이러한 리더십의 패러다임(paradigm)은 시대와 환경의 변화에 따라 달라질 수밖에 없다. 한국의 경제개발 첫 30년(제1세대) 동안은 조직의 톱(top)이 비전(vision)을 창출하고 그 실천을 위하여 명령과 지시를 내리는 형태의 리더십이 유효했다.

그러나 1990년대 이후 정보화시대가 되고, 정보의 창출, 공유 및 활용이 경쟁력의 원천이 되면서, 경쟁력을 유지할 수 있는 아이디어(idea)는 일선현장에서 올라와야 한다("bubble up from below"). 이렇게 되려면 과거의 톱다운(top-down)식 리더십 패러다임은 새 시대에 맞게 변해야 한다. 그래서 2001년도 '국제리더십학회(International Leadership Association, ILA, 2001/11/1~4, Miami, Florida)'에서는 아랫사람을 섬기는 리더(servant leader)의 역할이 강조되었다.

앞 제18장의 IBM케이스에서도 (넥타이도 메지 않은 일선프로그래머) 그로스만이 워크스테이션을 양손으로 들고 (IBM에서는 성역이나 다름없는) 본사 중역실로 들어가는 일은 상사(leader)의 도움으로 가능했다. 섬기는 리더(servant leader)의 개념은 이미 헤르만 헤세(Herman Hesse, 1946년도 노벨문학상 수상)의 작품 동방순례(東方巡禮)에 나온다.

이 작품 속의 주인공 레오는 여행단의 일원으로서 온갖 궂은일을 도맡아 하면서, 여행단이 지치고 힘들어 할 때는 노래를 불러서라도 활기를 불어 넣어주는 사람이었다. 이렇게 하인(servant)처럼 궂은 일을 하는 레오가 있는 동안 여행은 순조로웠다. 그러나 레오가 사라지면서 여행은 혼란에 빠지고 결국 여행단은 나머지 일정을 포기하게 된다.

이 작품에서 헤세는 무엇을 말하려 했을까? "훌륭한 지도자란 본질적으로 아랫사람을 섬기는 하인이다." 이것이 그가 던지고 싶은 메시지였을 것이다. 이것은 아랫사람으로부터 섬김을 받으려는 리더십과는 상반되는 개념이다. 이제 *권위주의적 리더의 시대가 가고, 아랫사람을 도와주고 섬겨야 하는 새로운 패러다임의 시대가 온 것이다.*

19.2 | 조직의 응집력을 어떻게 유지할 것인가

조직이 건강하려면 조직구성원 하나하나가 열심히 일해야 하겠지만, 조직전체의 입장에서 이들 모두를 하나(unity)로 묶을 수 있는 응집력도 필요하다. 그러면 조직의 응집력(cohesiveness)을 유지하는 방법은 무엇인가? 여기에 답하기 위해 다음과 같은 질문을 해보자. "왜 핀란드(Finland)에는 국왕(king)이 없을까?" 북유럽 4나라 중 노르웨이, 스웨덴, 덴마크 3국에는 국왕이 있는데 유독 핀란드에만 없기 때문에 이런 질문이 의미를 가질 수도 있다. 이 질문에 대하여 핀란드의 역사가 들려주는 답은 다음과 같다.

핀란드는 수백 년 동안 스웨덴과 러시아의 지배를 받아 오다가 1917년에 비로소 독립했다. 독립하면서 국왕이 필요하다고 느낀 핀란드는 당시 오스트리아(Austria)의 합스부르그(Habsburg)왕가(王家)[1]에 왕을 하나 보내달라고 요청했다. 합스부르그가는 이 요청을 수락, 핀란드에 가서 왕이 될 사람을 선정하여 보내주기로 했다.

그러나 제1차 세계대전이 막바지에 접어들면서 합스부르그왕가가 몰락, 이 약속은 실현되지 못했고 결국 핀란드는 오늘날까지 국왕 없이 나라를 이어오고 있다. 국왕을 외국에서 수입까지 하려고 했던 핀란드, 그리고 민주주의국가이면서 아직도 국왕을 모시고 있는 영국, 일본, 네덜란드, 노르웨이, 스웨덴 등 이들은 왜 그토록 왕을 필요로

---

1) 1282년부터 1918년(제1차 세계대전)까지 오늘의 오스트리아(Austria)를 중심으로 유럽에서 권세를 떨쳤던 왕가

하는 것일까? 이들 나라에 이런 질문을 하면 다음과 같은 답을 얻게 된다.

국왕이 비록 정치적 실권행사는 않지만 *국민을 단결시킬 수 있는 구심점(求心點)* 역할을 한다고 답할 것이다. 인간은 로빈슨 크루소(Robinson Crusoe)처럼 혼자 살지 못하고, 어느 집단 혹은 조직의 일원이 되어 단체행동에 참여하고, 소속감을 느껴야 안도하는 존재인 것 같다. 그래서 올림픽이나 월드컵(World Cup)처럼 국가간 승부를 가리는 스포츠경기에서 사람들은 자국 팀을 응원하면서 쉽게 흥분하기도 한다.

*인간은 상징(symbol)을 필요로 하는 존재*라고 한다. 연인 사이에 주고받는 꽃 한 송이가 사랑을 상징하듯, 국민 사이에 나라를 대표하는 상징적 존재로서 국왕이 필요할 수도 있을 것이다. 입헌민주주의를 채택하는 많은 선진국들이 국왕제도를 유지하고 있는 데는 이런 이유도 있다.

그런데 오늘날 세계제일의 강국, 미국은 국왕 없이 건국했고 국왕을 가져본 적도 없다. 그런데도 미국국민이 미국에 대해서 느끼는 애국심과 응집력(凝集力)은 다른 어느 나라에 뒤지지 않는다. 그 이유가 무엇일까? 이 질문에 대한 미국 국민들의 답변은 다음과 같다.

미국 건국의 아버지들은 1776년 독립선언서(the Declaration of Inde-pendence)에서 *자유(自由)와 평등(平等)을 정치이념(理念, ideal)으로 채택*했다. 오늘날 미국에 인종차별이 있다고는 하나 그것은 개인적 감정차원(感情次元)의 문제이고, 국가차원(國家次元)에서는 모든 국민이 자유와 평등을 누리고 있다. 다시 말하면 *이념의 힘(魅力)*이 미국 응집력의 원천(源泉)이 된 것이다. 건국이념의 산실(産室)인 필라델피아(Philadelphia)의 독립기념관(Independence Hall)에는 당시의 독립선언서가 보존되어 있고 이 건물은 미국의 국립공원(National Park)으로 (정원을 합쳐도 면적으로는 가장 작지만) 지정되어 있다.

인간은 이상(理想)을 추구하는 본성을 가진 존재인 것 같다. 그래서 *드높은 이상을 체화(體化, embodied)시킨 이념은 사람을 끄는 매력을 발휘한다.* 인간탐구의 대가(大家) 톨스토이(L. Tolstoy, 1828∼1910)의 *부활*(Resurrection, 1899)을 보면 이 사실을 이해할 수 있는 대목이 나온다. 여주인공 카추샤가 시베리아로 유형(流刑)을 떠날 때 (과거에 그를 배신했던) 네프류도프는 그를 따라나선다. 네프류도프는 귀족신분이었고, 당시 러시아의 귀족은 황제에게 청원하여 민사범(民事犯) 하나를 사면(赦免)받을 수 있는 특권을 가지고 있었다.

그래서 네프류도프는 카추샤를 유형에서 풀어내는 데 성공했고, 이 소식을 알리며 그에게 청혼까지 했다. 그러나 기쁨과 감격으로 반겨주는 대신 카추샤는 "좀 생각해보겠으니 시간을 달라"고 했다. 다시 만나기로 약속한 날 카추샤는 네프류도프에게 *"용서하세요"*라고 말함으로써, 자기 앞에서 과거의 용서를 비는 네프류도프에게 오히려 용서를 빈다.²⁾ 카추샤는 그 때 시몬손(Simonson)이라는 혁명가에게 마음이 끌리고 있었다. 시몬손은 카추샤와 같이 시베리아로 유배를 가는 청년이었다.

당시 러시아사회는 극소수의 귀족이 토지를 독점하고 국민 대다수는 농노(農奴)가 되어 기아와 질병에 시달렸으며 국가로부터 법적(法的)·행정적 보호의 대상도 되지 못하고 있었다. 시몬손은 러시아사회의 이러한 잘못을 고발하면서 도탄(塗炭)에 빠진 러시아국민을 위해 헌신하려는 확고한 이념을 가진 청년이었다. 카추샤는 이런 시몬손으로부터 거부할 수 없는 *인간적 매력*을 느낀 것 같다. 그래서 그는 귀족의 부인이 되어 유복하게 살기보다, 시몬손을 따르는 고생길도 마

---

2) 카추샤에게 용서를 빌고 있는 네프류도프에게 오히려 카추샤가 용서를 비는 이 장면은 세계문학작품이 지금까지 그려낸 최대의 아이러니(irony)일 것 같다.

다하지 않은 것 같다. 한때 타락했던 여성으로부터 위대한 인간성의 *부활(resurrection)*인 것이다.

1998년도 노벨문학상 수상자인 포르투갈(Portugal)의 사라마고(Jose Saramago)는 "당신 작품의 어떤 점이 노벨상의 영예를 가져왔다고 생각하는가?"라는 질문에 대해, "작품으로서의 *완성도(完成度, the degree of perfection)* 때문일 것이다."라고 답했다. 사라마고가 말한 완성도라는 개념은 작품뿐만 아니라 인간 혹은 조직에 대해서도 적용될 수 있다. 그리고 어느 *개인 혹은 조직의 완성도는 그들이 정립한 이념의 수준에 의해 평가될 수도 있다.*

철학자 스피노자(Baruch Spinoza, 1632~77)는 "*내일 지구가 망한다 할지라도 오늘 나는 사과나무를 심고 가겠다*"고 말했고, 로버트 프로스트(Robert Frost, 1875~1963)는 그의 시(*The Road not Taken*)[3]에서 '남들이 덜 밟은 길', 즉 황무지(荒蕪地, frontier)를 개척하는 삶을 그의 이념으로 천명했다.

이렇게 개인에게는 각자 *삶의 이념*이 있고, 기업에게는 *경영이념*, 국가에는 *정치이념*이 있어야 한다. *이념이 빈약한 인생, 기업, 혹은 국가는 중심(重心)을 잃고 부유(浮游)하는 조각배가* 되어 작은 풍랑(風浪)에도 휘말리기 쉬울 것이다. 개인이나 조직이 이념을 정립하고 그 실현을 위해 정진한다는 것이 쉬운 일은 물론 아니다. 그러나 분명한 것은 *조직구성원들의 응집력은 지도자의 인간적 매력에서 오고 매력은 그가 추구하는 이념의 함수라는* 사실이다.

---

3) 단풍잎 고운 숲에 길은 둘로 갈리고/두 길을 다 갈 수 없어 유감이었지/…/남들이 덜 밟은 길을 택했더니/그 뒤 내 운명이 달라졌구나. *Two roads diverged in a yellow wood,/And sorry I could not travel both./…/I took the one less traveled by,/And that has made all the difference.*

19.3 창조적 소수의 과오

그러나 한때 조직을 성공적으로 이끈 창조적 소수가 세월이 흐르면서 조직을 망치는 경우를 우리는 많이 알고 있다. 파나마(Panama)운하의 건설에 얽힌 이야기를 중심으로 그 과정을 살펴보자. 프랑스의 젊은 엔지니어 레세프(Ferdinand de Lesseps)는 1859년부터 1869년에 걸쳐 수에즈(Suez)운하를 성공적으로 건설했다. 수에즈운하의 성공에 고무된 유럽 금융업자들은 다음 파나마지역으로 눈을 돌렸다. 그래서 그들은 1881년 파나마운하건설(주식)회사를 조직하고, 수에즈운하의 건설영웅 레세프를 책임자로 영입했다. 그런데 수에즈지역과 파나마지역은 지형과 기후 등 자연환경이 크게 다르다. 수에즈운하의 경우, 굴착지역의 평균높이는 해발 15m 정도였지만 파나마지역은 150m나 되었다.

또 수에즈지역은 건조한 사막형 기후였지만 파나마는 연간 강우량이 3,000mm(3미터)에 달하는 열대우림지역이었다. 그래서 1879년 프랑스의 엔지니어 브뤼슬리(Lepinay de Brusly)는 파나마에 운하를 만들려면, Chagres강을 댐(dam)으로 막아 (해발 26m 높이의) 인공호수를 만들고, 이 호수를 (37km 정도) 수로(水路)로 사용하면서, 바다에 이르는 양측에 3단계의 갑문(locks)式 운하를 건설해야 한다고 제안한 바 있다.

그러나 *레세프는 과거 그가 수에즈운하건설에서 성공한 방식, 즉 해면과 같은 높이의 운하건설을 밀고 나갔다.* 몇 년을 굴착해도 운하의 완공은 요원했고, 황열병(黃熱病, yellow fever)과 말라리아로 건설인원이 무수히 죽어갔다. 8년 동안 22,000명이 이들 병으로 죽었고 결국 1889년 파나마건설회사는 파산했다. 파나마에 운하를 건설하는 일이 이렇게 어렵게 되자 운하건설의 필요성만 논의될 뿐 별 진전이 없었다.

그러다가 1898년 미서(美西)전쟁이 발발하여 미 서해안에 있던 전함 오레곤(Oregon)호가 남미 남단을 돌아 (28,000km를 항해하여) 카리브 해까지 오는데 68일이 걸려야 했다. 이러한 국방상의 요청으로 미국 의회는 1902년 파나마 운하건설법안을 통과시켰다. 미국 건설단의 첫 과제는 파나마지역의 열대병 퇴치로 정해졌다.

1898년 이래 큐바에 파견되어 열대병을 연구해 온 군의(軍醫)관 윌리암 고거스(William Gogas)를 1904년 파나마로 전보시켜 이 일을 맡겼다. 고거스는 열대병을 모기가 전염시킨다고 믿고 습지의 물을 빼서 땅을 말렸다. 이어 모든 건물에 방충망을 설치하고 고인 물에는 기름을 뿌려 유충을 박멸하자 1906년 드디어 열대병은 사라졌다.

한편, 공사 총감독으로 임명된 스티븐스(John F. Stevens)는 이미 1879년에 프랑스의 브뤼슬리(Brusly)가 제안했으나, 레세프(Lesseps)에 의해 거부당했던 갑문식 아이디어를 채택했다. 그래서 차그리스강에 댐을 건설하여 인공호수를 만들고, 삼단계(三段階)식 갑문을 건설했으며, 댐에서 수력전기를 발전하여 갑문의 개폐(開閉)와 갑문을 통과하는 선박의 견인(牽引)에 사용하기로 했다. 이러한 모든 공사가 1913년에 끝나 운하는 성공적으로 완공되어 오늘에 이르고 있다.

19.4 지도자의 함정

🔷 휴브리스(hubris)

파나마운하 케이스에서 (수에즈에서 성공한 건설영웅) 레세프가 파나마에서 실패한 이유의 하나는 *과거에 한 번 성공한 사람이 자기능*

력과 방법론을 우상화(偶像化)하는 과오이다. 수에즈와 파나마지역은 지형과 기후가 다르고, 20년의 세월이 흐르는 동안 과학과 기술이 변했음에도 불구하고, 레세프는 수에즈운하 건설에서 사용한 방법을 우상화하다가 파나마에서 패망한 것이다.

이런 일은 대기업, 중소기업, 또는 국가경영을 막론하고 모든 영역에서 일반적으로 일어난다. (과거에) 한 번 성공한 *창조적 소수가 그 성공으로 인하여 교만해지고, 추종자들에게 복종만을 요구하며, 인(人)의 장막에 둘러싸여 지적(知的)·도덕적 균형을 상실하고 가능과 불가능에 대한 판단력까지 잃게되는 이런 현상을* 토인비는 *휴브리스(원래는 그리스단어였으나 지금은 영어화(化)되었음, hubris)라고* 불렀다.

생각해 보면 1970년대에 크게 성공을 거둔 우리 나라 기업가 중에 1990년대에 자기기업을 위기에 빠트린 케이스가 많다. 시대와 환경, 그리고 기술여건 등이 20년 동안 많이 바뀌었음에도 불구하고 *1970년대에 성공을 가져다 준 경영방식을 1990년대에 그대로 고집한 기업가는 휴브리스의 우를 범한* 셈이다. 휴브리스는 분명히 창조적 소수가 극복해야 할 업보(業報, nemesis)의 하나이다. 창조적 소수가 이 업보로부터 얼마나 벗어날 수 있을까? 이것이 역사 속의 흥망을 결정하는 또 하나의 변수로 남을 것이다.

🔊 힘의 오만(arrogance of power)

힘(권력)을 가지게 되면 스스로 오만해지는 것도 인간본성의 하나이며, 이것도 지도자가 극복해야 할 업보의 하나인 것 같다. 이 사실을 살펴보기 위해 힘의 정체를 알아보자. 자연도 사회도 몇 가지 기본적인 힘에 의해 질서가 유지된다. 자연계에는 중력, 전자기력, 핵력[4]이 존재하며 이들이 우주의 질서를 유지한다. 인간사회도 총칼(권

---

4) 원자핵 속에는 강력(强力)과 약력(弱力)이라 불리는 (두 가지) 상호작용이 존재한다.

력)의 힘, 돈의 힘, 지식의 힘 등 몇 가지 힘에 의해 유지될 것이다.

그러나 *인간사회에서 가장 기본적인 힘은 인간적 매력일 것이다.* 부부간의 사랑, 친구간의 우정, 조직구성원간의 유대가 모두 인간적 매력의 함수이기 때문이다. 지성미, 심성미, 외면미 등 자기매력은 자기의 노력으로 유지해야 한다. 이런 노력 없이 남이 자기를 무조건 좋아해 주기만 기대할 수는 없기 때문이다. 사회생활에서 우리는 배신을 죄악시하지만 배신당한 사람에게도 책임은 있다. 떠나는 사람을 잡아둘 만큼 자기매력을 유지하지 못한 것은 자기책임이다.

오늘날 전세계가 떨고 있는 테러리즘에 대해서도 같은 논리를 적용할 수 있다. 테러를 당한 자에게도 반성의 여지는 있는 것이다. 과거의 냉전시대에는 핵무기의 균형이 미소 어느 나라도 제멋대로 날뛸 수 없는 절제의 시대를 만들어 냈다. 월남전이나 아프가니스탄에서 두 나라가 모두 승리를 거두지 못한 것도 이런 절제 때문이었다.

그러나 1989년 이후 미국의 독주가 시작되면서 국제정치지도자로서 미국의 이념과 철학이 흔들리기 시작한 것 같다. 미국은 어린이 권리에 관한 국제협정, 여성권리에 관한 국제협정의 비준을 거부했다. 미국은 인권에 관하여 이중의 잣대를 가지고 있다는 비난을 면할 수 없었고, UN인권위원회와 UN국제마약규제기구로부터 회원자격을 박탈당했다. 미국은 UN에 납부할 분담금 13억달러의 지급을 거부했고, 유해가스 배출규제를 위한 교토협정에 서명했다가 이를 다시 파기했다. 미국은 대륙간미사일 금지조약을 일방적으로 파기했고 포괄적 핵실험 금지조약도 비준을 거부했다.

강자가 되면 오만해지는 것은 인간의 본성인 것 같다. 강자의 오만은 예외가 아니라 일상사이기 때문이다. 그런데 조직의 지도자들이 오만해지면 그들은 주위의 진정한 충고를 들으려 하지 않고 따라서 참된 정보가 차단된다. 정보로부터 차단된 지도자는 나라의 정치나

기업의 경영을 망치기 쉽다.

과거의 경영학이론은 겸손을 가르치지 않았다. 그러나 요즘 겸손을 지도자의 필수적 자질로 강조하는 이론이 나오고 있다. 1965년부터 1995년까지 30년 동안 포춘(*Fortune*) 500에 올랐던 기업을 대상으로 실시한 연구에 의하면, 기업의 성과를 획기적으로 개선하고 이 성과를 30년 이상 지속시킨 기업은 11개 사에 불과하다고 한다. 이들 11개 사의 공통점은 이들의 *지도자가 강력한 추진력(drive)을 가지면서도 겸손(humility)하고, 자기반성(doubt) 성향을 강하게 가지는 인물이었다*는 데 있다. 자기처지가 궁하기 때문에 강제된 겸손에는 철학이 필요치 않다. 그러나 든든한 실력과 기반을 가지면서도 겸손하려면 철학을 가져야 한다.

"*나는 의심한다 고로 존재한다*"는 데카르트(Descartes)의 철학에서 의심이란 남을 의심하는 것이 아니라 *자기자신의 생각을 의심하는 것*이다. 인간은 천동설을 의심하다가 지동설에 도달했다. 내가 옳다고 믿는 것이 진정 옳은 것인가, 내가 선(善)이라고 믿는 것이 혹시 독선은 아닌가, 이렇게 더 이상 의심할 여지가 없을 때까지 계속 의심하고 반성하는 과정을 통하여 인간은 참된 자기존재에 도달할 수 있다는 것이 데카르트의 철학이다.

오만한 자에게는 정보가 전달되지 못한다. 정보에는 두 유형이 있으며 그 하나는 기계적 장치를 통해서 얻는 정보(signal intelligence, SI)로서 인공위성이나 정찰기를 통해서 병력이나 무기의 이동을 포착하는 것이 여기에 속한다. 또 하나는 인간을 통하여 얻는 정보(human intelligence, HI)로서 인간 사이의 긴밀한 교감을 통해서 상대편 적군의 마음, 정서, 전략 등을 알아내는 것이 여기에 속한다.

미국은 SI정보능력에서는 세계최강을 자랑하고 있다. *SI에 관한 오만에서 HI를 소홀히 하다가 2001년 9월 11일 사태를 사전에 막지 못*

했다는 *비판도* 있다. 오만은 인간적 매력을 깎아 내리고, 정보에 대한 둔감을 초래하여 의사결정을 망칠 수 있다.

🔵 인식오류(cognition error)

"믿는 도끼에 발 찍힌다"는 말이 있는데 그 도끼가 '자기자신의 인식'일 경우도 있다. 해가 동쪽에서 떠서 서쪽으로 지는 것만 보고 (지구의 자전을 생각하지 못한) 인류는 천여 년 동안이나 천동설을 믿었다. 이처럼 어떤 사실을 진실과 다르게 인식하는 과오를 인식오류라고 부르자. 오늘날에도 우리는 미 대륙의 원주민을 인디언(인도사람)들이라고 부른다. 이것은 미 대륙을 발견한 사람들이 이 땅을 인도라고 믿었던 *인식오류의 화석*이다. 문제는 이러한 인식오류를 정치가나 경영자 같은 지도계층에서 저지르면 그 폐해가 국민전체에 미칠 수 있다는 데 있다.

우리 나라 역사 속의 한 인물, 궁예(弓裔)는 태봉국의 왕으로서 그가 몰락하기 직전까지도 자기가 미륵으로서 착한 정치를 베풀고 있다는 인식오류를 범하고 있었다. 우리 나라 기업의 역사에서 부채를 늘려서라도 외형을 계속 키워야 한다고 생각한 대마불사(大馬不死)에 대한 믿음도 인식오류였다.

"한국이 이제 잘 살게 되었으니까 3D업종은 피해야 한다", "주 5일 근무제를 도입해야 한다"는 생각들도 인식오류일 가능성이 있다. 미, 독, 일 같은 세계정상의 선진국들도 최소 백 여년 이상 3D산업을 거쳐서 오늘에 이르렀다. 인간에게 궁극적으로 필요한 의식주는 대개 3D산업에서 나온다. 또 선진국이 된 후 5일 근무제를 채택한 나라는 있어도, 5일 근무제를 한 후 선진국이 된 나라는 없다.

산업화의 출발도 늦었고, 넉넉한 자원도, 뛰어난 기술도 없는 우리가 (국민소득에서 3배나 앞서 있는) 선진국처럼 편하게, 그리고 적게 일하면서 무한경쟁 속을 살아가기는 어려울 것이다. 3D업종의 작업방법을 깨끗하고 안전하게 개선하여 이 분야에서 세계정상의 경쟁력을 확보함으로써 선진국이 될 수도 있을 것이다.

가정의 부부싸움이나 직장의 노사분규도 인식오류의 충돌에서 일어나는 경우가 많다. 자기의 삶이 불행하다고 믿는 인식오류에서 우울증에 빠지거나 자살까지 하는 사람도 있다고 한다. 사생활차원의 인식오류는 사색과 반성을 통해서 고쳐나가고, 나라와 기업의 운명을 좌우할 지도층의 인식오류는 제도적 장치에 의해 막아야 할 것이다.

이코노미스트(*The Economist*)지의 보도에 의하면 미국의 우량기업들은 사외이사의 비율을 1990년도의 66%에서 2000년도에는 78%로 높였다 한다. *사외이사제도를 정부의 강제규정 때문에 도입하는 성가신 제도로 생각하는 것도 인식오류가* 된 것 같다. 최고경영층의 인식오류로부터 회사를 보호하기 위해 사외이사 비율을 자진해서 확충하는 시대가 온 것이다. 다만 사외이사의 역할을 성실하게 수행할 인격과 학식을 갖춘 사람들이 모자라서 걱정이라고 한다. 그래서 일본의 소니사는 사외이사를 미국에서 공모하고 있다.

그런데 *인식오류 중에서 가장 딱한 것은 지식의 부재에서 오는 것*들이다. 수에즈 영웅 레세프가 파나마에서 실패한 원인의 하나는 열대병 때문이었다. 당시의 지식수준에서는 이들 열대병을 개미(ants)가 옮긴다고 믿었으므로, *침대의 네 다리를 물그릇 속에 담가 놓아 개미가 침대 위로 못 올라오게 했다.* 그러나 이 방식은 (나중에 안 일이지만 병을 옮기는) 모기의 번식을 도왔을 뿐이다. *지식차원의 하자(瑕疵)는 (연금술처럼) 인간의 여하한 노력도 수포로 돌아가게 한다.* 그러면 장을 바꾸어 인간의 영원한 과제 지(知)와 앎(knowledge)의 문제를 살펴보자.

"빛을 좀더(Mehr Licht, more light)"

20

지(知)와 앎의 발전과정

인간의 역사는 정치, 경제, 사회, 문화 등 모든 영역에서 무지(無知)와 몽매(蒙昧)로부터 벗어나 *지(知, intelligence)와 앎(knowledge)*의 빛을 찾아 발전해 왔다. 추상화된 예제를 사용하여 지혜의 빛을 찾아가는 삶의 과정을 살펴보자.

케이스 : 어느 정원의 산책로

17세기에 프랑스의 한 귀족이 정원을 만들면서 아래 [그림 20·1]과 같은 산책로를 설계하려고 했다. 이 귀족은 매일 아침 산책로를 따라 수목과 꽃을 볼 수 있기를 원했다. 그래서 그는 한 번 지나온 길을 다시 지나지 않으면서 모든 산책로를 다 일주(一周)할 수 있는 코스(course)를 발견하고 싶어했다. 그래서 그는 정원사에게 주문하여 산책로상의 어느 지점을 입구로 하며, 어떤 순서로 어느 코스를 돌아, 어디를 출구로 해서 나오면 좋은지를 알려달라고 했다(독자 여러분도 종이 위에서 한 번 시도해 보시라.).

'탐색시행(探索試行, 제6장 참조)'을 아무리 해보아도 결국은 모두

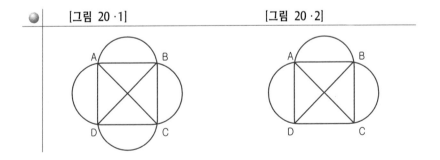

[그림 20·1]   [그림 20·2]

좌절하고 말 것이다. 그러면 이 문제가 풀릴 수 있는지 없는지, 만약 안 풀린다면 [그림 20·1]의 산책로는 어떻게 변경되어야 하는지 생각해 보자.

입구나 출구는 (들어가거나 나오면 되므로 1, 3, 5 등) 홀수 개의 경로(經路)를 가질 수 있지만 그 외의 다른 지점은 (어느 경로로 들어왔으면 다른 경로로 나갈 수 있어야 하므로) *짝수 개의 경로를 가져야 한*다는 사실이 이 문제의 열쇠이다. 그런데 [그림 20·1]의 산책로에는 홀수(다섯) 개의 경로를 가진 점이 A, B, C, D, 즉 4군데나 있다. 이것은 입구 하나와 출구 하나를 합친 수, 즉 둘보다 많으므로 이 문제는 풀리지 않는다.

다시 말하면 이미 걸어온 길을 다시 가지 않으면서 산책로를 모두 일주하는 일은 불가능하다는 것이 논리적 결론이다. 따라서 *홀수 개의 경로수를 가지는 지점을 둘(2)로 줄여야 된다.* [그림 20·2]에서처럼 어느 아-크(arc) 하나를 없앤다면 홀수 개의 경로를 가지는 곳이 두 군데로 줄어들게 되어 이곳을 입구와 출구로 삼으면 문제가 풀린다. 그렇지 않고는 '하면 된다'는 정신력과 끈기를 가지고 열심히 노력해도 이 문제는 영원히 풀리지 않는다.

주어진 문제가 해결 불가능이라는 해답, 그리고 어떻게 수정하면 이 문제가 풀릴 수 있다는 정보를 알려 준 것은 논리(論理, logics)의 힘이었다. 인간의 *이성(理性, reason)에 기초한 엄격한 사고양식(思考樣式)을 우리는 논리라고 부른다.* 논리의 힘은 '하면 된다'는 신념의 힘보다 우세하다. 1990년대부터 우리 나라 중고등학교에서 논리교육이 중시되기 시작한 것은 다행한 일이다.

그런데 단순한 논리만으로 인간이 지적(知的) 어둠에서 해방될 수는 없다. 인간의 음성이 공기를 매체로 하여 전파되듯 인간의 논리는 언어를 매체로 전개된다. 그러나 인간의 일상언어는 유한하고 불완전하다. 따라서 언어만을 매체로 하는 논리에는 한계가 있다. 토끼와 거북의 경주를 예로 들어 설명해 보자.

토끼와 거북이 경주를 하는 데 동화에서처럼 토끼가 낮잠을 자지는 않으며, 토끼가 거북이 보다 3배 빠르다고 가정하자. 그래서 이들을 동일선상에서 출발시키지 않고, [그림 20 · 3]에서처럼 거북을 100m 앞에서 출발시킨다고 하자.

● [그림 20·3]

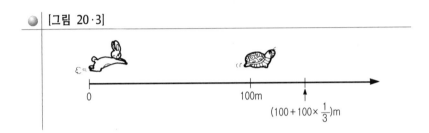

$$(100+100\times\frac{1}{3})m$$

출발신호가 울리고 토끼가 거북의 출발지점(100m)까지 왔을 때는 거북이도 토끼가 달려온 거리의 3분의 1만큼은 전진해 있을 것이다. 토끼가 다시 거북의 자리$\left(100m+100\frac{1}{3}m\right)$에 도착하면 거북은 또 토끼가 달려온 거리의 3분의 1만큼 더 나가 있을 것이다. 이런 과정은 영원히 계속될 것이고, 결론적으로 *토끼는 영원히 거북을 따라잡지 못한다는 논리*가 나올 수 있다.

그러나 실제로 이와 같은 경주를 시켜보면 결과는 (어느 지점부터) 토끼가 거북을 앞서게 된다. 여기에 언어만에 의한 논리의 한계가 있다. 인간이 이 한계를 넘으려면 언어를 보완할 수 있는 '다른 무엇'이 필요하고, 그것이 수학(mathematics)이다.

중학교수준의 수학을 가지고 토끼와 거북이의 모순을 풀어낼 수 있고,[1] 그 결과는 *150m 지점에서 토끼가 거북을 따라 잡는다는* 계산

---

1) 거북의 출발점은 토끼의 출발점보다 100m 앞에 있었다. 토끼가 거북의 출발점에 도착했을 때는 거북은 100+100r만큼 가 있고 여기서 r은 3분의 1이다. 이런 과정이 무

이 나온다. 여기에 수학의 위력이 있는 것이다. 그러면 이러한 수학을 사용하여 기업이 경영의 합리화를 달성하는 방식, 즉 경영과학(management science)의 기법을 살펴보자.

20.2 | 경영과학에 의한 경영의 합리화

🖥 예제 : 아사달기업

아사달기업은 제품 Ⅰ과 제품 Ⅱ를 생산하는데, 이들 제품의 공헌이익은 각각 5, 4(만원)이다. 이 두 제품은 밀링(milling)공정을 각각 4, 2시간(machine-hours), 선반공정을 2, 11시간 거쳐서 만들어진다. 아사달기업은 일주일 동안 밀링공정 520, 선반공정 440(기계시간)의 순가동시간(net operation hours)을 보유하고 있다. 이들 데이터를 테이블(table)

한히 반복되면서 $100+100r+100r^2+100r^3+\cdots$미터가 되는 곳에서 토끼가 거북을 앞설 것이다. 이것은 *등비급수의 문제*이다.

$$S=100+100r+100r^2+\cdots100r^n \tag{1}$$

을 거북이 토끼에 앞서는 점이라고 놓고 (1)식의 양변에 r을 곱하여 다음 식 (2)를 만들어 보자.

$$Sr=100r+100r^2+100r^3+\cdots+100r^n+100r^{n+1} \tag{2}$$

식 (1)에서 식 (2)를 빼보면

$$S-Sr=100-100r^{n+1}$$
$$S(1-r)=100(1-r^{n+1})$$
$$\therefore \ S=\frac{100(1-r^{n+1})}{1-r} \tag{3}$$

이 얻어진다. n이 커지면 r^{n+1}은 0에 수렴한다. r이 1보다 작은 수 $(\frac{1}{3})$이기 때문이다.

그러므로 식 (3)은 결국

$$S=\frac{100}{1-\frac{1}{3}}=100\times\frac{3}{2}=150 \tag{4}$$

이 된다.

로 정리하면 다음 <표 20·1>과 같다.

⬤ **<표 20·1> 아사달기업의 제품생산 데이터(Ⅰ)**

제품 단위당	제품 Ⅰ	제품 Ⅱ	일주일 동안 각 공정의 가용(可用)시간 (capacity/week)
공헌이익	5	4	
밀링공정 시간소요	4	2	520 (machine-hours)
선반공정 시간소요	2	11	440 (machine-hours)

　여기서 문제는 각 제품을 몇 개씩 생산하면 공헌이익을 최대화할 수 있느냐에 있다고 하자. 잘못 생각하면 제품 Ⅰ, Ⅱ 중 Ⅰ의 공헌이익이 더 크므로 Ⅰ만을 생산하면 될 것 같다. 그러나 그것은 '인식오류'가 된다. 제품 Ⅰ만 생산한다면 밀링공정의 한계에 걸려서 130개밖에 생산할 수 없고 이 때의 공헌이익은 650(만원)에 불과하다. 그러나 제품 Ⅰ을 121개, 제품 Ⅱ를 18개 생산하면 총공헌이익은 677만원으로 상승할 수 있다. 이러한 계산을 가능하게 하는 것은 경영과학의 한 기법인 선형계획법(linear programming)이다[2](PC용 선형계획프로그램은 3～4만원에 살 수 있다.).

　여기서 다시 아사달기업이 신제품 Ⅲ을 생산할 수 있고, 이것은 한 단위 생산에 밀링공정을 1시간, 선반공정을 2시간만 소모하면 되며, 2만원의 공헌이익을 얻을 수 있다고 하자. 제품 Ⅲ을 포함하는 데이터를 테이블로 만들면 다음 <표 20·2>와 같다.

　제품 Ⅰ, Ⅱ, Ⅲ의 생산량을 각각 x_1, x_2, x_3이라 하고 공헌이익을 최대화하기 위한 수리모형을 만들면 다음과 같이 된다.

---

2) 선형계획법 및 그 해법에 관한 상세한 설명은 윤석철 저, *계량적 세계관과 사고체계*, 경문사 참조.

	제품 Ⅰ	제품 Ⅱ	제품 Ⅲ	일주일 동안 각 공정의 가용시간 (capacity/week)
공헌이익	5	4	2	
밀링공정 시간소요	4	2	1	520 (machine-hours)
선반공정 시간소요	2	11	2	440 (machine-hours)

$$\text{Max} \quad x_0 = 5x_1 + 4x_2 + 2x_3$$
$$\text{Subject to:} \quad 4x_1 + 2x_2 + 1x_3 \leq 520$$
$$2x_1 + 11x_2 + 2x_3 \leq 440$$

이 문제는 제품 Ⅰ과 제품 Ⅱ만을 생산하던 같은 자원(여기서는 각 공정의 용량)의 한계 속에 제품 Ⅲ이 추가되었을 뿐이다. 최적해가 보유자원을 모두(100%) 다 사용하지 않을 경우에도 나타날 수 있으므로, 이를 대비하여 *각 자원의 미사용량(未使用量, unused capacity)*을 s_1과 s_2라 하자. 이 문제를 선형계획패기지(software package)로 풀면 다음과 같은 최적해가 얻어진다.

$$x_0 = 740 - \frac{7}{2}x_2 - 1\ s_1 - \frac{1}{2}s_2 \qquad (20 \cdot 1)$$

$$x_1 = 100 + \frac{7}{6}x_2 - \frac{1}{3}s_1 + \frac{1}{6}s_2 \qquad (20 \cdot 2)$$

$$x_3 = 120 - \frac{20}{3}x_2 + \frac{1}{3}s_1 - \frac{2}{3}s_2 \qquad (20 \cdot 3)$$

목적함수 식 (20·1)로부터

$$x_2 = s_1 = s_2 = 0\text{이 되면,}$$
$$x_0\text{는 최대값 740이 된다.}$$

여기서 우리는 같은 시설용량(자원한도) 520과 440을 가지고 공헌이익이 677에서 740으로 향상했음을 알 수 있다.

20.3 │ 사회적 다위니즘

그러면 공헌이익이 4(만원)인 제품 Ⅱ가 공헌이익 2(만원)인 제품 Ⅲ에게 밀린 이유는 무엇인가? *제품 Ⅱ는 선반공정을 11시간이나 사용해야 만들 수 있지만 선반공정의 가용량(可用量)이 440시간으로 한정되어 있기 때문*이다. 유한한 자원제약하에 산출을 최대화한다는 목적의식 속에서 수학(선형계획법)은 적자생존의 논리를 답으로 내놓았다. 자연계에서 적자만이 생존하여 살아 남게 된다는 다윈(Charles Darwin)의 적자생존(the survival of the fittest)이론이 경제사회에서도 이렇게 성립한다는 의미에서 이것을 사회적 다위니즘(social Darwinism),[3] 즉 사회적 적자생존이론이라 부르자.

그런데 *기업이 이윤의 극대화에만 몰두할 수는 없다.* 기업은 사회적 책임도 생각해야 하고, 고객의 요청이 있으면 최적해(여기서는 이윤극대화)를 좀 희생하면서라도 고객의 요청을 수용해야 할 경우가 생긴다. 예컨대, 어느 고객으로부터 제품 Ⅱ를 6개 보내달라는 요청이 들어왔다고 해보자. 그러면 아사달기업은 최적해 식 (20·1), (20·2), (20·3)의 x_2자리에(0 대신) 6을 대입해야 한다. 이렇게 되면 컴퓨터는 새로운 최적해로서

제품 Ⅰ을 $x_1 = 100 + 7 = 107$단위,

제품 Ⅲ은 $x_3 = 120 - 40 = 80$단위

---

3) 우리가 여기서 수학적으로 유도한 것과는 다르지만, 사회적 다위니즘이라는 용어는 철학자 Herbert Spencer(1820~1903)에 의해 사용되었다.

생산하라고 지시할 것이고 이 때의

$$\text{목적함수값은} \quad x_0 = 740 - 21 = 719(\text{만원})$$

이 된다.

이처럼 *어떤 제품(예제에서는 제품 Ⅱ)은 산출량을 0으로 해야 목적함수를 최대화시키지만 (기업의 무지(無知)를 포함한) 다른 이유에서 산출량을 1단위 증가시킬 때마다 목적함수를 감소시킨다.* 이 때 목적함수의 감소량을 *그림자 코스트(shadow cost)*라고 부르며, 아사달기업에서는 최적해 식 (20·1) 속 x_2의 계수인 $\dfrac{7}{2}$이 그것이다. 이것은 제품 Ⅱ를 생산할 때 (다른 제품의 생산에 들어갈 자원을 소모함으로써) 목적함수의 값을 감소시키는 양이다.

경영학자들은 '어떤 일 甲을 하기 위하여 다른 일 乙을 하지 못했을 때 그 *못한 일 乙로부터 놓친 이익*'을 *한 일 甲*의 기회비용이라고 부른다. 기회비용은 분명히 존재하는 실체(real entity)이지만 그 계산이 불가능에 가깝다. 다행히 선형계획법이 그림자 코스트를 계산할 수 있어서 그것을 기회비용개념으로 대체하여 사용할 수 있다.

선형계획법과 같은 수학을 사용하면 최적해를 구하는 동시에 많은 다른 정보를 부산물로 얻을 수 있다. 예를 들어, 아사달기업의 최적해 식 (20·1)에 들어 있는 s_1의 계수 1과 s_2의 계수 $\dfrac{1}{2}$이 전해주는 정보를 해석해보자. s_1, s_2는 보유하고 있는 자원(여기서는 가동시간)의 미사용량(unused amount)이었다. 따라서 밀링공정을 1시간 사용하지 *못하면(=미사용하면)* 목적함수 값이 1만큼 감소하고, 선반공정을 1시간 사용하지 못하면 $\dfrac{1}{2}$만큼 감소한다는 사실을 알 수 있다. 이처럼 어떤 *자원의 한계단위(marginal unit)가 가지는 가치(value)를 그림자가격(shadow price)이라고 부른다.*

만약 520시간으로 한정되어 있는 밀링공정의 보유량이 1(시간)만큼 증가한다고 하자. 이것은 s_1과는 반대되는 상황이므로 목적함수의 값을 (감소가 아니라) 1만큼 증가시킨다. 마찬가지로 선반공정을 1(시간)만큼 증설한다면 공헌이익은 $\frac{1}{2}$만큼 증가하게 된다. 따라서 아사달기업에서 설비증설을 주장하는 어느 간부가 "선반공정의 총가동시간이 440시간으로서 밀링공정보다 80시간이나 적다. (두 공정을 모두 증설할 형편이 못된다면) 이런 불균형만이라도 해소하기 위해 선반공정이라도 먼저 증설하자" 하고 말했다고 하자. 선형계획법을 모르는 사람에게는 이런 논리가 당연한 것으로 들릴지 모르나, 식 (20·1)에 따르면 *선반공정의 그림자가격보다 밀링공정의 그것이 더 크므로 오히려 밀링공정을 먼저 증설하는 것이 효과적이다.* 이처럼 정교한 합리적 경영은 수학의 힘 없이는 불가능할 것이다.

20.4 | 합리적으로만 살 수 있나

우리가 지금까지 살펴본 것은 유한한 자원의 제약 속에서 조직의 능률을 최대한으로 달성하기 위한 방법론이었다. 이와 같은 사고의 체계를 윤리적이고 철학적인 시각에서 고찰해 보자.

걸(乞)씨 성을 가진 가난한 아버지 아래 세 아들이 있다고 하자. 乞씨 집은 여름 동안 농사를 지어 수확한 감자 520개와 있는 돈을 다 털어 구입한 버스표 440장이 자산의 전부인 가난한 집안이다. 장남은 한 번 일을 나가면 5만원을 벌어 오는데 4개의 감자를 (도시락으로) 먹어야 하고, 2장의 버스표를 사용해야 한다. 차남은 2개의 감자와 11장의 버스표를 가지고 나가서 4만원의 수입을 올린다. 삼남은 감자 1개와 버스표 2장으로 2만원을 벌어올 수 있다.

걸씨는 520개의 감자와 440장의 버스표를 세 아들에게 배분하여 가정의 소득을 최대한으로 올려야 한다고 생각한다. 그래서 그는 세 아들에게 감자와 버스표를 어떻게 배분하면 가정의 소득이 최대로 될 수 있을까 고민하고 있다. 이 문제는 아사달기업 케이스의 제품 I, II, III 대신 돈벌어 오는 장남, 차남, 삼남을, 그리고 밀링공정과 선반공정 대신 감자와 버스표를 대입했을 뿐, 데이터는 그대로이다. 그러므로 수학적 최적해는

장남에게	100 회
차남에게	0 회
삼남에게	120 회

의 (일 나갈) 기회를 주어야 가정의 수입이 최대 740만원이 된다. 이 최적해를 실천에 옮기려면 걸씨는 장남에게 (4×100=)400개의 감자와 (2×100=)200장의 버스표, 그리고 삼남에게 (1×120=)120개의 감자와 (2×120=)240장의 버스표를 배분해야 한다. 차남은 자원배분에서 제외되므로 (아사달기업의 제품 II처럼) 도태될 수밖에 없다.

여기서도 삼남이 한 번 일 나가면 2만원밖에 못 벌어들인다는 (부분적) 이유만 보고 장남과 차남만 고려하여 최적해를 구했다면 걸씨 집안의 소득은 677만원밖에 안 된다. 삼남에게도 기회를 부여함으로써 소득은 740으로 개선되었다. 같은 자원을 소모하면서 조직 목표달성의 수준향상은 결국 *참여의 자유*에서 왔다. 이로부터 우리는 다음과 같은 진리명제를 정립할 수 있다.

[진리명제] *참여의 자유가 조직의 능률을 높인다.*

또 한편, 각 자원의 가용한도(availability)와 각 경제주체들(세 아들)의 자원소모 계수(coefficients) 등 조직의 전체적 구조에 대한 이해 없이 부분적 이유(예, 한 번 나가서 벌어들이는 수입)만 보고 그를 평가했

어도 걸씨 가정은 능률을 최대한으로 발휘하지 못한다. 그러므로 다음의 진리명제를 다시 정립할 수 있다.

[진리명제] *경영자에게는 부분(나무)만 보지 않고 전체(숲)를 볼 수 있는 능력이 중요하다.*

구조의 깊은 곳에 존재하는 능률의 문제를 이미 400여 년 전에 생각한 사람이 있다. 그의 이야기를 들어보자.

노부나가의 호도 개념

일본의 전국시대라 불리는 16세기 오다 노부나가(織田信長)와 이마가와 요시모토(今川義元)가 천하의 패권을 놓고 기회를 노리다가 큰 전쟁을 치르게 되었다. 이것이 에이로구(永祿) 3년 5월 19일 오케하자마(桶狹間) 전투이고 여기에서 노부나가가 요시모토를 무찌르고 전국을 통일하는 기틀을 잡게 된다. 이 시대에는 전쟁의 주된 무기가 칼이어서 무장들은 좋은 칼을 가보로 여기면서 숭상해왔다.

요시모토의 칼은 당대의 이름난 무사였던 다케다 신겐(武田信玄)의 누이를 아내로 맞을 때 선물로 받은 것으로서, 천하에 이름난 호도(豪刀)였다. 이 칼이 오케하자마 전투의 전리품으로 노부나가의 손에 들어왔다. 노부나가는 이 칼을 감회 깊게 살펴보다가 부관 교스케를 불러서 그 칼을 4치 5푼을 끊어 내고 다시 갈아오라고 명령하였다. 주위 사람이 놀란 것은 당연하다. 요시모도가 쓰던 칼을 잘라서 써야 한다는 것은 노부나가의 체력이 요시모도보다 못하다는 논리가 될 수도 있기 때문이다.

이 때 노부나가는 다음과 같이 말했다 한다. "이 둔도(鈍刀)를 명도(銘刀)로 바꾼다는 말이다. 4치 5푼을 아끼다가 칼에 못 이겨 패하면 무슨 의미가 있는가? 호도라는 것은 칼로서의 목표를 잘 수행하여야 의미가 있는 것이고, 그 목표는 칼을 휘두르는 주인의 목숨을 지켜주는 것이다. 칼이 너무 크고 무거워서 주인의 체력을 소모시켜 주인이 지쳐서 지면 그것은 이미 호도가 아니다." *부분(part, 칼의 크기 등)만 보지 않고, 그와 관련된 전체(total)를 다 고려해야 한다는* 의미이다. 노부나가는 이러한 혜안(慧眼) 덕분에 천하를 통일하는 계기를 잡았다.

20.5 인과 의의 갈등

그러나 우리의 관심은 '능률중심의 가치관에 밀려서 일할 기회를 박탈당한 자'(예, 차남)를 어찌할 것인가에 있다. 우리의 길은 두 갈래이다. 첫 번째 길은 능률의 원리를 그대로 받아들여 사회적 진화원리(social Darwinism)에 맡겨버리는 것이고, 두 번째 길은 조직능률을 좀 희생하면서라도 비능률적인 자를 구제하는 것이다.

기능주의(機能主義, *Functionalism*)에 입각한 인류학의 대가(大家) 래드클리프 브라운(Radcliffe-Brown)은 꿀벌의 집단생활을 다년간 관찰했다. 그가 발견한 것은 벌들의 집단생활은 조직능률 제일주의 위에 영위되고 있다는 사실이다. 벌통의 입구에는 언제나 몇 마리의 문지기 벌들이 지키고 있다. 이들은 꿀을 따 가지고 돌아오는 일벌들에 대해 신체검사를 하는데, 만약 날개를 다쳤다든지 몸에 부상을 당했다든지 벌의 무기인 침이 완전하지 않다면 집에 들여보내지 않는다고 한다.

만약 어떤 일벌 하나가 사람을 쏘아 침이 그 사람의 피부 속에 박혀버리면 그 벌은 침을 잃어 벌집에 들어갈 수 없고, 집에 들어가지 못하면 결국 죽게 된다고 한다. 이렇게 조직의 능률제일주의가 100%로 준수되는 곳이 꿀벌의 사회이다.

두 번째 길, 즉 "비능률적인 자도 살아야 한다."는 논리를 살펴보자. 동양(중국)의 전통사상에서 오행(五行)은 수, 화, 목, 금, 토(水, 火, 木, 金, 土)를 의미하는데, 이것은 기본 덕목인 오상(五常) 지, 예, 인, 의, 신(智, 禮, 仁, 義, 信)과 각각 연관된다. 이들 다섯 요소 중 생명을 가진 것은 木 하나로서 생명을 중시하는 仁과 연관된다.

사서오경의 하나인 맹자(孟子)의 양혜왕(梁惠王) 편을 보면 맹자의 방문을 받은 양혜왕이 맹자에게 자기 나라에 어떤 '이익(利)'이 될 이야기를 해달라고 부탁한다. 이에 맹자는 "왕은 어찌 利만을 말씀하십니까? 인(仁)과 의(義)가 있어야 할 따름입니다(亦有仁義而已矣)."라고 대답했다.

五行에서 義는 金이고, 金(쇠붙이)은 칼, 도끼, 총, 가위 등으로서 생명(木)을 자르는 데 쓰인다. 다시 말하면 金, 즉 義는 생명(木)을 중시하는 仁과 상극(相剋)이다. 따라서 맹자는 나라를 다스리는 기본철학으로서 이율배반적인 仁과 義를 제시한 셈이다.

1948년에 나온 노먼 메일러(Norman Mailer)의 작품 나자와 사자(裸者와 死者, The Naked and the Dead)에는 제2차 세계대전 때 특공대가 남태평양에서 전투임무를 수행하는 장면이 나온다. 크로프트 상사가 이끄는 분대는 동료가 부상을 당하여 잘 걷지 못하자 난관에 봉착한다. 그를 데리고 가자니 조직의 능률에 마이너스가 되고 그를 놔두고 간다는 것은 이 친구를 죽이는 것과 같기 때문이다.

특공대는 처음에는 동료애, 즉 仁의 정신으로 부상자를 데리고 간다. 그러나 분대전체가 위태로운 상황에 이르렀을 때 크로프트 상사는 그 동료를 절벽에서 뛰어내려 자결하게 함으로써 특공대의 부담을 줄여 임무를 성공적으로 수행한다. 가능한 한계상황까지 仁을 추구하다가, 분대전체의 생존이 위태로워지자, 비능률적 요소를 제거함으로써 義로 선회한 것이다.

대자연은 춘하추동을 통하여 인(仁)과 의(義)를 교차시키고 있다. 봄과 여름은 따뜻한 햇볕과 촉촉한 비로써 모든 생명이 다 잘 살 수 있게 하는 仁의 계절이다. 그러나 곧 가을과 겨울이 찾아와 많은 생명을 죽게 함으로써 생태계의 균형을 찾게 한다. *전체의 삶을 건강히 하기 위하여 일부의 생명을 끊는 것도 중요하다는 것이 대자연의 섭리인 것 같다.* 또 정원사의 손에는 가위가 들려져 있다. 그에게는 꽃과 나무를 가꾸는 仁 못지 않게 잘라내야 할 가지를 쳐주는 義도 중요한 것 같다. 서양의 정의(正義)의 여신상을 보면 *한 손에 저울을 들고, 다른 한 손에는 칼을 들고, 두 눈은 수건으로 가리고 있다.*

사회(혹은 조직)전체를 위하여 잘라내야 할 생명은 '인정사정 볼 것 없이' 잘라내야 한다는 것이 서양의 사상인 것 같다. 仁과 義를 동시에 중시하는 맹자의 동양사상과 다를 것이 없다. 인간을 위해 조직이 존재하는 한 仁의 사상은 절대 소중하다. 그러나 *험악한 경쟁 속에서 仁으로 인하여 조직전체가 위기에 빠지는 것도 의미가 없다.* 이것은 마치 바다를 항해하던 배가 풍랑을 만나 배의 무게를 줄여야 전복(顚覆)을 면할 수 있을 때 승무원 중 누구를 바다로 뛰어내리게 해야 하는 비극적 상황과 같다.

이 책은 약육강식의 무한경쟁 속에서 '너 살고 나 살고'의 이상(ideal)을 실현할 지혜를 찾아 무려 20개의 장(chapters)을 누비며 탐구를 계속했다. 그러나 마지막에 도달한 것은 고작 *仁과 義의 공존(共存)*이다.

위대한 시인이며 소설가, 그리고 극작가이며 과학자로서 인류를 위해 많은 빛을 남긴 천재 괴테(J. Göthe, 1749~1832)는 임종을 맞으면서도 "*빛을 좀더!*(독일어로 *Mehr Licht*, 영어로는 *more light*)"라는 유언을 남겼다. 저자는 대학 재학시절 괴테를 읽을 때 "**Mehr Licht**" 속에 담긴 깊은 뜻을 이해하지 못했다. 그 후 세월이 흘러 2000년 8월 브라질 Curitiba에서 열리는 기술경영학회에 (논문 한 편을 발표하기 위해) 참석차 저자는 아마존 상공을 날고 있었다.

그 때 먼동이 트면서 지평선 위에 빛이 나타나기 시작했고, 암흑(暗黑)에 덮인 지상에는 고속도로를 달리는 자동차가 한 줄기 불빛으로 직선을 긋고 있었다. 우주와 지구, 어둠과 빛, 자연과 인공(人工)이 단순함(simplicity) 속에 하나가 된 이 순간의 정서를 저자는 컴퓨터그래픽으로 재생, 이 책의 표지에 실었다. *인(仁)만 존재하고 의(義)가 필요 없는 이상향(utopia)은 가능할 것인가?* 지(intelligence)와 앎(knowledge)의 빛을 좀더 찾아야 할 것 같다. 읽어주신 노고에 감사한다.

에필로그(epilogue)

스위스에 있는 작은 호반(湖畔)의 도시 루세른(Lucern)의 주택가를 거닐다가 운이 좋으면 아슈케나지(Vladimir Ashkenazy)의 피아노 소리를 들을 수 있다. 세계적 피아니스트이며 오케스트라 지휘자인 그는 어린 시절에 이미 "음악으로 인류에게 기쁨을 줄 수 있다"는 생각이 들어 피아노를 시작했다고 한다.

이렇게 '위대한' 생각에 비하면 참으로 '시시한' 동기(motivation)에서 공부를 시작한 소년이 있다. 소년이 일곱살 때 대전(大田)에는 '중국집'이라 불리는 색다른 음식점들이 생겨났고, 그 앞을 지나려면 야릇하게 고소한 냄새가 행인을 매혹했다. 그것은 '자장면'이라 불리는 요리를 만드는 냄새였고, 어느 날 소년은 어머니를 졸라 그 자장면을 맛보게 되었다. 어머니는 옆에 앉아만 계시고 소년 혼자만 먹어본 자장면의 맛을 소년은 잊을 수가 없었다.

그러나 (돈이 귀하던 시절이라) 어머니는 다시는 자장면을 안 사주시면서 "네가 열심히 공부해서 훌륭한 사람이 되면 자장면을 먹을 수 있다."고만 말씀하셨다. 소년은 열심히 공부했고, 공부가 생활습관이 되면서 (자장면 대신) 초·중·고등학교를 모두 전교수석으로 졸업하는 부산물(副産物)을 얻었다.

1958년 우리 나라의 국민소득은 80달러를 넘지 못했지만 제2차 세계대전의 패전국 독일은 '라인강의 기적'과 함께 경제대국으로 부상하고 있었다. 이에 청년은 "한국은 독일을 탐구해야 한다. 독일은 미국이나 구소련처럼 대국이 아니면서 저렇게 강국이 되고 있다." 하면서 대학입학을 독어독문과(獨語獨文科)로 했다. 청년은 독일어로 된 고전(古典), 특히 철학, 심리학, 사회사상사 등 인문학(humanities) 서적을 탐독했다.

그러나 20세기의 국력(國力)은 과학과 기술의 발전 없이는 불가능하다는 사실에 눈을 뜬 청년은 과감히 물리학과(物理學科)로 전과(轉科), 물리·수학·화학·생물 등 자연과학에 몰두했다. 당시 미소 양국은 과학기술을 통한 군비경쟁에 열을 올렸고, 미국 대학들은 한국에서 성적이 좋은 이공계 졸업자들에게 (생활비를 포함한) 전액 장학금을 주면서 데려갔다. 대학 역시 전체수석으로 졸업한 청년은 덕분에 미국유학을 가게 되었고, 전기공학에서 Ph.D.를 받았다.

학위 후 연구원(postdoctoral research fellow)으로 일하는 동안 그는 (한국 같은 후진국의 산업발전을 위해서는) 과학기술과 경영학이 결합한 이론이 필요하다는 사실을 절감, 다시 경영학의 기본과정을 수료하고 학위를 받았다.

1973년 월남전이 막바지에 이르렀고 월남 다음의 전쟁터는 한국이 될 것이니 귀국하지 말라는 주위의 권고를 뿌리치고, "한국에 전쟁이 나서 몇 백만이 죽는다면 나처럼 혜택받은 사람이 당연히 그 속에 껴야지" 하면서 귀국을 결행, 대학에서 강의를 시작했다.

대학에 와서 30년 세월이 흐르는 동안 그는 10년 간격으로 책을 출판했고, 해외 학회에 매년 논문도 발표했다. 이들 중 어느 것이 한국의 산업발전에 얼마나 기여했는지 회의가 남지만, 학문이라는 '선택'은 그에게 많은 '포기'를 강요했다. 술, 담배, 노래를 포기했고 골프 같은 운동도 포기했다. 신경성 장염을 얻어 '자장면'처럼 기름에 튀긴 음식은 먹지도 못한다. 자장면은 남이 먹는 것을 바라만 본다.

찾아보기

[著者의 經營學 著述體系]

2000年代 : 경영학의 진리체계   (2001, 經文社)

1990年代 : 프린시피아 매네지멘타   (1991, 經文社)
            (경영학의 哲學차원)
            計量的 세계관과 思考體系   (1992, 經文社)
            (경영학의 數理차원)
            科學과 技術의 經營學   (1994, 經文社)
            (know how & know why)

1980年代 : 經營學的 思考의 틀   (1982, 經文社)
            (經營學의 分析體系)
            計量經營學   (1987, 經文社)
            (經營科學의 技法)
            技術蓄積 · 管理論   (1982, 日新社)
            (산업기술의 관리이론)

저자와의
합의로 인지를
생략합니다.

경영학의 진리체계

저 자   윤 석 철
발행자   한 헌 주
발행처   도서출판 **경문사**
            서울특별시 서대문구 독립문로 21-9
            전화 738-7035   FAX. 722-4678
            E-mail : kmsp@korea.com
            홈페이지 : http://www.kmsp.co.kr
등 록   1995년 11월 9일 제300-1995-138호
2001년 12월 25일 초판발행
2015년 8월 13일 초판16쇄발행

· 정가 14,000원

ISBN 89-420-0015-0 93320